数字时代图书馆学情报学青年论丛（第三辑）

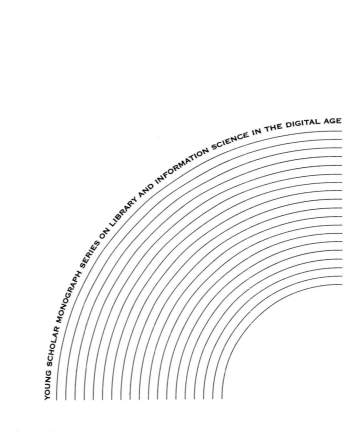

YOUNG SCHOLAR MONOGRAPH SERIES ON LIBRARY AND INFORMATION SCIENCE IN THE DIGITAL AGE

内容、技术与人：
高等教育出版融合发展的机制与模式

伊静波　著

WUHAN UNIVERSITY PRESS
武汉大学出版社

图书在版编目(CIP)数据

内容、技术与人:高等教育出版融合发展的机制与模式/伊静波著.—武汉:武汉大学出版社,2024.9

数字时代图书馆学情报学青年论丛.第三辑

ISBN 978-7-307-24038-4

Ⅰ.内… Ⅱ.伊… Ⅲ.高等教育—出版业—产业发展—研究—中国 Ⅳ.G239.2

中国国家版本馆 CIP 数据核字(2023)第 189316 号

责任编辑:詹 蜜 责任校对:李孟潇 版式设计:马 佳

出版发行:**武汉大学出版社** (430072 武昌 珞珈山)

(电子邮箱:cbs22@whu.edu.cn 网址:www.wdp.com.cn)

印刷:武汉邮科印务有限公司

开本:720×1000 1/16 印张:21 字数:301 千字 插页:2

版次:2024 年 9 月第 1 版 2024 年 9 月第 1 次印刷

ISBN 978-7-307-24038-4 定价:88.00 元

前　言

出版融合发展概念起源于 2015 年 3 月原国家新闻出版广电总局和财政部联合印发的《关于推动传统出版和新兴出版融合发展的指导意见》文件，近年来出版理论学界从传媒产业理论对出版融合发展进行了理论探讨，出版实务工作者依据文件精神在出版实践工作中积极实践出版融合发展，两方面均取得了不小的进展，而大学出版社因其与母体大学和大学教育天然的关系，给出版融合发展提供了更广阔的外延。本研究通过文献研究、案例分析、调查评价等方法对大学出版社出版融合发展的特点、内容、现状进行了系统的研究，并提出了对策和建议。本研究主要在以下三个方面做了探索性的创新：

1. 本研究比较系统地构建了出版融合发展的理论框架。按照定性研究的基本思路，分析了融合发展的背景，并依托媒介融合和企业数字化转型等理论提出了企业层面的出版融合发展概念，以及技术融合、内容融合、营销管理创新和机制创新等四个融合发展工作内容。结合出版实践案例、调查访谈等对出版企业层面的融合发展的路径和实践进行了阐述分析。

2. 本研究聚焦于大学出版社融合发展，通过对大学出版社发展历史和定位的研究，确定了大学出版社融合发展的核心是大学出版与大学教育的融合，围绕这个核心思想，提出了大学出版社在内容融合、融合发展背景下的出版营销创新和机制创新的特点，通过诸多案例调查分析，梳理了目前大学出版社融合发展实践的成果和问题。

　　3. 本研究认为理论和问题研究的最终目的是更好地推进融合发展实践，因此本书结合理论和问题对大学出版社融合发展提出了六个方面的建议：在观念上，建立正确的融合发展理念，坚定走出大学出版社融合发展特点；在技术融合创新上，通过技术培训、设备配置、资本合作来提升技术意识和应用；在内容融合上，既要注重新产品的全媒体出版，也要挖掘整合存量内容资源；在营销管理创新上，大学出版社要通过大数据营销、社群营销来实现内容价值和服务有效性，加快向教育服务商的转型；在出版管理机制创新上，围绕着用户需求和以人为本的精神，构建模块化组织、智能化业务流程再造和以创新为核心的制度创新是核心内容；在政策保障上，在利用好现有出版融合发展政策的同时，大学出版社的主管和主办部门要进一步推进大学出版社体制改革，为融合发展保驾护航。

　　需要特别说明的是：本书所指的大学出版社是指我国的大学出版社，是我国高等教育出版最重要的组成部分。

目　　录

1 绪 论

1.1 问题的提出

人类社会发展史也是人类知识生产和传播的发展史，知识有别于信息，是人们在改造世界的实践中所获得的认识和经验的总和。知识生产和传播是人类特有的一种精神文化活动。它的发展受生产者——人、生产资料——信息和技术的影响，在人类历史发展阶段中表现出不同的方式和水平。

出版是人类社会知识生产和传播的最重要方式之一，它也遵循着人类知识生产和传播的发展规律。伴随着知识生产者——人类自身智力水平的不断发展以及社会活动深度和广度的增加，用于知识生产的信息呈几何级数增长，人们需要用先进的信息处理和保存技术来进行知识生产和传播，由此出现了出版活动。随着以造纸技术和活字印刷技术等出版技术的发展，出版活动从教会宫殿走向平民大众，出版发展与人类文明进步相映成辉。以德国古登堡印刷术为代表的印刷技术出现，使得出版呈现工业大规模繁荣特征，现代出版业由此诞生。

之后的六百年，现代出版业就进入了以技术为主导的飞速发展阶段，总的来说，出版技术可分为编辑技术、复制技术、介质生产技术和传播技术。编辑技术得益于从手工到数字化编辑的转变；复制技术则从书写到印刷技术，再到数字生产；介质技术从羊皮竹简到纸张，从纸张到精彩纷呈的数字化载体；传播技术从实体书店的图书销售到互联网的知识分发和网络书店的发展。

在历次出版技术革命中，诞生于 20 世纪下半叶的计算机网络技术对出版业的影响最为深刻。本书认为前几次技术变革往往是产业内部自发地自我创新，因为与出版产业相关的知识生产和传播方式并没有发生根本性的变化，而是知识生产和知识需求的规模化发展需要出版产业来适应这一变化。而计算机网络技术带来的首先是整个人类社会思维和行为方式的变化，从而导致知识生产和传播方式的变化，进而完完全全地影响到出版产业内部的运作规律。网络时代的知识生产特点主要体现在以下几点：（1）运用操控便捷的知识加工工具；（2）建构高频互动的知识生产平台；（3）提供近乎无限的知识生产资料①。这种知识生产特点也直接影响了传统出版活动的方方面面：从内容到形式，从组织到流程，从产品到服务。

深受技术推动的现代出版业在每一次技术革新的时期，都面临着不同技术条件下出版要素的被动或者自动调整。这种调整的背后逻辑是政治、社会、经济等多重力量作用的结果，政府对技术的支持与否及支持力度、大众对技术的接受程度、经济对技术的资本青睐程度等不同的情况将影响产业调整的路径和成败。从现代出版业发展历史来看，这种调整过程一般表现为冲突（conflict）、融合（convergence）、更迭（change）三个阶段：冲突阶段是基于既得利益以及对新技术的怀疑而出现旧技术对新技术的抵制，这一阶段传统出版业态依然是主流，新技术的优势作用逐渐被业界认识和接受；融合阶段则是新技术和旧技术相互借鉴优势互补阶段，传统出版和新兴出版优势互补，新技术逐渐展示良好的发展前景；更迭阶段则是新技术替代旧技术成为出版业的主流技术，出版进入新的业态和范式，出版的概念也可能被重新定义。本书把从冲突到更迭的一系列过程称为"出版融合发展"。

―――――――――――――

① 赵涛. 论网络时代知识生产方式的变迁和演替[J]. 自然辩证法研究，2014(12)：62-68.

出版融合发展是一个新的具有中国特色的出版概念，其比较权威的起源是 2015 年 3 月原国家新闻出版广电总局和财政部联合印发的《关于推动传统出版和新兴出版融合发展的指导意见》文件，之后融合发展成为出版理论学界和出版实践领域关注的重要话题，一大批出版产业研究学者从不同的视角对融合发展的理论与实践进行了分析和研究，出版行政管理部门也根据指导意见中的精神和指施，出台了一系列规范和推动出版融合发展的政策和文件。从整体来说，出版融合发展的理论和实践仍然处于起步阶段。

选择融合发展作为研究主题，是源于笔者在日常学习研究和出版工作中，疑惑于数字转型升级和出版融合发展的关系、出版融合和融合出版的概念区别，企图探明出版融合应该包括哪些方面、又该如何融合，总结起来由以下三个问题来引导笔者开展这项研究。

1.1.1　出版融合发展理论的科学性

出版融合发展是具有中国特色的出版产业发展概念。从学界研究的历史来看，它来源于传播学的媒介融合理论。在国外，几乎所有传播学界或者出版实业界发表关于出版融合的概念，他们往往会站在传媒产业的视角考察作为其中一部分的出版产业的商业本质和产业特性。正因为大传媒业的审视角度，产业内部的各种媒介形式和业态的相互关系成为研究的自然动因。除了传媒集团和出版企业内部在媒介形态上融合实践外，欧美出版界所关注的融合更多地表现为产业融合，即通过资本的形式兼并整合不同媒介形态的企业，从而将不同形态的知识信息进行整合并通过集团不同的媒介渠道进行传播。产业融合促进了内容资源的创造和有效利用，适应了新一代读者群体的消费习惯。

媒介融合概念和基本理论由中国人民大学蔡雯教授于 2005 年引入中国后，传媒学界结合中国传媒业态开展了大量的研讨和探索，这种理论探索不仅促进了传媒实业界的实践改革，涌现了像浙江日报报业集团、南方传媒等新型传媒业态的报刊企业，而且影响了国家对新闻出版业的政策指导。2014 年 8 月，中央全面深化改

3

革领导小组第四次会议审议通过了《关于推动传统媒体和新兴媒体融合发展的指导意见》，一年之后的 2015 年 3 月，原国家新闻出版广电总局和财政部又联合印发了《关于推动传统出版和新兴出版融合发展的指导意见》，两个文件的先后颁布，以及之后总局出台的相关政策措施，形成和丰富了出版融合发展的概念与内涵，加快了新闻出版业融合发展的步伐。

　　另一个与融合发展经常相提并论的概念是数字出版转型升级。总结已有的研究文献可以发现，出版融合发展和数字化转型升级在很多情况下有着相同的内涵。正如上文所述，传统和新兴技术在产业层面的应用一般会经历从冲突到融合再到迭代的三个过程，而目前两者正处于融合发展的阶段。由于推动融合发展的力量正是数字出版技术的发展，融合发展与数字出版转型经常同时出现在相关文件或者研究中。据笔者不完全统计，从 2015 年以来，原国家新闻出版广电总局共发布旨在推进出版融合发展的数字出版转型升级的政策十余条①，见表 1-1。从这些文件的名称和内容可以看出，尽管 2015 年 3 月的文件提出了融合发展概念，但具体落实政策的文件仍然突出了数字出版和数字转型升级，这一方面说明数字出版是融合发展的重要内容和前提，另一方面是不是也说明了转型升级和融合发展并没有根本上的区别呢？

表 1-1　　近年来我国推进出版数字化转型升级的文件通知

时间	文　件　名
2015 年 3 月	《国家数字复合出版系统工程应用试点单位》
2015 年 3 月	《开展专业数字内容资源知识服务模式试点工作的通知》
2015 年 7 月	《数字出版转型示范单位建设》
2015 年 9 月	《三网融合推广方案(与工信部联合)》

---

①　国家新闻出版广电总局网站信息，http：//www. sapprft. gov. cn/sapprft/channels/6588. shtml.

续表

时间	文　件　名
2015 年 11 月	《关于征集专业数字内容资源学问服务模式试点工作技术支持单位的通知》
2016 年 6 月	《关于征求〈新闻出版企业数字化转型升级软件系统需求框架〉意见的通知》
2017 年 5 月	《关于深化新闻出版业数字化转型升级工作的通知》
2017 年 6 月	《关于印发网络文学出版单位社会效益评估试行办法的通知》
2017 年 7 月	《关于公布 2017 年度"文化与科技融合——新闻出版数字化转型升级技术装备配置优化项目"入选项目的通知》
2017 年 9 月	《关于开展"数字出版千人培养计划"试点培训工作的通知》

尽管大部分学者和出版实业界接受了以媒介融合理论为基础、产业经济学、管理学等多学科理论相结合的出版融合发展理论，但仍有一部分学者提出了以下一些疑问。钱光贵和吕铠认为现有的媒介融合研究套用新闻传播学科的研究范式，呈现业务化、表层化和现象化的特征，缺乏经济学的观照和思考，是一种范式的误用或者"适用范式"的自觉意识的缺失和迷失①。一个普遍的问题是有学者认为融合发展不能成为单独的理论体系，它只是全球出版数字化转型理论和实践的阶段化发展过程。在实践领域，它是出版企业自发地适应社会变化和产业变革的经营行为，融合发展与之前的出版企业适应数字时代环境所进行的变革并没有截然不同的差异。在产业理论方向，出版产业研究者基于数字时代技术背景的社会学、媒介传播学、经济学和商业管理理论，研究出版产业现状问题和未来发展，其理论研究基础和研究范式并没有发生本质的变化，与之前媒

---

① 钱光贵，吕铠. 媒介融合的多元解读、经济本质与研究方式偏差[J]. 当代传播，2015(6)：57-59.

介技术变革背景下的出版产业发展一样，理论体系依旧有很好的指导意义。尽管国内的出版业研究者基于媒介融合理论作为理论溯源，但在西方，媒介融合的研究更多地聚焦于报纸期刊、电视广播和互联网等媒介形态，鲜有关于图书出版业跨媒体融合实践和理论研究，其根本原因在于，图书的知识内容呈现方式是系统化和体系化的，而不像报纸期刊、广播电视和互联网等媒介所呈现的碎片化知识。因此有学者也指出了不同媒介的数字化转移具有不同的途径，其理论自然不能通用。

1.1.2　数字出版转型升级和融合发展的关系

我国的出版数字化发端于 20 世纪 90 年代，与欧美国家出版业的数字化进程相差大概 20 年。由于计算机技术的发展，知识的数字化存储和显示成为出版数字化的切入点，高密度视频存储光盘 DVD、只读光盘 CD-ROM 等数字存储和读取媒介成为知识数字化形式的主要形态，它们很好地解决了两个问题：纸质媒体储存知识的有限性以及视频内容资源的存储限制和播放便捷度。在教育出版、少儿出版等领域，纸质媒体和新型的数字化储存显示媒介很好地结合，如英语教材中把视听内容通过教材附带的光盘给学生们利用计算机或者 MP4 播放器进行学习；少儿读物中，通过 DVD 视频和纸书结合的形式，让小朋友们有更好的阅读体验，更好地接受知识。

进入 21 世纪，互联网技术与移动通信技术的发展和融合进一步推动了知识信息存储的安全性和便捷度，互联网技术将知识储存在服务器上，只要是与之联网的电脑都可以获取知识信息，从而使得 CD-ROM 等存储显示媒介和播放器显得多余。此时出版融合的形态也逐渐从纸质图书与光盘的融合到纸质图书与互联网的融合，除了出版形态的转变，互联网技术给商业世界带来的远远不止这些，更是从思维模式到运营模式的整体变革。出版业进入了转型升级阶段，转型不再只是简单的内容转变，而是出版业整体战略和策略的转变，于是在这个时期，无论欧美出版界还是国内出版业界，出版产业资本异常活跃，传统出版机构与新型以技术为导向的内容服务企业的兼并活动不断，出版业数字化转型研究和实践进入新的活跃期，全球出版企业投入更多的精力和财力在数字出版和新媒介出版上。

直到2015年3月原国家新闻出版广电总局和财政部联合印发颁布《关于推动传统出版和新兴出版融合发展的指导意见》之前，我国传统出版企业的数字化转型一直处于缓慢的探索阶段，也涌现了一些数字出版领先的单位，这些单位大多集中在专业出版社和教育出版社，它们起到了很好的示范作用，如中国法律出版集团、知识产权出版社、地质出版社等。指导意见发布后，原国家新闻出版广电总局提出了推进传统出版与新型出版的融合发展，陆续出台了许多政策和项目，完成了国家级别的数字化标准平台的构建、示范单位的数字化示范工作、数字出版基金和数字出版人才培养计划等，一些数字转型基础良好的出版企业也正在政策扶持和内部投入的支持下成为融合发展的先锋队，持续推进数字转型升级，向智库、知识服务等新功能定位调整。

而无论是文件本身内容还是出版企业实践工作，对于出版的创新仍然在着力加强和探索数字出版的应用与商业模式。在出版研究文献中，融合发展研究的内容与数字出版转型的内容大致相仿，而在出版实践工作中，当出版社召开融合发展专题会议时，与会者也都会把讨论的焦点放在数字出版发展模式上。但对于大部分大学出版社来说，多年的数字转型实践还没有转化为可营利的数字化商业模式时，融合发展概念却又接踵而来。那么融合发展和数字出版转型升级是一个概念吗？它们之间是什么关系？

1.1.3 大学出版社出版业融合发展的切入点

大学出版社是我国出版界重要的力量，尤其在教育出版、专业出版和学术出版领域发挥着举足轻重的作用[①]。从出版社数量、出

---

① 张其友，李桂福. 转企改制后大学出版企业发展研究[M]. 北京：北京师范大学出版社，2012：3.

版品种规模、生产规模、经济效益、社会效益、版权贸易等各项指标看，大学出版力量也成为出版业的重要组成部分。从出版融合发展的内容来看，大学出版社的三个出版方向（教育出版、专业出版与学术出版）都具有先天的融合优势，加上大学出版社的人员素质相对较高，对于新技术和新思维的吸收会优于其他类型的出版社。因此大学出版社应该在出版融合发展中取得优势。

在数字出版转型过程中，大学出版社依据自身出版特色和财力尝试开展数字出版，涌现了部分数字转型有成效、融合发展有进展的大学出版社，如外语教学与研究出版社和上海外语教育出版社在外语教材融合出版上取得了一定的成绩，华东师范大学出版社、北京师范大学出版社在中小学教材教辅上的纸数融合产品探索，清华大学出版社、广西师范大学出版社利用微信公众号开展营销管理创新工作，北京师范大学出版社与科大讯飞合资成立京师讯飞公司负责教材和学术资源的融媒体开发，也取得了很不错的成绩。其他中小型大学出版社也根据自身特点开展数字出版转型，如华东理工大学出版社的日语纸数融合产品、上海交通大学出版社的大飞机工程数据库建设等。整体来说，除了几个整体经营规模较大、财力比较充足的出版社外，大部分大学出版社由于资金的问题，还没有真正走上融合发展的道路。

另外，在大学出版社的出版定位和管理机制上，存在着一定的制约因素，如大学出版社整体规模不如地方出版社，尤其是地方出版社成立了出版集团后，资源和资本更为雄厚，大学出版社的出版定位就是为所属大学的教学科研服务，对利润的要求比较低，没有很大的主动性去推进数字转型；大学出版社的管办机制导致了其组织管理和机制上存在与母体大学相类似的行政事业单位运营思维，这些或多或少地影响着大学出版社出版融合发展工作的开展。

通常来说，大学出版社的出版优势在教育出版和学术出版，而在这两个出版领域的数字出版转型上，大学出版社所体现的优势和劣势一样明显，因此大学出版社如何在融合发展中扬长避短，也是本书需要解决的问题。

1.2 研究综述

1.2.1 出版融合发展的相关研究

尽管我国新闻出版业与西方新闻出版业在政府管理和运作上有着较大的差异，但在企业层面的经营管理策略和方式上，国内外出版企业相互学习，并没有类似产业层面的迥异。以美国和英国为代表的国外出版新理念和新办法通过各种途径传入国内出版理论学界和实业界，然后融合国情形成具有自身特色的产业发展理论和实践指导。传统出版向数字出版转型则是 21 世纪以来整个国际出版界共同的话题和实践方向，伴随着数字出版的不断发展，加之科学技术日新月异，社会文化新概念新思维层出不穷，数字出版的新概念也不断出现。而出版融合发展则是我国特有的以数字出版为核心的产业"概念"。

(1)数字出版与融合发展的关系

首先需要强调的是出版融合发展是中国独有的出现不超过五年的出版产业发展概念。因此其学理性和科学性还有待进一步研究，这也是本书的研究目的之一。

本研究试图从国外文献中找到"出版融合发展"的研究成果，输入"publication"和"convergence"作为并列关键词搜索外文文献数据库，显示的结果中没有两个单词作为独立语块(chunk)的情况，说明国外学者并没有把出版融合发展作为一个独立的概念进行学术研究。

以"publication"和"media convergence"作为并列关键词在知网外文文献库检索，发现国外很少甚至几乎没有关于出版融合发展的论述。即使浏览以"media convergence"为关键词的 2020 条检索结果的前 100 条，也只是在部分媒介融合相关论文中关于形态融合部分谈及出版，这与国外产业分类的情况相关，即出版业作为传媒业

9

的一部分，而且是一小部分，其重要性远远比不上电视广播和互联网的融合规模，因此国外学者的研究领域往往在以电视和互联网为代表的大众传播媒介的整合上，较少涉及出版与其他媒介形态的融合状况。

追溯我国出版理论研究的过程，本书注意到出版融合发展和出版数字化转型升级有着相同的理念，因此当把检索词设置为"digital publishing"或者"digital publication"时，外文研究文献数量明显增多，其研究内容主要在期刊的数字化出版和数字技术的应用。国内学者对数字出版的研究始于 20 世纪 90 年代，并在十多年之后形成了比较统一的认识。

武汉大学徐丽芳教授于 2005 年对全世界出版业数字出版发展过程进行了总结和归纳，并在国内外学者研究的基础上，提出数字出版就是从编辑加工、制作生产到发行传播过程中的所有信息都以二进制代码的形式存储于光、磁、电等介质中，必须借助计算机或类似设备来使用和传递信息的出版。她还阐述了典型的数字出版物形式和数字出版方式，如数据库、电子图书、数字期刊、数字报纸、按需印刷、软件读物等①。之后出版产业的数字出版实践基本按照这个概念来界定数字出版，例如每年新闻出版管理部门公布的数字出版收入的统计口径就是如此。无论之后出现哪种新的出版形态和商业模式都仍然在这个数字出版概念内。数字出版在知识的生产、存储和传播上的优点被全球各领域专家学者看好，传统纸质印刷的出版业态受到巨大的挑战，社会舆论和媒体一度认为纸质图书将在若干年内消亡。但在过去十年左右的时间里，全球各国出版企业的数字出版实践却没有预期的那么乐观，大众对传统出版仍然保有热情，数字出版并没有给出版企业带来实际的盈利，企业管理者和学者们才从数字出版更替颠覆传统出版的激进思想中冷静下来，认识到不同媒体的"互补"效应胜过相互之间的"冲突"反应，而且不同媒体的互补和联合提升了不同媒体的价值。融合概念应运而生。

---

① 徐丽芳. 数字出版：概念与形态[J]. 出版发行研究，2005(7)：5-12.

在技术背景下的融合或者融合发展是一个十分广泛的概念，通过以中国知网为代表的学术文献平台搜索"融合发展"，可以看到各种产业和形式的"融合发展"概念，如三产融合、文旅融合等。由于本书研究的对象是出版产业，学界共有的认同概念是媒介融合。媒介融合理论的提出者美国麻省理工学院的浦尔教授认为媒体融合是"各种媒介呈现多功能一体化的趋势"。*Convergence* 杂志的主编亨利·詹金斯则认为"融合"概念包括横跨多种媒体平台的内容流动、多种媒体产业之间的合作以及媒体受众的迁移行为等。媒体融合不单是技术的变迁，更不是技术发生了变迁就意味着融合的完成①。出版融合发展概念在国内出现之前，出版业研究者在出版业数字化转型的研究和实践过程中从媒介融合理论中找到了理论支持。在知网中输入"融合出版"或者"出版融合"，可以查到最早的期刊论文是冯中卫在 1998 年发表于《印刷技术》的《地图制图制版与桌面出版系统——从远离到融合》，之后的研究数量逐年增加，到 2013 年超过 100 篇，2017 年达到 235 篇，研究主题也从初期的出版技术在出版工作应用中的融合，到现在的涉及出版全要素和全流程的全面融合。

因此本书认为出版融合发展是数字出版发展过程中出现的概念，是数字出版在经历了一段时间发展后对出版产业发展模式的一种新的尝试，但一切都在传统出版与数字出版融合和更迭的轨道上。

(2) 有关出版融合发展主题的研究综述

出版业界把 2015 年确定为出版融合发展元年，是因为《关于推动传统出版和新兴出版融合发展的指导意见》提出了出版融合发展的基本原则和工作目标。从文件的基本原则和发展目标来看，该文件对出版融合发展过程中内容和技术的关系、融合内容、融合途径、融合结果等做了阐述，政府部门在出版融合发展上的工作目标

11

---

① 亨利·詹金斯. 融合文化：新媒体与旧媒体的冲突地带［M］. 北京：商务印书馆，2012：47.

涵盖了出版产业的各个组成部分，指出了明确的发展方向。

目前国内关于出版融合发展研究的主要方向有出版融合发展的概念和内容、融合发展的动因、融合路径研究（资本、组织、技术、生产流程和内容）等方面，整体来说，研究时间开始得较晚，2015年《关于推动传统出版和新兴出版融合发展的指导意见》出台后，研究热情高涨，见图1-1。从作者所在单位看，来自高校新闻和出版专业的学者和来自出版实业的研究者数量旗鼓相当；从研究内容看，高校学者偏重理论探索，出版实业学者则关注融合出版实践探索，两方面研究相辅相成，共同推进出版融合发展研究。

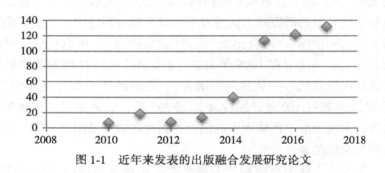

图 1-1　近年来发表的出版融合发展研究论文

关于融合、融合出版、出版融合等相似概念的界定和研究。曹继东认为出版的"融合"指的是出版媒介形式、形态、业态之间的互相渗透、互相影响和互相融合。同年提出的"融合出版"的概念，是指在媒介融合学术语境下，基于数字化技术和互联网思维产生的新兴出版现象，是解决传统出版和数字出版融合发展问题的新兴出版范式[①]。他在2016年进一步提出出版融合发展本质是通过出版资源获取和分配方式的变革，解放和发展出版生产力[②]。王勇安、张雅君认为出版融合发展是建立在移动互联网技术基础上的从内容

---

① 曹继东.基于数字化技术和互联网思维的"融合出版"[J].科技与出版，2014（9）：15-18.

② 曹继东.传统出版和新兴出版融合发展的本质与趋势[J].现代出版，2016（5）：5-8.

生产到传播技术，从产品形态到信息服务的革命性变革①。冯宏声提出从四个维度理解出版融合，他认为"融合"一词的意思是不同领域要素互相渗透，形成一种全新形态，是新兴出版业态对传统出版业态的继承和扬弃，在这个概念基础上，出版融合包括产业链要素融合、内容资源要素融合、出版产业与其他内容产业的融合、出版业与其他相关产业的融合四个部分②。在涉及出版融合或者融合出版概念的文献中，学者们尤其是来自出版实践领域的学者们不太注重对概念的诠释，比较直接地进入融合出版方式的研究和实务探索。

关于出版融合发展动因研究。肖叶飞、刘祥平认为技术创新、企业之间的竞争合作、放松规制、跨产业的并购与重组以及受众的需求是融合发展的动因③。周宇、惠宁则认为信息技术、市场需求、政府管制、文化消费是融合的动因④。马雪芬、蓝有林认为出版融合是出版业创新的内在需求，受众需求是融合的最大动力，受众在哪里，主流就在哪里，年轻人在哪里，新媒体的未来就一定在那里⑤。乔保平等明确指出技术和产业化是媒介融合过程中最活跃的两大因素。技术推动出版内容，产业化加快出版系统的融合⑥。樊芸解释了出版转型升级和出版融合发展的关系，她认为转型升级是融合发展的先决条件，融合发展是对出版发展的方向设定⑦。

---

① 王勇安，张雅君. 论出版产业融合发展的战略思维[J]. 出版发行研究，2016(4)：14-17.

② 冯宏声. 融合是出版业走向未来的关键词[J]. 出版参考，2015(3)：7-9.

③ 肖叶飞，刘祥平. 传媒产业融合的动因、路径与效应[J]. 现代传播，2014(1).

④ 周宇，惠宁. 论述产业融合的动因、类型及其对经济发展的影响[J]. 山西师范大学学报，2014(9)：56-60.

⑤ 马雪芬，蓝有林. 媒体融合：内容是支点 技术是杠杆[N]. 中国出版传媒商报，2015-02-03.

⑥ 乔保平，冼致远，邹细林. 再论媒介融合时代广播电视舆论引导能力的提升[J]. 现代传播，2014(1)：35-39.

⑦ 樊芸. "三化"与"五融合"：互联网出版发展的着力点[J]. 出版参考，2016(8)：41-42.

　　国内学者在出版融合发展路径研究上投入了比较多的关注：王溦认为我国媒介融合的运营模式呈现出从媒介互动、媒介整合到媒介融合的阶段性特征①。党耀东基于互联网进化路径的分析，提出了媒介融合"以传者为核心的融合模式—以个体为主导的融合模式—以数据为核心的融合模式—传者和受者双主体的模式"②。曹继东认为融合发展是中国出版业大发展大繁荣的必由之路，出版技术形态变革—出版产业结构、组织和机构转型升级与解构重构—融合型出版生产方式出现—新型出版生产力崛起—出版资源获取和分配方式重构③。肖叶飞、刘祥平指出了产业融合的演进路径需要经历技术融合、业务融合到产业融合的过程，在融合路径上则可以选择横向融合、纵向融合和混合融合④。胡正荣认为要抓住四个要点实现融合突破，分别是打造融合的技术体系、出版融合的要务是以用户为中心、以产品导向为突破、以业务流程和要素来重构组织⑤。程美华认为出版媒介融合方式可以分为三种融合方式，第一种是占主流的出版媒介自身的融合，包括机构融合、业务融合、资本融合、内容融合和传播形式融合，第二种为出版媒介与其他媒介的融合，第三种为出版媒介行业与非媒介行业之间的资本融合和品牌共享⑥。

　　《关于推动传统出版和新兴出版融合发展的指导意见》从政府规划上确定了出版融合发展的内容。在文件颁布前，国内学者根据

　　① 王溦. 以媒体融合发展模式探索传媒产业新型发展之路[J]. 中国报业，2014(2下)：31-33.

　　② 党耀东. 互联网进化路径与媒介融合模式的变迁[J]. 编辑之友，2015(11)：72-76.

　　③ 曹继东. 基于数字化技术和互联网思维的融合出版[J]. 科技与出版，2014(9)：15-18.

　　④ 肖叶飞，刘祥平. 传媒产业融合的动因、路径与效应[J]. 现代传播，2014(1)：68-71.

　　⑤ 胡正荣. 传统媒体与新兴媒体融合的关键与路径[J]. 新闻与写作，2015(5)：22-26.

　　⑥ 程美华. 出版媒介的融合方式及其发展[J]. 重庆社会科学，2011(5)：80-86.

媒介融合理论提出了出版融合发展内容不仅仅是在技术和产品呈现形式及传播渠道融合，文件颁布后，对融合发展内容的细分研究更加深入。研究主要分为出版技术融合、内容融合出版、出版机制创新和出版市场营销创新四个方面。

普遍的观点是，计算机技术、互联网技术和通信技术促进了出版融合发展，出版融合发展的概念本身就含有技术发展的前提条件，没有技术的发展，出版融合是没有办法实现的。廖文峰、张新新认为从 2008 年开始，我国数字出版经历了以文字图像处理技术为代表的数字化、以数据库技术为代表的碎片化和以大数据、云计算和语义标引技术为代表的体系化三个阶段，融合技术使传统出版生产的内容实现了多元化应用[①]。王梓薇等认为传统出版与新兴出版之间技术性进入壁垒因为以互联网为代表的信息技术发展而逐渐消失，形成共同的技术基础[②]。唐晓丹、肖叶飞提出电信网、广电网和互联网三网实现互联互通、双向进入、资源共享，为出版企业创造出大量的全媒体信息传输平台，为数字出版提供新的出版渠道和终端。三网融合技术下可以实现自我出版模式、按需出版模式、订阅下载模式[③]。蔡宾则提出利用大数据库将选题类别进行统计、分类、整理并加以分析，获得最优选题，利用大数据技术分析用户消费习惯，精准地推送信息，提供差异化的服务[④]。柳斌杰认为大数据可以改变传播思路，可以生产四维信息，提高出版运行质量，提升出版服务水平，优化市场营销能力[⑤]。王豫把融合技术分为内

①　廖文峰，张新新. 数字出版发展三阶段论［J］. 科技与出版，2015 （7）：87-90.

②　王梓薇，王关义，蒋艳枫. 传统出版与新兴出版融合发展机制探讨 ［J］. 现代出版，2015(6)：8-10.

③　唐晓丹，肖叶飞. 三网融合时代数字出版业态的转型与升级［J］. 新闻界，2013(4)：72-75.

④　蔡宾. 大数据背景下传统出版企业的现状及发展策略研究［J］. 中国出版，2016(17)：50-53.

⑤　柳斌杰. 探索大数据为核心的媒体融合发展之路［J］. 新闻与写作，2016(7)：6-9.

15

部技术支持和外部技术应用策略，内部技术上运用大数据、移动互联网等技术，开展出版内容、产品、用户数据库建设，提升采集、存储、管理、分析和运用能力，运用传感技术、智能语言技术、虚拟现实技术等加快移动阅读、在线教育、知识服务等新业态。在出版融合发展中，技术既是融合的基础和前提，也是融合的内容①。王磊提倡应用二维码技术丰富图书信息，优化营销管理②。段军认为 MPR（Multimedia Print Reader，多媒体印刷读物）技术对于帮助出版产业完成改造升级、平稳转型有重要作用③。王勉认为 MPR 码具有编码容量大、兼容性强和识别纠错能力强等特点，利用 MPR 技术应用使得出版者不用增加成本就可实现传统出版物与 MPR 出版物之间的平移，开辟一个新的出版空间④。王卉、李金城介绍了增强现实技术在出版业中的两种应用：移动 3D 互动书和游戏电子书⑤。贾晓阳提出 VR（虚拟现实）技术在教育出版领域应用前景广阔，以青岛出版集团应用 VR 技术为例介绍了 VR 人文教育、安全教育等新型内容产品，很好地提升了内容应用价值⑥。这些融合技术模式或多或少已经在出版实践中被尝试，有些还带来了很好的融合效益。在出版融合发展中，技术既是融合的基础和前提，也是融合的内容。

关于内容融合出版的研究更多地归结到融合产品的研究和实践创新。张新新认为融合性产品服务体系的研发要遵循《关于推动传

---

① 王豫. 传统出版与新兴媒体融合发展的形态[J]. 现代出版，2016（3）：44-46.

② 王磊. 二维码在传统出版业中的应用探析[J]. 科技与出版，2014（2）：40-43.

③ 段军. MPR：传统出版业的新课题[J]. 出版发行研究，2013（8）：44-47.

④ 王勉. MPR 纸质数码有声出版技术创新及发展优势[J]. 科技与出版，2014（4）：87-90.

⑤ 王卉，李金城. 增强现实技术在图书出版领域的应用研究[J]. 中国出版，2015（9）：23-26.

⑥ 贾晓阳. VR+/教育出版：融合发展迎未来[J]. 传媒，2016（12 下）：18-19.

统出版和新兴出版融合发展的指导意见》中提到的"七个一"原则，
建立移动互联型的数字新闻资讯服务体系，健全数字视听产品体
系，尝试进军数字游戏领域①。赖雪梅认为依据"互联网+出版"的
产品多元化原则，电子书、数据库、在线产品和 APP 产品等四类
成为目前主流的数字产品形态②。张波认为出版内容转化创新分为
出版内容从传统文字信息向数字信息或者视听文本转换，以及通过
针对媒介平台特色的内容创作或者调整来实现③。黄先蓉、刘玲武
介绍了时代出版传媒打造的全球首个文化生活自出版社交平台"时
光流影"推出的微信时光书定制服务，介绍了移动阅读与内容生产
互相融合产生的很多 APP 产品，如掌悦科技④。蒋丽平、梁春芳
从内容生产、内容的再开发、内容的销售三个方面阐述了媒介融合
时代如何打造内容核心竞争力。他们提到了"道琼斯波纹信息传播
理论"，对内容进行多元开发，一次投入多次产出，增加内容附加
值⑤。樊芸提出立体出版的思路将贯穿内容生产的全部流程，做到
全品种图书在纸书出版的同时电子书上架销售，同时推进交互生成
内容的平台建设⑥。王悦彤提出了产品形态的跨界，认为应关注两
个问题：一是如何扩张自己的产品形态，以富媒体的形式进行内容
销售；二是如何有效地培养既有传统出版知识体系又有互联网及跨

---

① 张新新. 出版业融合发展的趋势与对策建议［J］. 中国编辑，2016
（5）：66-70.

② 赖雪梅. 传统出版融合发展的方向和路径［N］. 中国出版传媒商报，
2016-03-01.

③ 张波. 试论传统出版与新兴出版融合发展五种常态［J］. 中国出版，
2015（20）：18-21.

④ 黄先蓉，刘玲武. 2015 年出版传媒业融合发展的新态势［J］. 出版广
角，2015（12）：13-16.

⑤ 蒋丽平，梁春芳. 优质内容是媒介融合时代出版产业的核心竞争力
［J］. 中国编辑，2009（6）：34-37.

⑥ 樊芸. "三化"与"五融合"：互联网出版发展的着力点［J］. 出版参
考，2016（8）：41-42.

界思维的产品经理①。内容融合的背后是技术，更是出版融合发展的理念和全媒体出版范式的体现。

出版业界认识到技术和内容的有效融合需要资本和制度的保障。《关于推动传统出版和新兴出版融合发展的指导意见》中提出：坚持行政推动与发挥市场作用相结合，探索以资本为纽带的出版融合发展之路，支持传统出版单位控股或参股互联网企业、科技企业②。而出版融合发展中的资本融合的研究也进入学者的视野，曹继东指出融合发展需要稳定的资金链和产业链，传统出版企业要借用资本力量开展融合发展的尝试和商业模式探究，有利于激活出版企业的组织活力③。王豫提出传统出版企业利用资本的两种方式：第一种是挂牌门槛相对较低的"新三板"；第二种是利用自身资金、资源等优势通过并购参股等方式进行资本运作④。黄先蓉、刘玲武介绍了 2015 年融合发展中资本市场的状况，指出无论国有出版传媒企业还是民营公司，资本市场成为转型升级借力的主要阵地⑤。任翔通过爱思维尔并购 Mendeley 和企鹅出版公司收购 Author Solutions 两个案例提出我国出版企业需要探索符合时代趋势的资本运营⑥。出版企业要将视野放宽，积极融入互联网出版的新产业链，将资本作为融合发展的推动力和催化剂，加速跨界融媒。

建立符合出版融合发展要求的新型出版企业组织形态也是出版融合发展正常进行的保障。《关于推动传统出版和新兴出版融合发

① 王悦彤. 跨界的出版与出版的跨界[J]. 出版发行研究，2015(3)：28-31.

② 国家新闻出版广电总局. 关于推动传统出版和新兴出版融合发展的指导意见[J]. 中国出版，2015(3)：4-6.

③ 曹继东. 基于数字化技术和互联网思维的融合出版[J]. 科技与出版，2014(9)：15-18.

④ 王豫. 传统出版与新兴媒体融合发展的形态[J]. 现代出版，2016(3)：44-46.

⑤ 黄先蓉，刘玲武. 2015 年出版传媒业融合发展的新态势[J]. 出版广角，2015(12)：13-16.

⑥ 任翔. 出版+互联网：欧美出版集团的跨界并购与融媒创新[J]. 科技与出版，2015(10)：4-9.

展的指导意见》提出：主动探索出版单位内部组织结构的重构再造，建立顺畅高效、适应市场竞争和一体化发展的内部运行机制。关于融合发展中的组织融合研究，任萍提出传统出版企业需要从企业战略业务单元、企业治理结构和具体经营主体加快融合重组，要利用信息时代的管理思想和技术手段，建构符合数字化时代要求的组织结构模式，建立供应链组织和虚拟组织，建立网络时代的网络组织结构和联盟组织结构①。蒋雪湘指出产业融合环境下，出版企业组织行为应趋向柔性化、虚拟化和模块化，改变传统生产流程，提高编辑内容加工能力，满足消费者多样化文化需求②。邱国栋、黄睿以辽宁出版集团组织结构演进为例提出了融合发展中以"创新"为主导的组织管理，组织创新的原则是保证"一次选题、多种生成、多元传播"的创新三步骤③。曹继东认为在组织融合过程中按照"以流程为导向"的原则，通过组织设计、人才结构设计、人力资源管理、建立积极的人际互动关系及群体关系，达到出版组织重构的目的④。王豫提出组织结构融合的三种方式：（1）组建专业的新兴媒体出版团队；（2）传统出版与新兴媒体出版一体化的组织结构；（3）整体进行全媒体组织架构再造⑤。从上面的研究来看，学界都认识到组织重构和再造对于出版融合发展来说是一种组织保障，是对于融合实施的保证，但实施路径有所差别。

出版业务流程对于出版融合发展来说，是实现最终目标的过程性业务保障体系，业务流程需要和融合发展内容相匹配。王豫提出

① 任萍. 数字化时代出版业组织变革趋势浅析[J]. 出版发行研究，2016(4)：27-30.

② 蒋雪湘. 产业融合环境下我国图书出版产业组织合理化目标模式探讨[J]. 编辑之友，2010(9)：29-31.

③ 邱国栋，黄睿. 新旧媒体融合发展的创新管理研究——以辽宁出版集团组织结构演进为例[J]. 科技与出版，2014(9)：23-26.

④ 曹继东. 基于数字化技术和互联网思维的融合出版[J]. 科技与出版，2014(9)：15-18.

⑤ 王豫. 传统出版与新兴媒体融合发展的形态[J]. 现代出版，2016(3)：44-46.

编辑出版流程融合主要从编印发到采集编传，建立起"中央厨房"式的流程，实现复合出版。从选题策划开始就考虑传统媒体与数字媒体阅读的需要，力求实现"一个内容、多种载体、复合出版"。樊芸进一步解释了新兴出版基本流程的"采集、汇聚、编辑、传播"，采集的主要工作有了解以大数据为基础的用户需求、内容市场调查等，汇聚是指有选择地将收集的资源结构化、碎片化，编辑则指通过出版平台实现编辑与作者、读者之间的协作和交流，传播是指内容在移动互联网支撑下全媒体和全介质传播①。张新新提出出版企业要积极探索和推进出版业务流程数字化改造，建立选题策略、协同编辑、结构化加工、全媒体资源管理等一体化内容生产平台，实现纸质图书与数字出版产品的生产过程同步化、生产流程统一化、上线发布协同化②。学界对于基于出版融合发展的出版流程改造比较统一的看法是以复合出版平台为核心，实现采集编传各环节的融合，实现作者编辑读者的融合。美国新媒体创业者乔纳森·格里克发明了英文新词"Platisher"（平台型媒体），体现了中外媒体产业对这种新型知识生产流程的共同展望。

融合发展中的出版营销创新研究则包含了用户融合、渠道融合等内容，借助互联网移动通信技术，将传统出版中的市场因素进行创新，用户需求分析创新、渠道创新和营销手段创新不仅是为了融合出版工作的需要，同时也是融合出版的题中应有之义，因为这种创新创造了新的内容和需求。王豫提出实现线上线下的渠道融合，利用新兴媒体的交互性、即时性、共享性以及多媒体与超文本个性化与社群化特征，改变营销模式，从而实现营销渠道多元化③。肖叶飞、刘祥平认为媒介融合时代消费者在信息接收和商品消费上的分众化、便捷化和多样化促进了需求融合，需求融合改变了供给融

---

①　樊芸. "三化"与"五融合"：互联网出版发展的着力点[J]. 出版参考，2016(8)：41-42.

②　张新新. 出版业融合发展的趋势与对策建议[J]. 中国编辑，2016(5)：66-70.

③　王豫. 传统出版与新兴媒体融合发展的形态[J]. 现代出版，2016(3)：44-46.

合，替代性和互补性的供给引导了受众消费，最后推动了市场融合①。王梓薇等认为出版融合发展中应以市场融合为导向创造出足够的需求，才能实现技术融合、产品和业务融合的价值②。樊芸提出根据不同产品策划不同的销售模式，各种媒体形式的产品销售互相带动，利用用户数据库，细分用户的阅读和消费习惯，制订选题开发和销售计划③。

总的来说，从知识生产传播理论到媒介融合理论都从人类精神发展宏观角度和传播学专业角度给出版融合发展理论研究实践探索提供了最根本的理论基础。国内外出版融合发展研究者都提出，出版融合发展是在新旧媒介共存共生的形势下出版活动各要素的全面融合，技术融合、内容融合、资本融合、平台融合、经营管理创新、市场营销等各个环节不可或缺，牵一发而动全身。因此众多的研究者，无论是整合研究还是专项研究，都提出了非常有益的理论探索和实践经验分享，对本研究大有裨益。

1.2.2 大学出版社研究

世界上最悠久的大学出版社是可以追溯到 1478 年牛津大学出版社，从此以后大学出版社成为世界出版产业中不可或缺的力量。17 世纪 40 年代美国哈佛大学的前身哈佛学院成立"剑桥出版社"，开始从事宗教出版，这与英国牛津大学出版社和剑桥大学出版社的发展经历如出一辙④。以英美两国为代表的世界大学出版经过几百

---

① 肖叶飞，刘祥平. 传媒产业融合的动因、路径与效应[J]. 现代传播，2014(1)：68-71.

② 王梓薇，王关义，蒋艳枫. 传统出版与新兴出版融合发展机制探讨[J]. 现代出版，2015(6)：8-10.

③ 樊芸. "三化"与"五融合"：互联网出版发展的着力点[J]. 出版参考，2016(8)：41-42.

④ Peter Givler University Press Publishing in the United States[M]//Scholar Publishing：Books, Journals, Publishers, and Libraries in the 20th Century. New York：Wiley, c2002：108, 111.

年的发展，目前形成了两类不同经营风格的大学出版社，"一类以英国的牛津大学出版社、剑桥大学出版社为代表，既追求学术出版，又追求商业利润，另一类是以美国的哈佛大学出版社和日本的东京大学出版社为代表，主要从事学术出版，不追求商业利润。"①无论是以牛津大学出版社和剑桥大学出版社为代表的英国模式还是美日大学出版社模式都对本国乃至全球的出版业发展作出了巨大的贡献。近代中国最早的大学出版社是成立于1929年的南开大学出版社②。中华人民共和国成立后，大学出版社得到了快速的发展，截至2018年，我国有大学出版社115家，占全国出版社数量的19.69%，每年总出书品种占到26.72%③。因此大学出版社是出版业的重要力量，大学出版研究也成为学界和实业界研讨和关注的重点。

关于大学出版的定位和功能。大学出版社概念起源于以英国为代表的西方国家，因此关于大学出版的定位和功能研究也是基于西方国家大学出版社的历史演变的。1696年，Richard Bentley对剑桥大学出版社进行改革，比较突出的一点就是最早提出了大学出版社要以学术出版为中心，将大学出版社与母体大学的声誉和使命联系起来④。牛津大学出版社的宗旨是"将大学在研究、学术和教育上的优秀成就通过出版传播到全世界。"美国大学出版社在功能定位上非常明确地指出了坚持以学术出版为中心和非营利性两个特征⑤。哈佛大学出版社第三任社长杜马斯·马龙认为大学出版社存

---

① 大学出版社之路：学术传播与市场运作之间——北京师范大学出版社社长杨耕与牛津大学出版社国际事务总裁尼尔·汤姆金斯对话实录[N]. 中华读书报，2012-06-20：6.

② 张宏. 中国大学出版：去从两相知[J]. 出版广角，2010(4)：20-25.

③ 周蔚华，杨石华. 大学出版社在出版业的地位及当前面临的主要问题[J]. 现代出版，2018(1)：31-42.

④ Michael Black A. Short History of Cambridge University Press[M]. Cambridge：Cambridge University Press，1992.

⑤ 罗茜. 坚守与困境——从美国大学出版社看学术出版[J]. 中央财经大学学报，2014(增刊)：109-118.

在的目的，是成为整个学术界和学术界外世界的桥梁①。与我国一衣带水的日本共有 70 余家大学出版社，经营模式分为自负盈亏的东京大学出版社模式、学校补贴的东京外国语大学出版社模式和作者资助的东北大学出版社模式，与美国大学出版社一样，坚守高质量的学术出版是日本大学出版社的信仰，因此绝大部分日本大学出版社经营状况不好②。从上可见，英国、美国和日本等国大学出版社有着不同的经营理念，但对依靠大学母体，坚持高质量的专业学术出版是大学出版社立足之本这一理念却是非常相似的。

对大学出版社定位和功能的研究是国内大学出版研究的重点。赵丽华和蔡翔认为大学出版是出版中的出版，要把大学出版放到大学的母体中，廓清大学的本质和现代大学的精神③。李静指出长期以来大学出版已经确立了以学术出版为根本，服务教学科研为目的，通过传播学术知识启迪思想、影响社会④。贺圣遂认为大学出版社在促进学科建设、完善教材体系等方面有自己独特的作用，具有从"大学出版"走向"出版大学"的先天优势⑤，并进一步指出对于中国大学出版社而言，回归和倚重学术出版，通过学术出版树立、发展壮大大学出版品牌⑥。蒋东明认为大学出版社的角色功能和主要任务与大学所承担的使命和功能具有内在一致性⑦。大学出版从成立开始，就与所在大学的学术发展和学科建设密不可分，从

---

① Hall M. Harvard University Press：A History［M］. Cambridge：Harvard University Press，1986：39.

② 田雁. 日本大学出版社：现状、挑战与应对［J］. 现代出版，2015（1）：78-80.

③ 赵丽华，蔡翔. 大学的本质和大学出版的方向［J］. 现代出版，2015（2）：5-12.

④ 李静. 现代大学出版的缘起和学术文化传统的形成［J］. 青海师范大学学报(哲学社会科学版)，2007(3)：2.

⑤ 贺圣遂. 大学出版与出版大学［J］. 编辑学刊，2003(3)：4-7.

⑥ 贺圣遂. 学术出版——大学出版的追求和使命［J］. 大学出版，2008（1）：6-9.

⑦ 蒋东明. 大学出版社的发展目标不能模糊［J］. 现代出版，2010(6)：21-23.

为所在大学服务到为所有大学服务，大学出版在通过学术图书和教材的形式推动人类最先进的学术研究传播的宗旨上一直没有变。

大学出版的选题研究成为大学出版实务研究的重要内容，正如大学出版的定位一样，学术出版、教育出版和专业出版成为大学出版社选题的三驾马车。大学出版社要把"出版教材、教学参考书及其他教学用书放在首位""出版科学著作作为重要任务"①。据统计，2010 年大学出版社新版图书中，高等教育教材比例为 38%，学术图书为 17%，基础教育为 13%，职业成人教育为 6%，大众图书为 21%②。有学者指出大学出版社为学校教学、科研和学科建设发展服务，一般来讲，学术著作出版应控制在 30% 左右的选题比例，这样既可以获得一定的财力支撑，又可以保证学术服务的功能③。纪庆芳提出大学出版社应该依靠学校学科优势和人才优势，出版"精、专、特、新"的图书，把学校优势转化为出版优势，形成自己的特色品牌④。蔡翔提出大学出版应与学校所在优势学科充分结合，利用好占少数的 20% 的内容资源，抓住核心产品，集中优势资源⑤。而国际上，大学出版社对出版选题方向的态度则和大学出版社的定位相类似，以牛津大学出版社和剑桥大学出版社为代表的英国大学出版社从 19 世纪开始就从一开始的宗教出版转到了教材和学术书籍的出版，如牛津大学出版社启动了"牛津英语大辞典"项目，剑桥大学出版社则推出了"皮特系列教材"和"剑桥现代史"两个大项目，不仅繁荣了学术，也带来了丰厚的商业收入，真

----

① 高等学校出版社工作若干问题的暂行规定[EB/OL]（2011-11-09）[2017-06-15]. http://wenku.baidu.com/view/88cf9eeb75eeaeaadf34693daef5ef7b.

② 教育部社会科学司. 中国高校出版社发展报告 2005—2010[M]. 中国人民大学出版社，2011：15.

③ 冷桥勋，李克明. 大学出版社学术著作出版的现状及对策分析[J]. 现代出版，2016(3)：38-39.

④ 纪庆芳. 大学出版社学术出版的问题与思路[J]. 出版广角，2015(8下)：30-31.

⑤ 蔡翔. 论大学出版的目标集中战略与长尾理论模式[J]. 大学出版，2008(5)：4-12.

正意义上实现了为教育和学术出版服务的办社宗旨①。而以哈佛大学出版社为代表的美国大学出版社则一直以来坚持"学术+"的选题政策，哈佛大学出版社的第三任社长杜马斯·马龙认为出版社鼓励作者尝试不同的方式阐释和呈现学术成果，"这不是贬损学术，而是优化学术成果的阐释和呈现效果"②。从上述研究成果可以发现，我国大学出版社与英国大学出版社的出版选题方向比较一致，在以商业性为主的教材出版和以学术性为主的学术图书出版之间维持好一定的平衡。

在业务流程上，由于选题和产品内容的不同导致大学出版社营销手段也充分具有教材出版、专业出版和学术出版的特色。在教材和专业出版营销上，蔡宏志从高校教材渠道的选择优化、对经销商的促销、高校教师的管理、广告会议宣传等四个方面系统地阐述了教材营销策略③。伊静波立足互联网思维七字诀"专注、极致、口碑、快"来考察高等教育教材出版营销，提出专注于拥有最大资源的出版领域、极致地做好教材出版与营销、建立多元化与即时性的精准口碑营销，并让其快速成为互联网时代永恒的主题④。赵文娟等以西安交通大学出版社为例提出立足高校做好教材建设，以国家项目带动专著出版，同时利用好教材推广会、发布会和巡展推广教材，采用"编发结合"出版学术专著等⑤。在学术出版营销上，学者们一致认为把好学术质量关是出版营销的重中之重。蒋东明从厦门大学出版社三十年来对学术出版的工作提炼出大学出版社学术出版

① 罗茜，王克方，任婷. 商业性与学术性有机结合的典范——剑桥大学出版社、牛津大学出版社的历史与现状探寻[J]. 皖西学院学报，2016(2)：98-103.

② Hall M. Harvard University Press：A History[M]. Cambridge：Harvard University Press，1986：68.

③ 蔡宏志. 高校教材的出版营销策略[J]. 大学出版，2000(4)：22-24.

④ 伊静波. 互联网思维下高等教育教材出版营销新思路[J]. 现代出版，2014(6)：42-44.

⑤ 赵文娟，秦茂盛，王强虎. 大学出版社发展医学出版的策略——以西安交通大学出版社医学分社探索实践为例[J]. 科技与出版，2015(5)：40-43.

的"四个着力点"：挖掘学术资源、整合学术力量、培训学术新人和传播学术成果①。陈奋和宁灿健指出大学出版社要搭建一个学术出版的良好平台，深化市场化改革，整合资源，组建专业的编辑团队和寻求基金资助等措施来培育学术品牌，做成体系②。对于学术图书的营销渠道上，纪庆芳认为主要依靠图书馆馆配和直销，因此需要做好图书书目和信息的及时推送，而且要推送给高校学术带头人，争取将学术图书作为教材使用，从而拓宽学术图书销售路径③。

随着近年来数字出版浪潮越来越猛烈，国外大学出版社也在数字出版业务上进行了研究和实践探索工作，在某些出版领域建立了具备盈利能力的数字出版商业模式及运营经验。剑桥大学出版社被英国《金融时报》称为"数字出版的先驱之一"，与牛津大学出版社一起在数字出版业务方面进行了积极的探索，主要建立了学术期刊在线平台，将旗下所有的学术期刊与词典数字化开发和网络化发送；建立与教材配套的数字化拓展资源和在线教育平台；与亚马逊等网络书店合作进行营销和互动；还与技术公司合作开发多模态的数字软件和系统④。2004年牛津大学出版社推出"牛津英语词典"在线版本取得成功后，将其他工具书进行数字化改造，组合成资源中心，大大改变了牛津大学出版社的收入结构，2005年之后，纸质工具书的收入下降到12%，而数字化工具书收入占比提升到88%，数字化转型给牛津大学出版社带来了确确实实的收益增值⑤。美国大

① 蒋东明. 大学出版社学术出版的"四个着力点"[J]. 现代出版，2017（5）：23-24.

② 陈奋，宁灿健. 我国大学出版社的学术出版发展之路[J]. 科技与出版，2015（2）：40-42.

③ 纪庆芳. 大学出版社学术出版的问题与思路[J]. 出版广角，2015（8下）：30-31.

④ 罗茜，王克方，任婷. 商业性与学术性有机结合的典范——剑桥大学出版社、牛津大学出版社的历史与现状探寻[J]. 皖西学院学报，2016（2）：98-103.

⑤ 冯会平，王雅菲. 媒体融合时代的学术自信——以英国大学出版社为例[J]. 现代出版，2015（1）：75-77.

学出版社的"固执"的学术出版特征使其缺乏足够多的资金完成独立的数字化改造，因此往往与大学图书馆、公共学术性图书馆合作进行学术著作和期刊的数字化，如加利福尼亚大学出版社与其大学图书馆合作建立电子出版平台"e 出版平台"①。

在我国出版业加快数字化转型和融合发展的政策环境下，我国大学出版社在数字化转型上也不输于其他类型的出版社，主要体现在内容资源的数字化开发和营销手段的网络化与数据化应用。在内容资源的数字化开发上，郭发仔在总结目前数字化开发中处理方式简单、资源缺乏科学的遴选办法和内容资源关联度低等问题时，提出要进行深度的数字化开发，一是要实现内容资源的即时数字化，如利用二维码技术开发纸数融合产品，二是要开发课程数字化平台②。冯会平、范军认为大学出版社在数字出版上的方向是，立足专业化学术化的内容资源，积极通过数字化方式进行学术传播和学术服务，在教材出版中加大多媒体教学手段的运用和教学资源库的建设等。同时由于数字出版需要技术和资金做后盾，因此通过版权合作和内容集成开发与技术服务商合作提供服务是一条比较可行的路径③。纪庆芳则提出大学出版社要从传统的教材教辅提供者转变为教学的内容提供者和教育服务提供者，整合大学数字教学资源，生产多样化的数字产品，提高数字化产品的竞争力④。臧庆凤以外语教学研究出版社对高校外语教材数字化转型为案例分析并提出基于互联网技术将电子图书与纸质图书有机结合，以学生为中心，提供全流程的优质数字化资源以及全方位的数字化教与学服务，这套

---

① 李丽，张成昱. 美国大学出版社与图书馆的多元化合作[J]. 图书馆建设，2008(3)：102-104.

② 郭发仔. 大学出版社内容资源的数字化开发[J]. 现代出版，2014(5)：47-48.

③ 冯会平，范军. 哈佛大学出版社的成功之道及启示[J]. 出版发行研究，2014(10)：87-90.

④ 纪庆芳. 大学出版社学术出版的问题与思路[J]. 出版广角，2015(8下)：30-31.

做法不仅适合大学出版也适合中小学英语教学资源的建设①。上海外语教育出版社研发了基于互联网，向教师和学生提供外语学习资源和服务的综合性学习平台，在内容上是纸质教材内容的拓展，形式上以音视频素材为主，设置了自主学习的工具，以及方便教师课程管理的功能，推动了英语课堂学习和在线自主学习的融合，提升了学习效率②。从目前来看，技术融合在教育出版和学术出版两块已经展现出比较好的商业前景，大学出版社应抓住资源和品牌优势加快转型升级。

在利用互联网技术促进营销手段提升上，众多学者围绕着内容传播方式进行了相对多的研讨。蒋东明指出对于大学出版社来说，专业出版的使命没有改变，但"吸引读者的方式却不可落伍"③。这提出了大学出版在营销手段上需要与时俱进。吴翠薇提出要整合线上线下渠道，对学术图书进行立体化营销，线下营销为传统的馆配、学术研讨会等，线上营销则为通过微信公众号和微博推广宣传，网络书店销售等，实现快速、广泛和低成本的营销效果④。近两三年来，出版学界和实务界对微信在大学出版社营销工作的应用研究颇为热衷。魏江江以清华大学出版社"书圈"公众号为例，从社群理论探讨了如何利用公众号开展用户运营、服务运营、内容运营、活动运营和电商营销，提出以服务用户为引导，提供高品质服务，促进社群良性发展，实现精准营销⑤。段淳林、李倩文认为大学出版社有独特的专业出版和学术出版的品牌，因此微信公众号的

① 臧庆凤. 构建外语教学数字化转型特色方案——以外语教学与研究出版社为例[J]. 出版参考，2016(4)：20-22.
② 王沛. 外语自主学习平台设计新思路——兼评上海外语教育出版社课程中心功能设计与平台搭建[J]. 出版广角，2015(10下)：66-69.
③ 蒋东明. 大学出版30年：大学为根，学术为魂[J]. 现代出版，2018(2)：25-27.
④ 吴翠薇. 大学出版社学术出版的生态化发展策略[J]. 科技与出版，2017(8)：125-128.
⑤ 魏江江. 基于社群思维的微信公众号运营——以清华大学出版社"书圈"公众号为例[J]. 现代出版，2017(3)：46-47.

运营要围绕着这个品牌来开展，通过将产品、活动、服务和用户需求有机统一和一致行动，可以达到资源整合和沟通的效果①。有学者专门针对现有大学出版社微信运营现状进行分析，俞金鑫、张志强通过对 110 家大学出版社微信公众平台建设现状以及总体经济规模前 10 名大学出版社微信公众号运营现状的调查，归纳出栏目设置不全面、粉丝互动不足等问题，提出了开设微店、发送福利增加互动和利用语音推广等建议②。罗茜、王克方在分析了大学出版社官方微信公众号在活跃度、栏目设置、推送形式和内容等多个方面后，提出大学出版社微信运营策略应该注意"慎、合、优"三个特点③。覃凡依据对微信、微博和移动客户端（简称两微一端）粉丝数、消息推送数量等数据分析，提出了相似的观点：避免盲目开通账号、选择合适的发布时间和频率、选择合适的公众号类型等策略建议④。围绕着互联网社交媒体开展图书社群营销已成为大学出版社的主要营销手段。

业务流程的顺利进行需要体制和机制的保障，经过多年的努力，我国大学出版社均顺利完成了转企改制，体制的改革给大学出版社的发展提供了一定的保障，但建立新体制只是基础，关键在于出版机制的创新⑤。蔡翔认为大学出版只有在观念、机制、产品和营销实现创新，才可以永续经营⑥。赵玉山、栾学东认为应该尽快结合创新科技，实现管理、人才队伍、市场营销、服务理念的全方位转型升级，适应大学教育创新的浪潮，由简单的图书出版机构向

① 段淳林，李倩文. 基于微信 5.0 的大学出版社品牌形象塑造与传播 [J]. 中国出版，2014(7 下)：51-54.

② 俞金鑫，张志强. 大学出版社微信公众平台建设现状及发展策略研究 [J]. 科技与出版，2016(9)：107-111.

③ 罗茜，王克方. 大学出版社微信公众账号运营现状调查与评析[J]. 出版科学，2015(1)：72-76.

④ 覃凡. 大学出版社两微一端平台运营现状调查分析[J]. 出版科学，2018(1)：76-81.

⑤ 范军. 略谈大学出版社转制的几个问题[J]. 大学出版，2009(2)：13-15.

⑥ 蔡翔. 回归和守望：大学出版的方向[J]. 现代出版，2012(1)：5-8.

知识服务机构转变①。雷永利、樊娟在分析国外知名大学出版社管理模式后提出所有成功的大学出版社无一不把学术和教育的贡献和推动视作其生存和发展的动力，因此严格的选题与审稿机制和高校的团队运营机制是保持其在出版产业竞争优势的重要手段。而我国大学出版社目前在学术出版上的一些"公开的秘密"直接抹杀了大学出版的本质功能和品牌形象，发展也就无从谈起②。罗茜、王克方、任婷等列举了剑桥大学出版社建立电子出版 ERP 系统、作者资料库、流程管理系统、网络系统、剑桥网上文献系统等，保证数字化和网络出版业务开展，取得了良好的效果③。无论专业出版还是学术出版，利用数字技术推进出版流程创新，是大学出版社今后一段时间内提升管理水平的重点。

面对着新的知识生产和传播方式的冲击，出版业面临着新的挑战，数字化转型、融合发展、知识服务、知识付费等新概念层出不穷。大学出版研究学者也提出了很多看法。赵玉山、栾学东认为大学出版社要回归本位做好大学科研教学服务，要利用融合技术做出谋划和设计，重视出版融合趋势，实现大学出版的迭代升级④。蔡翔、唐颖提出了新时代大学出版发展的方向：坚持大学出版服务大学和学术的本质，以双一流教学强国战略为坐标，接纳和应用好数字技术，通过融合发展最终实现高品质的知识服务⑤。周蔚华、杨石华指出从过去几年被誉为学术精品的出版政府奖和三个一百原创工程奖获奖图书来看，大学出版社的学术出版优势并没有得到体

---

① 赵玉山，栾学东. 大学出版 3.0 时代：发展逻辑与转型路径[J]. 出版广角，2018(4 下)：12-15.

② 雷永利，樊娟. 国外知名大学出版社管理模式探究[J]. 出版发行研究，2017(8)：81-84.

③ 段怡妹. 剑桥大学出版社高管赴沪[N]. 中国图书商报，2008-05-23：11.

④ 赵玉山，栾学东. 大学出版 3.0 时代：发展逻辑与转型路径[J]. 出版广角，2018(4 下)：12-15.

⑤ 蔡翔，唐颖. 新时代大学出版发展的方向[J]. 现代出版，2018(2)：17-20.

现，因此大学出版社应该摆脱盲目追求品种数量、盲目追求规模扩张，坚定走专业化发展道路，注重学术出版和教育出版，作为创新型国家的积极推动者和引领者①。

在传统出版时代，大学出版社面对的是出版产业内部不同出版主体对市场的竞争；在互联网时代，还需要面对基于互联网技术的新兴知识生产和传播机构的冲击。大学出版社进行融合发展战略设计的第一步就是需要认真评估大学出版社在融合发展出版竞争新格局中有何优势和劣势，如何扬长避短，在新一轮全方位更为激烈的内容产业和内容服务业竞争中保持竞争力。

1.3 研究的目的与意义

1.3.1 研究目的

进入21世纪，人类知识生产和传播的方式发生了巨大的变化。知识总量呈几何倍数增长的时间已缩短至3~5年，这个时间周期还在不断地缩短，导致这一现象的因素很多，如知识积累、技术发展、教育投入的增加等，其中最重要的就是计算机技术和信息技术的发展。技术的发展不仅带来知识的增长，更改变了人类生活方式、社会关系和生产方式。

作为人类知识生产和传播的重要方式，出版产业面临着重大的挑战：知识生产和传播方式的"民主化"正在让传统出版社失去了几百年来赖以生存和发展的基础——内容资源。即使还可以利用原来的关系保留住一部分作者和内容，以技术特长的互联网公司从传播媒介和渠道环节迂回切入，由下而上争夺传统出版社的资源。谷歌、亚马逊等"野蛮人"利用技术和资本的力量闯入传媒业，一时间成为传统出版社的噩梦。最要命的是，用户或者说大部分用户接

31

---

① 周蔚华，杨石华. 大学出版社在出版业的地位及当前面临的主要问题[J]. 现代出版，2018(1)：31-42.

受了这些"野蛮人"，抛弃了传统出版产业的服务。实体书店首当其冲，纷纷关门转型。传统出版企业业绩和利润下滑，作者流失，用户数据无法掌控等，于是传统出版企业看不到未来。

不进则退。全球出版企业开始拥抱不一样的世界：新的媒体、新的知识、新的用户，开始接纳技术以及外来的"野蛮人"（尽管心有不甘或者偶有矛盾）。拥抱和接纳新世界的方式就是传统出版企业的数字化转型。培生集团在服务和技术的支持下，提供更有效的教学和人性化学习方案，通过数字化转型提高市场份额。企鹅兰登的有声书销售在 2017 年取得了两位数增长，带动了数字出版业务的增长。爱思维尔在学术出版服务平台上不遗余力，开发或收购了在线社区 SSRN、学术社交平台 Mendeley、机构知识库搜索平台 Bepress，全方位满足用户需求①。

大学出版社置身其中，冲击无法避免，积极适应和转型才是迎接挑战的态度。与欧美出版业发达的国家一样，我国大学出版社在 20 世纪 90 年代开始了数字化探索，从内容生产和内容载体上进行了有益的探索，与教材配套的光盘、点读笔等新型知识载体的应用扩展了出版内涵。21 世纪初，出版企业进入数字出版转型，转型不仅仅是内容生产和流通的转型，而是涉及出版思维和出版业务全流程的转型，其间产生了一批数字化转型发展良好的大学出版社，如外语教学研究出版社、华东师范大学出版社等。自出版融合发展文件颁布后，在过去三年不到的时间里——实际上对于大部分我国大学出版社来说，应该是更长的时间——出版企业一直在探索传统出版与新出版技术的结合。正在这样的背景下，本书的研究计划达到以下三个目的：

第一，本研究努力在前人研究的基础上，根据数字出版发展过程和融合发展概念提出的历史背景，结合媒介融合理论、企业数字化转型等理论以及出版企业在数字出版转型上所做的实践工作，分析出版融合发展的概念和内涵。

---

① 周清熙. 收入减少业绩下滑国际各大出版集团都是怎样通过数字化转型来提高市场份额的？［N］. 中国出版传媒商报，2018-05-18.

第二，本研究以大学出版社为研究对象，围绕出版企业层面融合发展的三个内容——内容融合、营销创新和机制创新，按照融合什么、怎么融合和融合得怎么样三个问题分析总结大学出版社融合发展的内容、现状、问题，从而勾勒出大学出版社融合发展的内容、基本思路和问题。

第三，本研究在经过对概念梳理、案例分析后，根据前面所阐述的现状和问题以及出版所要面对的趋势，从思维融合、技术应用、内容融合、营销策略创新、机制创新和政策保障等不同维度对大学出版社出版融合发展提出了对策建议。

1.3.2 研究意义

发端于 20 世纪 90 年代的数字出版经过二十多年的发展，近几年来，随着与知识生产和传播密切相关的科学技术的迅猛发展，出版业数字化转型的步子越来越大，国家新闻出版主管部门制定文件和配套政策推进出版企业开展数字化转型，传统出版企业也加大了对数字出版的投入。融合出版、出版与知识服务、出版与智库建设等新的概念层出不穷。可无论从出版实践工作还是从目前已经发表的研究成果看，都是碎片式的项目实践经验分享，缺乏系统的融合发展理论构建。本书通过出版融合发展理论梳理和调查研究，找出融合发展的影响因素和运作规律，构建出版融合发展的理论体系。以此理论体系为标准，将其应用到大学出版社这一特殊而有一定规模的我国出版产业出版主体融合发展中去。因此本研究具有一定的现实和理论意义。

现实意义：与国外出版企业不一样的是，我国大学出版社在面对科技带来的挑战时，还要面临更多的困难：自身固有的体制不适应资本运作和自由市场竞争，因此无法从根本上借助资本的力量进行大刀阔斧的转型升级。出版企业只能在体制和自身企业范围内进行实践摸索，因此在近十年里，一些数字化转型发展较快的专业出版社和教育出版社积累了很多好的实践经验，但仍然是个别企业的独舞，对其他出版企业并没有太大的指导意义。目前大学出版社开

33

展融合出版的动力来自市场，市场需要什么就开发什么，怎么开发往往就模仿市场上已经有的产品，而事实上融合发展不仅仅是产品融合的问题，而是涉及出版产业各环节的系统性和整体性问题。本研究努力构建从产品到服务再到机制的比较全面的理论框架指导大学出版社开展融合发展实践，从技术融合、内容融合、营销管理创新和机制创新四个方面提出了今后出版融合发展的工作重点和趋势。

理论意义：尽管出版业的研究更多的是一项实践性工作的研究，但影响出版实践工作开展的无形之手是经济学、传播学和社会学等多学科理论体系，一个产业发展一定需要有理论指导，只有上升到理论层面才可以有惠及产业整体发展的指导思想和政策。与许多实践性学科发展一样，理论的形成往往来自产业实践经验的总结。近几年来，传媒学界和出版学界开展了一些融合发展的研究，主要是由两个方面构成，一个是传播学、经济学等学科理论探讨出版融合发展的基础和路径，另一个是出版实践学者从数字化项目实施过程探讨融合发展的路径和实施办法。本研究试图多角度阐述论证了出版融合发展的科学性，结合实际案例，提出了出版融合发展的内容，一定程度上夯实和丰富了出版融合发展的理论体系，也努力为出版融合实践工作提供了新的启示。

1.4 研究方法和思路

1.4.1 研究方法

为解答上述研究问题，本研究主要采用以下研究方法。

(1) 文献调研法

文献调研法是指通过对文献的搜集、鉴别、整理和研究，形成对问题的科学认识的方法。文献调研是本研究顺利开展的基础。本书将围绕着出版融合发展和大学出版研究进行文献搜集、梳理和归纳，对相关文献整理后形成综述，从而发现问题和研究的方向；由于本研究需要借鉴其他学科的成熟理论和方法，因此也对相关学科理论知识进行了收集整理，通过以上两方面文献的收集、整理后形成分析框架。

(2)问卷调查法

问卷调查法是指调查者借用统一设计的问卷，向被调查者获取相关信息的方法。本研究通过对大学出版社在内容融合、营销模式创新、机制创新等三方面开展调查，了解大学出版社融合发展的现状以及评价。

(3)深度访谈法

为了深入事实内部，为获取丰富的细节知识和事实之间的意义关联，本研究除了问卷调查外，还针对相关大学出版社不同性质和层级的工作人员进行深入访谈，更多地了解问卷所无法得到的细节问题，并了解其取向的原因，了解融合发展的信息。

(4)案例分析法

案例分析法是探索难以从所处情境中分离出来的现象时采取的研究方法，为了深入探寻出版融合发展各方面的特点，本研究选择了一些有代表性的产品和大学出版社进行案例分析，研究大学出版社实施融合发展的措施和办法，找出规律和特点。

1.4.2 研究思路

本研究遵循提出问题、分析问题和解决问题的研究思路。

首先，提出了本书的研究问题和研究对象。研究对象为我国大学出版社，明确了研究主体，研究问题是出版融合发展，接着围绕着研究主体和问题，分析了研究问题的研究现状，以及研究主体的应用现状，从而确定了研究的意义和目的、研究结构和方法。

其次，重点廓清和梳理了出版融合发展的理论根源，结合媒介融合理论、社群理论、流程再造理论和技术融合理论厘清了出版融合发展的内容——技术融合、内容融合、营销管理创新和机制创新，从而构建了本研究的分析框架。

　　然后，明确了大学出版社数字化转型和融合发展的特点，采用问卷调查和访谈的方法了解和分析了大学出版社在内容融合、营销管理创新和机制创新的现状。

　　最后，建立在上述研究结果的基础上，提出大学出版社融合发展的对策：树立正确发展观、提升技术应用能力、如何加快内容融合、营销管理创新和机制创新等。

　　本研究技术路线如下：

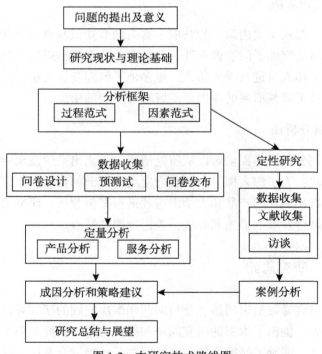

图 1-2　本研究技术路线图

1.4.3　本书结构

本书共分7章，每章的具体内容如下：

第一章：绪论。本章以问题为导向，首先提出了引发此论题的三个问题，在研究综述部分，对出版融合发展和大学出版的研究进行了总结和整理，明确了研究的目的和意义，并引出了论文的研究方法、研究思路和研究结构。

第二章：理论基础。本章阐述了与本研究相关的四个重要理论基础：出版融合发展的传播学理论基础——媒介融合理论、社会学理论基础——社群理论、管理学理论基础——业务流程再造理论以及作为出版融合发展的基础——技术融合理论。

第三章：出版融合发展理论构建。本章首先分析了出版融合发展理论背景和根源，并分别阐述了出版融合发展四个方面的内容：技术融合、内容融合、营销管理创新和机制创新，强调说明了技术融合是促成其他三个融合的技术基础和保障。

第四章：大学出版社内容融合发展研究。本章论述了出版内容融合发展的内容，用案例分析的形式阐述了目前大学出版社内容融合发展实践工作，以教育出版为例，通过针对高校学生对现有数字化教学资源的评价和出版社对自身内容融合现状评价进行的两个调查，总结分析了目前出版内容融合发展的现状问题。

第五章：大学出版社营销管理创新发展研究。首先论述了大学出版社营销管理创新的参与主体和融合方式，以案例分析的形式阐述了目前大学出版社在营销管理创新发展的实践工作，通过针对教师的调查和针对大学出版社的调查分析了营销管理创新发展的现状与问题。

第六章：大学出版社机制创新发展研究。本章首先阐述了出版机制创新的概念和其主要内容：组织、流程和制度。以大学出版社实践案例的形式展示了组织重构、流程再造和制度创新的实践工作。通过针对出版社机制创新情况的调查分析现状和存在的问题。

第七章：大学出版社融合发展策略建议。综合上述的理论和实践案例分析，本章分别从融合发展理念、技术应用能力、内容融合策略、营销管理创新策略、机制创新和融合发展政策等六个方面提出了建议。

2 理 论 基 础

融合发展概念的核心是融合，融合不仅是传统技术和新技术在出版实践上的优势互补，还包括新的技术带来的新的工作思维和业务规范，一般情况下，技术对产业的影响需要经历冲突到融合再到更迭的过程。技术发展过程带来了传统出版和新兴出版业态在工作内容和规范上的冲突、融合和更迭，在技术驱动下的产业实践经验和认识不断积累后，也会形成不同的产业理论的冲突和融合。融合发展所处的互联网时代是一个资源聚合的时代，产业边界和企业边界都在互联网聚合作用下日渐模糊，作用于产业发展和企业运营的理论体系也互相融合，在互联网场景下共同为解决产业发展问题和企业管理问题提供理论支持。

依据本书所要研究和解决的问题，结合文献综述相关内容，本研究引用媒介融合理论、企业数字化转型理论、社群理论、技术融合理论等理论作为构建出版融合发展理论的基础理论，也作为研究出版融合发展实践的指导理论。

2.1 媒介融合理论

尽管国内外对出版的定义侧重点不同，但对出版业具有传播学属性是一致认可的。国外学者强调出版的属性是向公众传播，而国内学者对出版的定义中也强调了"通过发行将出版物公之于众，在读者中进行传播。"①英美国家为代表的西方出版业发达国家把出版业归入传媒产业，我国出版理论界在 20 世纪 90 年代提出了"出版产业"，但从出版产业管理的国家主管部门来看，尽管经过了几次调整，但一直没有独立，要么与新闻放在一起，要么和新闻广电合在一道，这也说明政府管理机构设置体现了"大传媒"的概念。

2.1.1 媒介及媒介融合理论

社会学界和传播学界对媒介的概念有着许多不同的理解，即使是 20 世纪最伟大的传播学学者麦克卢汉提出来的"媒介即信息"为核心概念的媒介形态理论也颇有争议，后世学者认为其过于突出技术的确定性。不过大多数传播学者认同媒介是信息传播的载体，是传播得以进行的工具和技术手段②。媒介在《新牛津英汉双解大词典》中的解释是"Media：the means of mass communication（especially television，radio，newspaper）regarded collectively"媒介泛指大众传播的各种方式，尤其是指电视、收音机和报纸③。德弗勒（2008）认为广义的媒介"可以是任何一种用来传播人类意识的载体或一组安排有序的载体"。而麦克卢汉（1964）提出的"媒介即信息"则强调了媒介技术对于人类社会发展的作用，他强调，媒介不仅仅是载体，它本身就是人类意识和智慧。在互联网时代，从媒介技术变革所带来的社会影响的实际情况看，麦克卢汉的理论更有现实意义。国内引入媒介融合概念的蔡雯教授认为媒介从大众传播学的角度可以理解为传递新闻与创新的各种传统媒体和新媒体④。

---

① 杨海平. 现代出版业经营管理［M］. 北京：北京交通大学出版社，2015：1-4.

② 左康华. 媒介形态理论是技术决定论吗？——对媒介技术本质的再思考［J］. 东南传播，2012（8）：7-10.

③ Judy Pearsall 等. 新牛津英汉双解大词典［M］. 庄智象，等译. 上海：上海外语教育出版社，2007（1）：1319.

④ 蔡雯，王学文. 角度视野轨迹——试析有关媒介融合的研究［J］. 国际新闻界，2009（11）：87-91.

媒介融合(Media convergence)的概念由美国马萨诸塞州理工大学浦尔教授提出的"各种媒介呈现多功能一体化的趋势"这一理念演变而来，之后英美国家学者一般从传播学和经济学两个角度来阐述媒介融合概念和实践应用，至今没有形成统一的定义，却形成了一系列媒介融合理论共识：技术是推动媒介融合的最大动力，受众需求变化是媒介融合的最根本原因等。学者们认为媒介融合不仅仅是内容的融合，还可以从三个层面分析媒介融合：从微观层面看，强调媒介融合是技术的融合。代表性观点是美国新媒体专家约翰·帕夫利克认为"融合知识所有的媒介都向电子化和数字化这一形式靠拢，这一个趋势是由计算机技术驱动，……它为多媒体产品的发展铺就了发展道路，所谓多媒体是指文本、图片视频声音以及这些元素的链接和交互的混合体"。① 美国传媒学者约瑟夫·R. 多米尼克把媒介融合定义为各种传播技术的混合(Convergence, the blending of communication technologies)②。从中观层面看，媒介融合强调传媒技术、传媒产品形态、传媒运作系统和传媒组织机构等多方面融合，典型观点是美国新闻学会媒介中心主任安德鲁·纳齐森认为"媒介融合是印刷的、音频的、视频的、互动数字媒体组织之间的战略的、操作的、文化的联盟"③。从宏观层面看，除上面两个视角外还强调社会监管和规则的融合，受众参与及媒介融合的经济学和社会学后果。另外从大传媒产业视角审视媒介融合，美国学者雪莉·贝尔吉认为融合是指技术的进步使得产业的界限趋于模糊，导致不同媒介产业相互作用的过程④。

2005 年中国人民大学蔡雯教授把媒介融合概念引入中国，国

---

① 约翰帕夫利克. 新媒体技术——文化与商业前景[M]. 北京：清华大学出版社，2005：126.

② 约瑟夫·R. 多米尼克. 大众传播动力学——数字时代的媒介(第七版)[M]. 北京：中国人民大学出版社，2003：518.

③ 熊澄宇. 文化产业研究：战略与对策[M]. 北京：清华大学出版社，2006：20-25.

④ 雪梨·贝尔吉. 媒介与冲击[M]. 大连：东北财经大学出版社，2000：240、448.

内新闻学界围绕着传媒学科本身和传媒实践开展研究，形成了富有中国特色的媒介融合理论。2009 年蔡雯、王学文从微观、中观和宏观三个视角对媒介融合的概念和内容进行了总结，尤其是中观层面的阐述，更符合目前媒介融合的实际情况，它指出了媒介融合是技术融合、内容载体融合、运作系统融合和组织机构融合等多方面多层次的过程①。丁柏铨则提出了另外三个层面的融合：以技术融合为特点的工具层面融合、媒介经营业务层面的融合、媒介融合理念层面的融合②。陈映指出媒介融合是"一个共同的技术平台以及传媒内容在多媒体平台的流动"。从生产组织维度，是"新闻生产流程和媒介组织结构的再造以及多媒体叙事方式"，从文化生产机制维度，则体现为一种"参与式的民间文化"③。黄旦则认为应该跳出媒介组织和产业限制来研究媒介融合，把它置于社会形态的变化，以数字技术为元技术平台，将不同维度上的媒介重新整合为一体④。国内学者认识到媒介融合概念缺乏本质探索，多样化的概念界定往往来自经验式总结，仍然需要基于更深层次的理论探索和构建。

近年来媒介融合的视角更趋向文化学和经济学方向的研究。亨利·杰金斯在《媒介融合的文化逻辑》一文中指出："媒介融合不仅仅是简单的技术变化，它改变了技术、产业、市场、风格和受众的存在关系，融合是一个过程，不是终点""媒介融合既是自上而下的企业引导过程，也是自下而上的受众驱动的变化过程"。杰金斯教授进一步将媒介融合定义为三方面的整合：跨越多个媒介平台的内容流动、多种媒介产业之间的合作，以及媒介受众的主动信息获

① 蔡雯，王学文. 角度视野轨迹——试析有关媒介融合的研究[J]. 国际新闻界，2009(11)：87-91.

② 丁柏铨. 媒介融合：概念、动因及利弊[J]. 南京社会科学，2011(11)：92-99.

③ 陈映. 媒介融合概念的解析与层次[J]. 北京邮电大学学报(社会科学版)，2014(1)：1-7.

④ 黄旦，李暄. 从业态转向社会形态：媒介融合再理解[J]. 现代传播，2016(1)：13-20.

取行为①。欧美新闻传媒学界试图从技术层面、社会学层面和经济学理论视角来给媒介融合一个准确的定义，但随着技术的革新带来人们知识生产与传播方式的变化，媒介融合实践也不断出现新的现象。Bum Soo Chon 和 Junho. H. Choi 发觉学术界开始从三个角度观察媒介融合：第一个角度是经过产业并购重组的联合（consolidation），第二个角度是技术和网络平台的联结（combination）；第三个角度是用户和市场之间的综合（intergration）②。2016 年出版的《媒介融合手册》第二卷中，Artur Lugmar 和 Cinziadal del Zotto 设计了不同层次和方式的媒介融合③，见图 2-1。

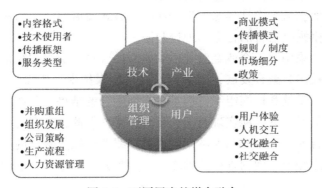

图 2-1　不同层次的媒介融合

　　图 2-1 很好地阐释了目前英美等国媒介融合研究的最新成果，媒介融合显然已经不再是单纯的技术或者产业的融合，而是与经济行为有关的技术、产业、用户（消费者）和组织管理等所有经营要

　　①　Henry Jenkins. The culture logic of media convergence［J］. International Journal of Cultural Studies，2006.

　　②　Bum Soo Chon，Junho H. Choi，George A. Barnett. A structural analysis of media convergence：Cross-industry mergers and acquisitions in the information industries［J］. Journal of Media Economics，2003.

　　③　Artur Lugmayr，Cinzia dal Zotto. Media Convergence Handbook（Vol. 2）［M］. Springer，2016.

素的融合，每个要素包含了诸多子要素，这些子要素之间互相交融，共同促进媒介企业的运营。

大不列颠百科在线（Britannica.com）提出媒介融合是一种将信息、通信技术、计算机网络和媒体内容互相结合的现象，它将计算机、通信和内容聚合在一起，由此产生了内容的数字化和互联网的盛行，媒介融合改变了已经建立的产业、服务和实践工作，产生了全新的内容展现形式。媒介融合主要有五个主要内容：技术融合、产业融合、社交媒介、叙事方式以及融合政策。而实际上，目前国内外媒介融合概念研究的业务性和现象化问题均有不同程度的体现，而对于深层次的理论研究，则不约而同地将研究视角转移到社会学层面，从人类社会知识生产和传播方式发展而产生结构性变化入手考察媒介融合的社会学理论起源。

本书采用立足企业经营管理的媒介融合中观层面的视角研究大学出版社出版融合发展，即融合发展是传媒技术、传媒产品形态、传媒运作系统和传媒组织机构等多方面融合的结果，单纯的技术业务层面的融合并不能实现真正的融合效果。据此，本书将蔡雯等提出的融合的三个内容和大不列颠百科在线关于媒介融合内容的阐述作为出版融合发展的理论基础之一——媒介融合理论的理论依据。

2.1.2　媒介融合内容

本书认为大不列颠百科在线关于媒介融合内容的解释既是媒介融合概念的具体化，也是较为真实和具体地反映了目前传媒业媒介融合的现状，因此本研究依照该百科知识在线平台解释的融合发展的五个主要内容——技术融合（technologyical convergence）、产业兼并（industry mergers）、社交媒介（social media）、跨媒体叙事（transmedia storytelling）以及媒介融合政策（media convergence policy）——来阐述媒介融合的内容。

（1）技术融合

融合的技术范畴是比较容易理解的，随着互联网技术、智能手机、平板电脑和智能电视以及其他数字设备的发展，人们可以得到以前需要依附在特定传播媒介(如印刷品和唱片)或者平台(如报纸杂志、电视电台等)上的内容资源。自从可以通过同一种设备获取不同的内容组合，传媒组织已经发展了跨媒体的内容产业，比如新闻集团公司不再仅仅提供简单的印刷或者视听内容，还提供其他相关资源的链接，在线查阅档案，有机会对故事发表评论或者提供相关材料的链接。这些发展已经深深地打破了新闻业原先长期存在的各种边界，比如记者身份的边界、新闻截止时间的边界、记者与编辑的职责边界、各种内容平台的边界等。美国新闻业教授 Jane Singer 评论说"如今的新闻业，从以前一次性和封闭状态的报纸叙事变为开放的问题将持续存在。"

(2)产业融合

技术变革往往通过行业融合和整合而得以实现，新型的数字媒体运营巨人也随之诞生，从 20 世纪 90 年代到 21 世纪初发生了几次大的兼并，几家全球最大的媒体公司将他们的兴趣分散到不同的媒体平台上。其中最大的几次兼并是 1994 年维亚康姆和派拉蒙合并、1995 年迪斯尼和美国广播公司合并、2000 年维亚康姆和哥伦比亚广播公司合并、2004 年国家广播公司和环球娱乐合并，公司并购史上最大的一个兼并是 2000 年美国在线与时代华纳的合并，已经成立的媒介运营公司接管了一些新媒体创业公司，例如 2005 年新闻集团接管了 Myspace 的母公司 Intermix 媒体公司。20 世纪 90 年代后期的这些合并逻辑就是跨平台的媒介巨头比传统的竞争对手更加强大，但是随着 2000 年纳斯达克科技泡沫破裂，合并企业之间不同的文化差异所导致的冲突胜过了合并初衷。美国在线和时代华纳的合并便是典型的失败案例。

(3)社交媒体

社交融合是融合型媒介发展新的方向，社交媒体是指将个体以一对一、一对多、多对多等不同方式汇集交流的技术、平台和服务。然而互联网使得个体不仅以消费者的身份而且以生产者的身份参与媒体中，直到 21 世纪初，随着 Web2.0 的出现，媒介融合中涉及社交的内容才变得丰富多彩，它的核心是聚焦用户和去中心化，通过长期持续的参与让用户来改变社交。社交媒体的发展以社交网络平台 Facebook、微博客服务商 Twitter、Wechat、视频分享 Youtube 等在线交流服务为典型代表，如 2006 年 Facebook 上线，到 2012 年就有超过十亿的用户数量；2012 年每一分钟就有时长超过 72 小时的视频被上传至 Youtube，每天有 40 亿次视频内容被观看。

美国媒介学者 Howard Rheingold 认为社交媒体有三个核心特征：第一是社交媒体使每一个在网络中的个体都有可能成为内容的生产者、传播者和消费者，第二是媒介的力量来自用户之间的联系，第三是社交媒体允许用户在以前不可能的范围和程度上调和用户与用户之间的行为。

融合社交媒介一个重要的变化就是随着使用者从观众到参与者的变化，用户生成内容方式也出现了变化，澳大利亚媒介学者 Axel Bruns 发明了一个新词"produser"，意为"使用生产者"或者是"生产使用者"，用于称呼那些同时担任网络在线内容的消费者和生产者的互联网用户。当然，也有异样的声音发出，英国作家 Charles Leadbeater 指出内容生产工作变得越来越廉价和简单，业余人士和专业人士的区分变得模糊，媒体内容被快速地分享和社交化。联合国经济合作组织认为用户生成内容是一个显著的破坏力量，为传统市场参与者和他们传统的商业策略创造了机会和挑战。

(4)跨媒介叙事

专业媒体已经通过跨媒体叙事方式参与到媒介融合，依据多元化的平台特点讲述不同的故事。这不仅仅是指不同平台的内容改编，更多的是依据不同平台和媒体对内容进行扩展和创新，当跨媒体叙事策略成为媒体企业品牌扩张的资源时，企业一定会从扩展新用户和增加新产品销量等途径获得更多的收入和利润，同时将各具特色的媒体内容放在一起产生更丰富和复杂的叙述内容，成为粉丝经济的一个功能。尽管跨媒介的叙事方式比互联网出现得更早，但媒介融合早就显示了它巨大的扩张可能性。比如 20 世纪 60 年代英国著名的电视系列节目 Doctor Who，在停播 16 年后的 2005 年，莫国广播公司利用互联网将其开发成网络短剧，利用 Podcast 对电视改编片段进行评论，还拍成了电影、电视娱乐秀，同时也出版了图书，跨媒体模式使得内容重新焕发生机。

(5) 媒介融合政策

媒介融合带来了对传统媒体政策的新挑战，在 20 世纪的大部分时间里，媒介内容都是通过像图书、报纸杂志、电视电台等特定的平台进行传送的，不同的媒介形式有不同的规则，制定规则的标准主要看是否公开还是非公开发行，是否适合儿童观看，哪种媒体更能够吸引受众等。而在 21 世纪，由于数字化的内容可以呈现在不同的设备上，内容和特定的平台发生分离，如上所述，用户本身不仅仅是内容的消费者，也快速地变为内容的生产者和传播者，因此媒介政策和规则所存在的社会环境发生了巨大的变化，大众更加容易控制自己的媒介环境，年轻的一代(数字"原住民")也更喜欢使用多形态和多功能的媒介技术。媒介公司的本质也发生了变化，例如苹果公司从一个科技公司变成了世界上最大的音乐公司，谷歌公司成为全球受众获取新闻和电视内容的最重要渠道。如何使原来的媒介政策能够确保内容的所有权和多样化，建立符合社区标准的规则，适应全球媒介时代的本土化内容需求，是媒介融合时代里媒介政策制定者的主要挑战①。

2.2 企业数字化转型理论

企业数字化转型对于出版企业来说具有双重含义，一个是企业所生产的产品从原来的纸质载体到数字化产品的转变，另一个是出

---

① http：//www. britannican. com/topic/media-convergence written by Terry Flew[EB/OL].

版企业运营管理的数字化。也正因为这双重含义使得企业数字化转型显得更为重要。数字化转型不是数字出版，而是一种在互联网环境下指导出版企业如何利用和配置资源的思维和模式，从这一点来说，出版企业数字化转型和融合发展具有同样的使命和意义。这也正是本书绪论中提出第二个问题的原因。

2.2.1 企业数字化转型概念

数字化转型就是利用数字化技术来推动企业对业务模式、组织架构和企业文化等企业管理要素采用变革措施，目的在于利用各种新技术让企业在数字化时代为客户提供更好的产品和服务，实现竞争优势和差异化价值，数字化转型的企业会思考和实施企业新的营收渠道、新的产品和服务、具有创新性的商业模式，根本上来说，数字化转型是技术和商业模式的深度融合，其最终结果是商业模式的变革。

企业数字化转型是面对数字经济时代企业采取的管理战略。既然是战略，那么企业数字化转型不仅仅是企业内部办公管理数字化的应用，其真正内涵在于用互联网的思维打通企业内部的运行流程，把企业的资源、研发和服务紧密结合在一起，以客户为中心实施企业的运作、决策和服务①。站在技术和企业管理结合的视角，企业数字化转型包括三个逐步升级的步骤，第一个是技术层面上从信息技术数字到新一代技术的数字应用转换，第二个是企业管理层面上从实体物理形态的数字化到全过程全领域的数据化，第三个是产业层面上互联网和智能技术环境数字化精准运营的业态和管理模式的变革与重构②。数字化转型是通过信息技术创新满足客户需求并创造价值的过程。

---

① 崔森. 服务型企业数字化转型的影响因素研究[D]. 长春工业大学，2015.

② 薛惊理. 关于传统企业数字化转型的战略思考[J]. 经济师，2018（6）：263-264.

数字化转型有别于企业信息化，它不仅是要考虑企业自身的资源和经营状况，如人才储备、创新能力、财务状况、企业文化等，更是对企业思维方式的挑战：它是坚持客户需求和数据双轮驱动的发展理念转型，重构企业业务组织、协同方式和管理层级，实现组织结构的融合创新；要完成横向、纵向和端到端的三大数据流互联互通的运营管理转型，要加快信息技术的应用，提升技术能力为数字化转型提供支撑；要充分利用盘活企业拥有的资源、资本、技术和市场，通过股权等合作方式共创数字生态。

2.2.2 企业数字化转型内容

在 WOS 学术数据库里检索 enterprise digital transformation，很难找到相关的国外研究文献。中国知网的"企业数字化转型"检索结果显示，虽然对于企业数字化战略的内容的定义不一而足，但综合起来大概分为思维转型、战略转型、产品转型、组织转型、业务转型，再作细分则集中在人力资源管理转型、业务模式转型、流程创新、平台化等。综合来看，本书认为马化腾等人总结提炼的企业战略数字化转型、营销数字化转型、商品和生产数字化转型、商业模式数字平台转型、运营管理数字化转型等六个方面转型对于出版企业数字化转型比较有借鉴意义①，结合本书所研究的出版产业特性来做具体的阐述。

(1)战略层面的思维转型

随着技术的发展，数字技术从物质层面和机能层面复制了现实世界，商业世界的运行(信息流、商流、物流等)都可以与数字对应，无论是人类的生活还是商业行为都越来越依赖数字技术，因此企业数字化转型的首要任务是理解和适应这种变化。数字化思维是在互联网、大数据、云计算等科技发展背景下，对市场、用户、产

49

---

① 马化腾，孟昭莉，闫德利，等. 企业如何进行数字化转型[J]. 科技中国，2017(7)：39-44.

品、企业价值链以及商业生态进行重新审视的思考方式。其核心是用户思维和平台思维①。

数字化转型要企业从战略的高度理解和适应数字世界对生活与商业的影响，并通过学习和培训培养数字化转型思维与能力。战略的数字转型要制定数据驱动的决策，更要培养全员的数字意识。企业发展的价值观和战略导向要从过去产能驱动型转变为数据驱动，企业的领导者要变成数据说话和智慧决策数字化转型的引领者，企业员工要在具体工作中主动学习和应用数字技术，提升工作效率和推动创新。

（2）产品和服务生产的数字化转型

生产的数字化转型则包括产品的数字化和生产的数字化，数字平台转型强调数字平台是数字时代最重要的商业模式创新，根据企业自身特色和发展战略构建不同功能的商业平台是主动适应数字化转型的重要工作。产品和服务的数字化首先是产品本身的数字化，教育、出版、媒体等以内容为产品要素的行业更加适合数字化；其次是数字化后为产品提供更多的附加功能，并创造新的价值；最后是数字化产品的数据化应用，改变用户使用产品和消费服务的习惯，并创造出新的商业模式。

生产数字化主要指产品生产过程和服务提供过程的数字化，比如英国广播公司生产新闻内容和提供新闻发布实现互联网化，将生产在内的所有前端和后端都集成到统一的数据平台，使生产过程变得柔性、灵活和智能。产品和服务数字化转型的有效途径和商业模式是数字化平台。对企业内部管理来说，数字平台可以利用网络效应降低对物理设置和有形资产的需求，数字化信息几乎零成本地传递和复制，大幅度降低智力资本和关系资本的扩展成本。生产环节的数字化转型首先要求将生产资料数字化、管理要素数据化，利用信息技术和数据技术构建数字化运行框架，然后将生产系统移到平

---

① 章惠，潘杰. 互联网时代传统企业转型的策略分析[J]. 改革与开放，2018（1）：20-23.

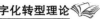

台上，从而提高运营效率。

(3)营销管理数字化转型

营销管理数字化转型的重要内容是如何更好地应用数字技术，提供产品和服务，提升用户体验，与用户进行深入互动，从而构建传统品牌和数字品牌的融合。营销的数字化转型要求企业善用社交媒体网络营销，加强创意和线上线下互动，提升用户参与度和黏度。

对产品和服务的品牌构建要采用数字化的方式，数字媒体的内容和表现形式比传统媒体更加丰富，互动性更强，容易被数字时代的用户所接受，因此要充分利用新媒体技术制作品牌宣传内容，也要充分利用依托互联网的社交媒体的粉丝经济、社群营销、口碑营销等新型营销方式建立口碑和品牌。在产品传播和销售渠道上要以客户体验为核心，提升线上线下的一致性和便利性，这种一致性体现在客户品牌感知一致、消费体验一致、产品和服务质量一致、售后保障服务一致等。营销的数字转型还鼓励用户通过分享想法、反馈意见、众筹等形式参与企业商业活动，一方面及时了解来自用户对企业产品和服务的信息反馈，另一方面从互动中获得新产品的创新灵感，因此利用社交媒体和互联网平台增加互动，提升用户参与度，是数字营销转型的重要特征。

营销管理的数字化平台注重平台参与者和参与度的规模效应，这就是在数字营销模式中平台的资产和价值所在。对于一般企业来说，营销创新的数字化平台可以分为线上业务扩展型平台、品牌扩展型平台和功能互补性平台。业务扩展型平台就是在原有的在线服务系统上增加新的功能，实现业务的扩展；品牌扩展型平台则围绕着原有品牌不断丰富功能，构建品牌细分生态，实现品牌创新和提升用户黏度；功能互补性平台就是把构建一个平台变为联结两个有业务互补关系的平台，找到新的商业机会。

(4)管理机制的数字化转型

管理的数字化转型明确要把传统企业的流程驱动和中心控制的

模式转变为共享平台去中心化的新型组织，通过调整组织结构、建设共享统一的内外部数字平台、培养和激励优秀数字化人才等工作提升管理能力。需要从以下三个方面进行管理机制的数字化转型：

第一，基于数字化的业务流程再造。在20世纪70年代二次石油危机后的市场经济条件下，企业受到了三股力量的压力：市场主导权从企业到顾客手中、市场占有率成为企业竞争力最重要评价、消费者需求多样化，与此同时，技术在管理中的作用越来越大，企业看到了利用技术快速适应市场变化的机会，而最需要改变的便是企业对外部市场环境变化做出快速反应的管理机制和组织结构①。企业再造和业务流程再造理论的创始人米歇尔·哈默博士在《哈佛商业评论》上提出"企业再造"（reengineering）概念，三年后他与詹姆斯·钱辟博士在 Reengineering the Corporation：A Manifesto for Business Revolution 一书中提出"再造"（Business Process Reengineering，英文缩写为 BPR），其意为流程作根本性的思考和彻底的再设计，为使企业能最大限度地适应顾客需求、竞争和商业环境变化而对企业的业务、组织结构、文化进行重塑，以达到绩效的巨大提升②。这个定义强调了四个核心内容：根本性、彻底性、显著性和流程。这种彻底性和根本性没有带来企业流程再造实践的成功，有45%的项目使企业取得了负面效应，只有22%的项目使企业获得了成功③。于是管理学者们认识到传统的分工组织和流程并没有过时，业务流程再造的"激进主义"逐渐被"稍温和"的改良思想所替代，更加注重将新技术、新方法和仍然行之有效的传统方式融合来改善"流程"。代表性的观点是 J. Peppard 和 P. Rowland 提出的业务流程再造应该有的两种途径：彻底抛弃原有流程重新设计流程的激进改革和在原有流程基础上进行改善的系统改进④。学者

52

---

① 叶勇. 业务流程再造理论的全景式展示[J]. 西安电子科技大学学报（社科版），2010(7)：39-44.

② 郭忠金，李非. 业务流程再造理论的起源、演进及发展趋势[J]. 现代管理科学，2007(11)：8-10.

③ 赵宝. 迈克尔哈默与业务流程再造[J]. 企业管理，2003(12)：10-12.

④ 王璞，曹叠峰. 流程再造[M]. 北京：中信出版社，2004.

们都不约而同地强调了信息技术在流程再造中的重要作用，詹姆斯·钱皮提倡信息技术的广泛应用和重新规划跨越组织界限的业务流程①，汤姆·达文波特认为 BPR 是会大幅度改善业务流程绩效的革命性改进。信息技术在企业中的应用主要是业务流程的信息化，体现在业务协同组织间的电子商务和企业资源计划（ERP）②。信息技术对业务流程再造有重要的支撑作用，主要表现为：充分利用信息技术重新设计业务流程；利用信息技术协调组织间矛盾，构建扁平化组织结构。

第二，适应数字化运行的组织重构。企业组织结构是指一个有机体内各元素的构成方式及其功能的综合，它是执行管理和经营任务的综合体制③。组织结构是业务流程的载体。组织重构是对企业组织运营体系的系统性整改，包括业务流程、部门设置、岗位设置、人员调整、支撑运营的管理制度④。组织重构理论是指为适应新的产业竞争环境，企业组织以工作流程为中心，重新设计企业的经营、管理及运营方式。与业务流程改造相适应，企业组织管理学者也强调组织重构不是对原有组织结构的全盘否定，而是一种系统化的方法，是持续的、不断提升的否定⑤。

推动组织重构的因素有很多，如社会经济环境（劳动力状况、产业发展结构等）、产业分工格局变化、不同的企业管理理念等，但科技水平发展也是企业组织结构调整的一个重要因素，科技除了影响社会生产和消费方式变化外，对企业管理的影响也非常大。在互联网时代，信息的流转和控制过程总是与企业的组织结构紧密相关，信息过程的优化就是企业组织的优化。信息技术正在使企业的

---

① 詹姆斯·钱皮. 企业 X 再造［M］. 北京：中信出版社，2002.

② 郭忠金，李非. 业务流程再造理论的起源、演进及发展趋势［J］. 现代管理科学，2007(11)：8-10.

③ 林华，陈刚. 出版集团数字组织及资源管理模式探讨［J］. 科技与出版，2012(3)：56-57.

④ https：//baike. baidu. com/item/企业组织重构/6740789［EB/OL］.

⑤ 李亚兵. 业务流程再造理论研究评述及启示［J］. 商业时代，2012(18)：85-88.

组织结构从垂直型向水平型、从层级式向网络式转变。同时为提高面对市场环境的应变能力，企业组织结构变得更具柔性，减少组织内部的管理费用，在降低成本的同时提高产品质量和改进服务①。企业应以客户需求为导向改善其整体组织运营体系，设定流程改善目标并实现流程再造设计，以改善的流程为依据构建新的组织结构，并建立支撑流程和组织运行的各种制度②。

企业数字化转型大幅度地改变了企业运行管理的方式，从生产到销售，从内部业务管理到对外客户服务，如果把企业管理看成一台运作的机器，机制便是这台机器运行的驱动力和润滑油。如果只有组织结构的重组和信息技术推动下实现的流程再造则存在着空架子的风险，并不能保证业务流程再造的顺利实施。因此业务流程再造要求企业建立以用户为导向的运营机制。钱皮指出要把业务流程再造的范围从单一企业扩大到企业的供应商、客户和合作伙伴，并提出了四个层面的流程再造：初级层面为企业对自身流程更新，中级层面是企业要与客户、供应商和合作伙伴中的一个组织建立业务流程，高级层面是企业本身与三个组织中的两个建立业务流程再造，顶级层面则需要企业将这三个业务组织通过业务流程再造联结在一起③。

基于机制创新的业务流程重视两种"人"的价值。一个是客户，从客户需求出发，对流程进行思考分析，并通过要素的重新组合，设计为客户创造价值的业务流程。另一个是企业员工，企业是通过企业员工向顾客提供产品和服务来创造价值的，因此要把员工的人格、需求和能力与业务流程再造融合起来，最终的目的是创建适应新流程的企业文化，建立明晰的使命、愿景、价值观④。

除了组织创建和流程再造，机制创新的内容还应该包括对用人

① 王谦. ERP 工程中信息平台与管理平台匹配理论及能力评测研究[D]. 天津大学，2004.

② 企业重构——21 世纪商业百科[EB/OL]. http：//wiki. 21cbr. co.

③ 詹姆斯·钱皮. 企业 X 再造[M]. 北京：中信出版社，2002.

④ 李亚兵. 业务流程再造理论研究评述及启示[J]. 商业时代，2012(18)：85-88.

机制、分配机制等制度保障性制度建设。用人机制可以包括培训机制、干部选拔机制等，分配机制则包含薪酬机制、激励制度和奖惩制度。这些保障性制度建设不仅是机制创新的一部分，也可以为组织重构和流程再造的顺利实施提供制度性保证，因此三者是有机整体。

2.3　社群理论

出版活动是人类最主要的创造和传播知识的社会活动之一，自古以来，人类通过劳动对自然和社会形成经验并通过协作和交流共同创造知识，人类文明就是在社交活动中得到发展的。出版业的诞生和发展离不开带有阅读与知识分享形式的社交活动。互联网诞生以来，建立在网络上的社群经济成为新经济形态，这种基于兴趣和文化认同的形态与出版有着天然的契合，阅读社群、文化社群成为融合发展中营销创新的重要形式。

2.3.1　网络社交的概念和内涵

社交指社会上人或组织之间的交际往来，是人们运用一定的方式进行信息传递和思想交流，以达到某种目的的社会活动。社交活动由关系、内容和互动三要素构成，其中内容的生产会促进用户间互动，而用户间的互动直接影响用户间关系的建立而产生新的内容：一是，社交内容是在社交过程中存在的信息流，它是社交活动的核心，是社交活动得以开展的基础，没有内容的社交活动是毫无意义的，对于商业活动来说，不具备社交价值。内容社交包含内容的生产和加工、内容的展现形式和内容的消费等三个方面。开展内容社交需要设计社交内容、应用场景。二是，社交关系是指在社交范畴内人或组织之间的相互作用。关系社交包括关系的建立、关系的维系和关系的发展三个方面。社交关系的建立一般是通过创造条件或者提取人或组织本身一些特征和因素来进行人和组织间的连

55

接。关系的维系和发展更为重要，因此需要在"人"上投入更多的关注。三是，社交互动可以分为条件互动和内容互动。条件互动指的是应用会主动地根据用户本身的特质创造用户互动的条件，而促成的用户间互动。内容互动主要指应用平台引导用户生成内容，并且要以内容的特质来引发用户间互动。同时还可以根据社交互动的参与模式，分为一对一、一对多、多对多地互动。必须明确是，互动需要有媒介①。

还有非常重要的一点是，社交活动一定是处于某个特定场景的，场景由人或组织、环境以及状态构成。在商业场景中，使用产品的人或者组织都有自身的相对稳定属性，比如年龄、职业、身份、家庭状态等，社交活动环境主要指用户在开展社交活动时的时间特征、周围的物理环境特征以及文化的特征，社交活动状态是指人或组织处在不同的环境、场所、群体中，以不同的目的展现的各种行为和情绪特征②。

人类的社交活动与社会状况、科技发展等因素密切相关，尤其是科技的发展不断地为社交活动创造了社交内容的生产平台，提供了社交互动的场景，拉近了社交关系的紧密程度，提升了社交沟通效果。人类社交活动发生根本性变革的力量是通信技术和互联网技术，在通信技术出现之前，人们社交活动往往需要借助交通工具移动自己的位置到可见的同一空间完成信息的沟通，资源消耗大，沟通效率低下。以电话电报等技术为代表的通信技术发展，解决了人们信息沟通的时空障碍，但交流信息无法储存保留，社交模式无法实现即时信息沟通和存储提取。互联网技术的出现，解决了以前社交活动存在的障碍，不需要在物理空间中移动，信息即时传递，可储存可提取，所有人都可以进入互联网进行沟通，社交网络便应运而生。

---

① 肖柯夫. 进入人本社交——社交网络的本质与发展趋势浅谈[EB/OL]. http：//www. 36kr. com, 2015. 10. 2.

② 肖柯夫. 进入人本社交——社交网络的本质与发展趋势浅谈[EB/OL]. http：//www. 36kr. com, 2015. 10. 2.

以互联网技术为核心的新媒体技术以其平民化、去中心化、即时传播等特点，弥补了传统媒介的缺陷，社交网络服务应运而生，其概念为依靠网络平台链接用户，并依附某些现实社会关系而构建的同特征群体①。在网络平台上，每个人都可以成为信息的发布者和传播者，用户之间的黏性明显增加，从传统媒体"一点对多点"的信息传播形态转变为"多点对多点"的形态，以网状结构为主导的信息传播模式逐步成为主流②。尤其是移动通信技术和媒介智能终端技术的飞速发展，移动社交网络成为人们生活学习最重要的信息获取和知识学习的渠道，这种基于智能终端用户信息所建立的人际关系网络，具有更高的可靠性和更强的面向用户性③。

本书把社交网络作为一种社会关系存在的媒介形式来探讨，可以发现其具有鲜明的媒介传播特征：一是，社交网络围绕用户进行多节点网状传播。在社交网络中，网络成员构建出网状传播结构实时传播，实现不同特征群体的互动互通。二是，社交网络注重"关系"生成，用户具有传播渠道的自控权。在社交网络中用户可以自主地选择在不同的网络平台发布自己感兴趣的话题，同时可以通过自主筛选、订阅和进一步整合信息，获取自己需要的内容。三是，社交网络以群体为基点，实现点到面的传播从而形成强大聚合效应。各类在网络中的用户利用兴趣点和利益切关点形成具有特色的群组，构建关系链，构成"点到面"的传播结构，从而产生巨大的聚合效应，使得具有同一特征的群组关系变得更加清晰牢固④。

① 刘娴娴，封兴中."互联网+"背景下社交网络发展和营销模式研究[J].新闻知识，2015(8)：60-62.

② 潘明歌. 媒介融合语境下传媒媒体与社交网络的合作及启示[J]. 传媒，2014(12下)：50-51.

③ 张继东，李鹏程. 基于移动融合的社交网络用户个性化信息服务研究[J]. 情报理论与实践，2017(9)：33-36.

④ 刘娴娴，封兴中."互联网+"背景下社交网络发展和营销模式研究[J].新闻知识，2015(8)：60-62.

2.3.2 社群的概念和内涵

从广播时代到互联网时代，由于知识生产和传播机制的变化，出版社交关系以及这些关系存在的环境都发生了巨大的改变。作为社会学概念的社群在融合媒介技术下成为一种经济概念。美国兰登词典对社群的定义是：群体成员有着相近的文化和历史背景，基于共同的特征和性质，进行情感和思想交流，亲密地传播和沟通、广泛地参与和共享行为[①]。19世纪初，社会学的创始人孔德将社群从人文地理学概念引入社会学研究领域，"社群"被理解为一种包含社会情感的特殊社会关系。20世纪以来，社群的概念呈现多元化状态下的公共特征：社群内部结构稳定、社群的群体意识和行为规范相一致、互动关系保持持续性、社会分工及群体行动具有一定的规范性等[②]。

由于媒介技术进步对文化生产和传播的影响，传播对社群的构建和发展也有着重要的影响。麦克卢汉指出：新型媒介的诞生往往伴随着人们感知和认识世界方式的改变、人和人之间关系的改变，并创造出新的社会行为[③]。媒介技术是社群建构的基础，而文化传播促进社群的维系和加强。社群的构建基础在于用户的情感和行为趋同，情感体验和价值认同是社群的重要特征。

虚拟社群被商业利用促成了粉丝文化，粉丝文化是一种参与式文化，利用互联网社区针对明星或者明星事件发表意见和评论、消费明星产品等。粉丝经济通过吸引粉丝参与来加强产品和服务的口

58

---

① 马忠君. 虚拟社群中虚拟自我的构建与呈现[J]. 现代传播，2011(6)：37.

② 刘佳佳. 思维、传播及主体——社会化媒体环境下图书社群营销的三次转向[J]. 中国出版，2016(22)：8-11.

③ 马歇尔·麦克卢汉. 理解媒介：论人的延伸[M]. 上海：复旦大学出版社，2011(7)：19.

碑传播和创意开发①。移动互联网技术升级，以微信为代表的移动社群平台推动了粉丝经济转化为更为综合的社群经济，由社群成员通过自组织参与和协作激发群体生产力和创造力，带动了产品服务和商业模式的创新，其互动机制从明星和粉丝之间的一对多的单向交互转变为社群成员之间的多向交互关系②。受社群经济影响，许多商业在生产、营销、消费等环节都产生了新的模式：一是，用户参与的生产模式。用户基于社群互动成为协作生产和创意贡献的"生产者"、乐于表达分享的"传播者"以及强烈品牌认知的忠实"消费者"。二是，品牌社群的营销模式。品牌社群是以消费者体验为中心的消费者与品牌、消费者与产品、消费者与消费者四种主体之间的多元关系③。基于互联网和社交平台，企业和消费者实时互动，激发消费者的参与和协同创意，实现品牌价值共创④。三是，体验至上的消费模式。情感体验和价值认同是社群的重要特征，形成了体验至上的消费模式。这种体验至上渗透到整个商业环节，首先是产品功能和使用体验，产品是体验消费的本源，是最重要的体验环节；其次是情感体验，即满足社群成员的情感需求；再次是消费场景体验，借助大数据技术，契合消费者所处的消费场景提供精准营销和适配服务⑤；最后是生产环节的参与体验。社群成员积极参与互动，分享消费体验，贡献产品创意，参与设计生产，赋予消费者全方位的融入式体验。

互联网的发展，消除了空间边界，提升了社群构建的速度，信

① 金韶，倪宁. "社群经济"的传播特征和商业模式[J]. 现代传播，2016(4)：113-117.

② 金韶，倪宁. "社群经济"的传播特征和商业模式[J]. 现代传播，2016(4)：113-117.

③ James H McAlexander, John W Schouten, Harold F. Koeing. Building brand community[J]. Journal of Marketing, 2002, 66(1)：38-54.

④ 陈刚，沈虹，马澈，等. 创意传播管理 CCM——数字时代的营销革命[M]. 北京：机械工业出版社，2012：56-57.

⑤ 彭兰，场景：移动时代媒体的新要素[J]. 新闻记者，2015(3)：20-27.

息和知识的分享更加便捷，形成了兴趣爱好和情感共鸣的社群网络。不同性质和特征的社群对社会行为和商业环境产生了深远的影响，社群经济因此诞生。社群经济最重要的是经济元素在社群中的传播机制，它是影响商业逻辑的内在动因。社群中信息和知识的传播特征主要有三个方面：第一是社群具有聚合力。通过高自由度、高频次、高效率的信息传播和沟通交流，产生很强的聚合力。不同社群之间通过多维度关联，信息实现跨边界和裂变式传播扩散。第二是情感价值的传播。通过文化传播、情感交流和价值认同维系社群关系，社群成员之间基于情感交流和价值认同聚合，依托在信息交互上的情感价值传播让社群得以维持和发展。第三是自组织传播和协作。社群成员通过自组织参与和协作激发的群体生产力与创造力，直接带动产品服务和商业模式的创新①。国外的脸谱、推特、领英，以及国内的豆瓣小组、天涯社区、百度贴吧等互联网社群（社区）普遍具有这些特性。在此社群基础上，娱乐节目与互联网社交平台融合，创造了粉丝社群，它将传统媒体的广告营利模式进行延展，通过粉丝的口碑传播，激发持续性消息，创新衍生产品和服务，并形成了所谓的粉丝经济。

而真正推动社群经济进入新的形态的是移动互联网技术。它最大的作用就在于移动互联网技术与身份验证、地理位置等技术手段结合，在实现高度自由互动的同时增强了社交的真实性和信任感。与只注重信息和兴趣分享的线上互动的互联网社群相比，移动互联网社群拓宽了横向的弱关系网络，加强了纵向的强关系网络，将线上互动和线下现实融为一体，延伸了社群功能，放大了社群价值。用户基于移动社交建立的信息分享和情感信任合作聚合起来可以开发出多种垂直领域的创新应用服务②。

社群经济直接影响了当今商业世界的行为模式，社群营销由此

---

① 金韶，倪宁．"社群经济"的传播特征和商业模式［J］．现代传播，2016（4）：113-117．

② 金韶，倪宁．"社群经济"的传播特征和商业模式［J］．现代传播，2016（4）：113-117．

出现并成为当今各个行业的主流营销模式。社群营销是基于社交网络平台进行的营销推广活动，在特定的场景下，针对特定的社群，通过有传播力的内容以及基于价值和情感的理念认同，实现社群内人与人、人与产品和服务的链接，其基本的实现路径为：首先关注顾客对产品的评价，关注用户的互动以及品牌的美誉度，然后通过社交网络平台链接传播内容，让用户感受到品牌与服务的价值和情感温度，刺激产品销售和服务质量提升，增强用户黏性。社群营销专注于与用户的关系，理解其需求偏好、消费习惯等，通过信息传播和互动创造价值①。

2.4 技术融合理论

无论是持技术决定社会的"技术决定论"者，还是社会决定技术的"社会构建论"者，都无法否定技术对社会的影响越来越深远②。这在经济领域表现得更为明显，技术往往是经济创新的最大动力，趋利的经济特性则会使经济体加大对技术的投入，不断地创造新的产品和服务，因此在某种意义上，技术的革命就是新经济的摇篮。技术融合则成为所有产业从传统到新兴的必要手段。

2.4.1 技术融合概念

美国管理学学者罗森博格于1963年在研究机械制造和金属加工产业之间的关系时第一次提出"技术会聚"，它的英语表达为technological convergence，此定义认为尽管生产产品不同的两个产

61

---

① 姜天赟，刘丛. 网络社群营销对传统出版的影响与启示[N]. 中国新闻出版广电报，2016-06-07.

② 王建设. 技术决定论和社会建构论：从分立到耦合[J]. 自然辩证法研究，2007(5)：34-37.

业，由于生产流程和待解决技术问题存在较强共性而发生相互关系①。管理学界把罗森博格的定义看作产业融合的"开篇之作"。F. Kodama 在此基础上提出了"技术融合"（technological fusion）概念，他认为技术融合是多种现存技术整合成混合技术的技术发展方式，它不是简单地叠加互补，而是赋予新的技术前所未有的特性②。最近管理学者提到了技术集成（technological intergration），其概念是为了选择合适的技术以满足应用需要，经过调研、评估和精化等一系列行为后，形成技术集合应用于研发、生产、加工流程之间的调和作用③。F. Harianto 等提出技术融合是整合不同技术或者产业的知识或者创新形成占优势的设计的结果④。以上几种不同的概念都聚焦于不同技术在生产应用时的组合融汇现象。技术融合是一种创新模式，是不同技术（包括已有技术和新技术）之间通过自身的有机组合实现技术创新，以提升原有应用的性能或者实现新的应用⑤。无论是用 convergence，还是 fusion，抑或 intergration，都强调不同产业间彼此产生共融共生的关系。从新技术的出现到新旧技术的更迭往往是一个漫长的过程，这个过程就是技术融合的过程。技术主导的产业，技术融合的时间往往比较短暂，更迭也相对快速；技术影响的产业则融合周期会长一些，技术融合不仅给源于不同产业的技术提供了新的价值空间，也创造了新的融合技术推动下的新兴产业。

① Rosenberg N. Technological change in the machie tool industry, 1840-1910[J]. The Journal of Economic History, 1963, 23(4)：414-443.

② Kodama F. Emerging Patterns of Innovation：Sources of Japan's Technological Edge[M]. Boston：Harvard Business School Press, 1995.

③ Iansiti M. Technologu Intergration：Making Critical Choices in a Dynamic Worlds[M]. Boston：Harvard Business School Press, 1997.

④ Harianto F, Pennings J. Technological convergence and scope of organzizational innovation[J]. Research Policy, 1994, 23(94)：293-304.

⑤ 陈亮，张志强，尚玮姣. 技术融合研究进展分析[J]. 情报杂志，2013(10)：99-106.

2.4.2 技术融合的内容和方式

技术融合的内容可以分为现存技术和新技术的融合以及不同产业或者同一产业内部不同工作环节的现存技术的融合两种。在技术融合方式上，研究者们根据发生形式把技术融合分为技术替代和技术互补两类，当新旧产品（服务）属性类似，但存在不同的性价比时，技术融合往往以互补的形式实现，当这种性价比超过客户接受度的临界值时，则会出现技术替代现象①。还有学者根据技术创新程度把技术融合分成应用融合、横向融合和潜在融合。应用融合是指将两种现存的技术合并起来增加产品或者服务的附加值；横向融合则是用成熟的新技术突破旧技术的障碍提供新的产品和服务；潜在融合是指不断涌现的新技术存在融合的可能，带来突破性的融合技术，创造新的产品和服务。

在实践应用中，学者们还提出了技术融合的过程，F. Hacklin在观察和案例分析的基础上，提出从不同学科领域知识融合到技术融合，再到市场（应用）融合，最后到产业融合的四个过程②。汤文仙认为技术融合是指技术在不同类型产业和企业间扩散和创新③。一般来说，技术融合往往带来产业融合，其基本的流程是技术融合首先改变不同产业的生产技术和工艺流程，使得产品和服务的成本结构更加相似，消除了相互的技术壁垒，创新并形成共同的技术基础，最后形成服务于同一用户和解决同一方案的产品和服务。技术

---

① Lei D T. Industry evolution and competence development：The imperatives of technological convergence[J]. Technology Management, 2000, 19(7/8)：699-738.

② Hacklin F. Management of Convergence in Innovation[M]. Heidelberg：Physica-Verlag, 2007.

③ 汤文仙. 技术融合的理论内涵研究[J]. 科学管理研究, 2006(4)：31-34.

融合带动产品融合、业务融合和市场融合，最终促成产业融合①。最为典型的例子就是电信网络、计算机网络、有线电视网三网的融合，三网融合经过了早期的冲突和矛盾，最终走向融合，不仅为原来的产业提供了新的发展空间，新的三网融合技术也促使了新兴媒介文化产业的出现。

---

① 陈柳钦. 技术创新、技术融合与产业融合[J]. 云南科技管理，2007（6）：19-22.

3   出版企业融合发展理论构建

出版融合发展是具有中国特色的概念，放在全球的出版学研究环境下，它实际上是在社会变革和技术创新的条件下，传统出版和数字出版之间达成的一种优势互补、共存共生的关系，这种关系既包含了传统出版面对数字化世界的自我救赎，也反映了数字出版立足现实的发展策略。中国的出版融合发展理论和实务工作也是在多种因素的作用下产生的。社会研究理论认为构成一种理论需要一些基本要素，它包括概念、变量(内容)及其相互之间的关系①。根据目前文献研究，出版产业的融合发展可以分为产业层面和企业层面融合发展，而本书所要研究的大学出版社融合发展是出版企业层面的，理论构建的关注点也是如此。本章从出版融合发展的背景、概念、内容及相互关系三个方面进行阐释。

3.1   出版融合发展的概念

我国出版业是社会主义精神文明建设的重要阵地，新闻出版管理部门通过出版产业政策规划推进出版产业发展，指导出版企业经营行为。原国家新闻出版广电总局在 2014 年 8 月颁布

---

① 威廉·劳伦斯·纽曼. 社会研究方法[M]. 北京：人民邮电出版社，2010.

了《关于推动传统媒体和新兴媒体融合发展的指导意见》，2014年也被媒介业称为中国"媒介融合元年"，2015年4月，原国家新闻出版广电总局出台了《关于推动传统出版和新兴出版融合发展的指导意见》，勾勒了出版融合发展的原则、目标、内容和实现路径。

　　指导意见的文件中"传统出版和新兴出版融合发展"的表述源于2014年8月18日习近平总书记在中央全面深化改革领导小组第四次会议上的重要讲话"坚持传统媒体和新兴媒体优势互补、一体发展，坚持先进技术为支撑、内容建设为根本，推动传统媒体和新兴媒体在内容、渠道、平台、经营、管理等方面的深度融合。"①从上文提到的两份文件时间以及习近平总书记重要讲话的精神，可以看出，出版融合发展的指导思想和理论逻辑起源与媒体融合发展是一致的。而我国的媒体融合发展逻辑与西方存在很大差异，理论构建应围绕融合性质、融合内涵、融合动力、融合目标等一系列问题。在融合内涵上，西方媒体侧重于传播载体商业模式、资本融合，我国则涉及体制机制的融合；在融合规模上，西方主要集中在少数几个传媒巨头，而我国则在政府部门的支持和管理下从中央到地方的各级媒体都参与其中；在融合目标上，西方以媒体的商业价值实现为主要诉求，我国则以提升主流媒体的传播力、引导力、影响力、公信力，构建现代传播体系为目标。我国媒体融合发展的实践没有先例可循，这决定了我国媒体融合发展理论的构建必然是开创性的②。应该说媒体融合发展的理论思考和实践探索对出版产业的融合发展是非常有借鉴意义的。

　　国内出版学界和实践领域工作者站在不同的角度对出版融合发展的概念提出了自己的见解，比较典型的有：曹继东认为出版的"融合"指的是出版媒介形式、形态、业态之间的互相渗透、互相

66

　　①　蒋建国. 加快传统出版和新兴出版融合发展［J］. 中国编辑，2015（1）：4-7.

　　②　荣翌. 为媒体融合发展提供学理支撑［N］. 人民日报，2018-05-28.

影响和互相融合①，他继而指出"融合出版"是将传统出版的智能化系统结构和新兴出版的模块化系统整合形成的可以提供高度专业的融合服务的中国出版融合发展系统结构以及基于互联网的融合出版服务系统②。王勇安、张雅君认为出版融合发展是建立在移动互联网技术基础上的从内容生产到传播技术、从产品形态到信息服务的革命性变革③。赖雪梅则认为出版融合发展是利用互联网、大数据和云计算技术，对传统出版业进行技术层面的提升，使出版内容的传播价值达到最大化④。指导意见尽管没有专门说明出版融合发展的概念，但通读指导意见的全文则非常明确地指明了出版融合发展的概念和内容，众多学者所展开的研究都是指导意见相关内容的深化和细化。

尽管出版学界对出版融合发展概念目前仍然没有形成统一，但从之前学者的研究和出版企业的实践来看，具有以下几个特征：出版融合发展是一个过程，不是一种状态或者结果；出版融合发展是利用技术对传统出版业资源配置机制和工作方式的改革，目的是实现内容价值与用户价值需求的统一；出版融合发展的工作重点是出版业内部资源的整合和外部用户价值的提升；出版融合发展是构建在数字出版基础上的新兴出版范式和产业战略概念。

正如本研究开始提出的第二个问题"数字出版转型升级和融合发展之间有什么样的关系"，在确定出版融合发展的概念前也必须对数字出版、转型升级和融合发展三者进行区分。数字出版相对于纸质出版，根本区别在于内容信息的表现形式和所依附载体的不同，由此带来应用方式和管理方式的变化，其本质上是内容的革

① 曹继东. 基于数字化技术和互联网思维的"融合出版"[J]. 科技与出版，2014(9)：15-18.

② 曹继东. 传统出版和新兴出版融合发展模式探析[J]. 出版科学，2016(3)：24-27.

③ 王勇安，张雅君. 论出版产业融合发展的战略思维[J]. 出版发行研究，2016(4)：14-18.

④ 赖雪梅. 传统出版融合发展的方向和路径[N]. 中国出版传媒商报，2016-03-01.

命，是出版范式的数字化革命；数字出版转型升级仍然立足于数字出版的转型升级，出版的数字化和网络化会带动出版企业管理和运营的质量提升，从而适应读者对数字内容的需求；而从指导意见和学者们的研究来看，融合发展所关照的是出版业态，它是一种新兴的出版战略和思维，它依然把数字出版作为重点，但发展的重心不再是数字化，而是出版生产链的数据化：内容数字化、用户数据化、营销数据化、内部管理数据化，联结出版产业链和企业层面业务流程的是基于数据挖掘和分析的技术平台，内容的数字化不再是融合发展的目的，而是以数据化为核心，满足用户不同需求的出版机制的创新。

因此本研究认为出版融合发展是当前全球化传媒产业变革下具有中国特色的出版产业发展模式，其核心概念为在以新媒体技术为代表的技术推动下，以数字出版转型升级为核心工作，将出版业的要素资源、组织流程、管理机制进行重新整合和设计，提升内容效率和用户价值，持续推进出版业核心竞争力的发展过程。本书认为出版融合发展不仅仅是产业层面的战略概念，也是企业层面的战略理念和经营策略。

需要明确指出的是，本书所要研究的大学出版社是企业层面的融合发展。出版企业层面为出版融合发展可以概括为出版社利用新媒体技术为代表的新技术，以数字出版为核心工作内容，将出版社的要素资源、组织流程和管理机制进行重新整合和设计，从而提升内容价值和用户价值，提高出版管理能力，实现综合竞争力发展的企业战略。

3.2 出版融合发展理论产生的动因

融合发展是现代产业发展的必然趋势，当科技、经济结构、文化需求的发展使跨越媒体种类和产业界限的融合成为历史必然。融合发展是传统出版数字化转型升级的内在需求。推动出版融合发展是将"传统出版的影响力向网络空间延伸，……是自身生存发展的迫切需要。"①

3.2.1 知识生产和消费方式的变革

英国学者吉本斯指出"人类的科学、社会和文化知识的生产方式正在发生重大的变革。"与传统的知识生产模式相比，新型（网络时代）的知识生产模式主要体现以下几个特点：第一是问题导向，传统模式强调专业研究兴趣，新型模式强调以问题为导向；第二是跨学科性，传统模式强化单一学科的重要性，新型模式强调跨学科联盟的重要性；第三是异质性，传统模式往往在同质性的框架内来组织知识生产，新型模式则要求不同学科的学者之间的协同生产；第四是社会责任感，传统模式凸显以知识产权为核心的经济效应，新型模式更多强调知识生产的人类和社会效应，凸显人本价值；第五是评价体系，传统模式突出的是单一学科的同行评价，新型模式则强调知识的社会评价②。与知识生产相对应，知识传播的方式也发生了革命性的变化。传播方式的变化受到媒介技术的深刻影响，从口头—文字—印刷—电子四个媒介技术发展阶段，知识传播方式的革新方向为从单一感官刺激到多途径认知，突破时间和空间限制的传播使知识获取和反馈更加自由。另外从知识传播的方向来看，传统的知识传播是政府、社会组织（新闻出版机构）、知识生产者向公众单向传播，知识生产流程复杂时间长，传播速度慢，传播范围有限。而网络时代的知识传播方式改变了传播的方向，融合了多元传播途径，具体表现为：第一是即时性，知识生产和传播的周期骤然缩小，甚至达到同步；第二是传播渠道多元化，知识以 IP（intellectual property）的概念用多种载体和形式呈现在公众面前；第三是传播界限模糊，知识生产者、传播者和受众不再是界限分明的群体，他们互相在传播中转变角色功能；第四是协同传播，以社

---

① 国家新闻出版广电总局. 关于推动传统出版和新兴出版融合发展的指导意见[J]. 中国出版，2015(3)：2-4.

② 吉本斯. 知识生产的新模式[M]. 北京：北京大学出版社，2011：4.

群为单位的传播结构替代个体传播，以游戏协作模式代替孤胆英雄式的孤芳自赏①。

以信息技术和通信技术为代表的新技术不断发展，大众获取知识和信息的载体、渠道、方式都发生了重大的变化，比如数字化内容成为获取信息的最主要内容，手机成为获取信息的重要信息载体，互联网和移动互联网则成为最广泛的知识和信息获取渠道。同时人们对文化产品的需求呈现出个性化、多样化的特点，消费的态度和方式出现了互联网时代的低成本、快节奏和高效率的特征。单一的内容和载体无法适应大众的需求，传统出版的内容资源存量和加工整理在这种消费转型升级中变得没有优势，相反新兴的以互联网为平台的内容生产服务企业却颇受大众欢迎，如前几年的文学网站以及近几年蓬勃发展的自媒体平台，这就迫使传统出版企业利用技术融合、媒体融合重新改造传统出版流程，加大数字出版力度，从而适应大众对文化需求和内容消费的变化。

3.2.2 出版产业数字化转型升级

随着我国通信技术和互联网技术的超常规发展，我国出版社的数字出版已经取得了令人瞩目的发展，数字出版年增长速度非常快，尽管数字出版的统计口径还值得进一步探讨，以广义的出版概念视角来看，传统出版单位和新兴出版企业在数字内容开发上呈现出欣欣向荣的局面。但许多传统出版企业在数字化转型工作中仍然存在较大的问题，主要体现在：第一，据一项样本为190个出版单位的不完全统计，内容资源的数字化转化率只有55%，传统出版单位仍然没有认识到数字化的紧迫性；第二，传统出版企业活力不足，没有将占据产业优势的内容资源和内容可持续供给能力进行充分释放，整体上尚不能满足用户新的需求；第三，各出版企业数字出版转型工作发展存在不平衡不充分的问

---

① 赵涛. 网络时代知识生产出版与管理的体制重建[J]. 中州学刊, 2014(12)：172-176.

题，部分专业出版社在数字出版和转型升级上思考多、布局长、投入大，取得了很好的社会效益和经济效益，但大部分出版社仍停留在电子书等基本的数字出版上。新闻出版业的数字化转型升级仍处于初级阶段①。

要走出初级阶段，首先要改变认识和思维，然后再利用技术和政策创新推进转型升级。传统出版企业要重新认识出版业，出版学界普遍认为出版业具有文化属性、商业属性和技术属性。出版是典型的文化和科技融合的产业，但传统出版人对技术缺乏敏感，对技术改变出版业发展的重要性缺乏认识。同时出版业也普遍认同出版业是服务业这一理念，但实际上仍然遵循制造业的商业逻辑，就是把工作的重点放在内容载体上，而不是内容和服务上。以内容载体为核心的出版业强调物的生产和传播，不关心或者无法关心知识的有效传播，而以内容和服务为关注点的出版业势必要关心"思想有效达到率"，而这正是互联网时代读者的需求，也是互联网内容企业所倚重的商业逻辑。

出版工作承担了积累、传承文化知识的使命，面对大众对文化知识需求的变化，面对着外来"入侵者"的抢夺市场，出版企业如果无动于衷，不改变观念和改革流程管理，出版企业不可能生产出满足大众需要的内容产品，无法有效地向大众传播内容，也就无法承担创造和传播知识的使命，传统出版产业的生存境地也会岌岌可危。数字化转型升级是出版产业谋求生存和发展的必经之路，一方面在出版理念和工作思维上要转型升级，守正创新坚持出版本有的文化价值和使命，以用户为中心的商业思维提升用户知识消费的体验，推动出版商业价值，进而实现出版业文化价值；另一方面出版方式上要转型升级，出版企业通过采纳新技术，进行组织重构和流程再造，推动数字化转型升级到融合发展，用全过程和全产业的融合思维替代内容的数字化改造生产，无论未来出版产业发展是否用"融合发展"之名称，"互联网+"或"人工智能+"融合模式一定是未

71

---

① 冯宏声. 关于推动新闻出版业数字化转型升级进入深化阶段的总体思路[J]. 新阅读，2018(2)：18-21.

来出版产业发展的方向。

3.2.3 融合技术创新与发展

基于造纸术和印刷技术的书籍的出现造就了人类社会出版史上第一次出版范式变革，而数字化出版技术的应用则是第二次出版形态范式变革①。技术的进步带来了媒体技术的趋同，技术的趋同又促进了不同类型传播媒介间功能的互相交叉和渗透以及媒介自身结构的调整②。出版技术的进步和创新是融合发展的促成器和推动力。要通过互联网技术、通信技术、大数据技术、语义分析技术将传统出版推向互联网空间，推动高效能的出版方式和流程，将出版内容的价值最大化。出版技术处于不断发展的过程中，以数字出版为代表的新兴出版业态从以电子书为代表产品的数字化阶段，到以数据库产品为代表的碎片化阶段，到目前的以知识标引和知识体系为内核的体系化融合发展阶段③。不断创新的技术推动着出版产业与出版企业紧跟或者引领大众的知识需求和消费。

技术在出版工作中的重要性比以往任何一次媒介变革更为明显，冲击力也更大。出版业的技术革新，从造纸术、印刷术、磁质媒光电媒介到互联网，从本质上看技术是为内容服务的。造纸术发明了可大规模信息复制的介质，印刷术则使得规模化复制技术水平极大提升，磁质和光电使得声音和图像信息得以复制传播，到了互联网技术，可以看到的是互联网技术的知识生产不再是线性的，而是多维的。互联网技术不仅仅为内容出版提供另一种呈现方式，更多的是直接影响了出版的各个方面：第一是基于计算机和互联网技术的数字出版的生产规模和需求远远超过传统纸质出版，"书籍之

72

---

① 曹继东. 融媒体时代出版媒介融合发展的多元路径选择[J]. 图书情报工作，2014(6)：260-262.

② 冠军，乔先彪. 新技术与出版业的未来[J]. 出版广角，2007(12)：30-32.

③ 张新新. 融合发展的现状认知与路径思考[J]. 科技与出版，2015(5)：18-21.

民"（people of the book）成为"屏幕之民"（people of the screen），世界已经进入了屏读时代；第二是互联网思维深刻影响了出版理念，以维基百科为代表的知识生产传播方式改变了出版业运营规则和思维，分享、参与、免费、大数据和用户体验等互联网思维成了出版企业立足新时代的主流商业思维；第三是互联网技术颠覆了传统出版的产业链让印刷企业和实体书店几乎失去存在的商业价值和实体意义；第四是互联网技术公司赶上甚至超越传统出版机构成为出版产业的重要力量。技术从来没有在出版业的历史发展过程中呈现出如此强大的力量，这种力量使得出版要素中技术和内容的天平发生了巨大的倾斜。技术不仅创造了不同形态的内容和内容传播媒介，而且让人得到了更为自由和高效地获得知识的能力，出版业就是在满足和创造需求与服务中保持基业长青。

尽管仍然有理论在极力维护内容的权威地位，可如果没有技术，内容也将失去其作为出版业历史使命的根本——传承文明。同时出版产业的主体不再是传统的出版企业一家独大，越来越多的科技公司介入到数字出版领域，用传统出版企业不具备的技术实力以及先进的文化企业管理方式逐渐占领出版产业的最前沿，可以预见的未来是，传统内容出版商将加大数字技术的含量，数字出版技术公司将兼并传统内容出版商。

3.2.4　良好的宏观政策和产业环境

毫无疑问，出版融合发展的提出和重视得益于《关于推动传统出版和新兴出版融合发展的指导意见》指导性文件的发布，以及之后各中央和省级相关部门从制度、政策、财政、人才、项目等给予融合发展的政策支持，文化产业资金、融合发展实验室、数字化转型示范项目等有力地推动了企业层面参与融合发展的积极性和有效性。宏观政策除了提供扶持的资金，也创造了融合发展氛围浓郁的产业环境，站在产业层面的融合发展包括产业之间的融合和资本融合，而前几年政府对出版企业的转型改制，以及推动出版企业上市融资，都表明了政府从原来的行政管理向市场"无形之手"控制的产业经营性放松规制思想①。宏观政策对于中国出版业来说是至关重要的，传统出版企业融合发展的基础是内容优势和稳定经营，而产业准入制度的规定，使得出版社具有获得和拥有优质内容版权的优势，加之庞大的市场，也达不到 600 家出版社基本都拥有了稳定的收入。传统出版社应该充分利用好这些政策优势加快数字出版转型和融合发展，而不是再躺在政策的温室里浪费资源。

产业边界的模糊带来了出版内涵的扩展，传统出版业主体与新介入者通过技术和资本等方式合作，共同为出版注入新的活力，这都有利于出版企业在积极宽松的环境加快产业升级，提升融合发展速度和质量。产业环境的优化源自两方面的力量，一方面是社会经济发展中"无形之手"的力量，完成转企改制后出版企业更加具备市场经营的灵活性，打破了原来的"事业"管理思维，不同形式的出版集团拥有更庞大的内容优势，出版社之间的技术联合优势共享，出版社和技术公司合作成立数字出版和信息服务公司，出版技术服务商和出版数据服务商越来越多，融合发展不再只是出版企业自己可以独立完成的工作；另一方面是政策推动了产业环境的良性发展，指导意见在重点任务的第九点指出"支持传统出版单位控股或者参股互联网企业、科技企业"，"在网络出版以及对外专项出版领域，探索实行管理股试点"，"鼓励支持符合条件的出版企业上市融资，促进金融资本、社会资本与出版资源有效对接"。这些政策不仅为出版企业松绑了制度约束，而且提供了融合发展的方向和路径。

出版融合发展正是在用户需求变化、产业转型升级、技术创新应用、政策环境宽松的四个背景下被政府主管部门推到了中国出版业高质量发展的最前沿，这既是国家对于出版产业高质量发展的要求，也是出版产业自身在新时代的改革和发展。

---

① 黄先蓉，刘玲武. 论出版融媒体发展的动因与路径[J]. 出版广角，2018(1)：33-36.

3.3 出版融合发展的内容

《关于推动传统出版和新兴出版融合发展的指导意见》确定了出版融合发展的六项"重点任务"分别是创新内容生产和服务、加强重点平台建设、扩展内容传播渠道、拓展新技术新业态、完善经营管理机制和发挥市场机制作用①。融合发展研究学者围绕着指导意见的内容提出了不同的融合内容，如王梓薇等提出了技术融合、产品与业务融合、市场融合等②。白林结合媒介融合理论提出出版融合应该包括技术融合、产品融合、渠道融合、终端融合等③。张波认为融合发展包括线上线下一体化、多类型跨界拓展、出版内容的转换创新、开发与产出可持续化、动态化与兼容化监管等五种形态④。

出版融合发展过程中的融合出版有两个基本路径，一是横向融合发展，与出版相关产业互动跨界融合，埃尔默·德威特认为新技术将电视、电信、电脑、电子消费品、出版和信息服务融合成互动式信息工业⑤。一方面出版业主动将内容资源与广播、电影、电视、游戏、动漫等文化产业的商业模式有机融合，让内容资源价值最大化，利用相关产业的影响力带动出版业的发展；另一方面文化产业将出版业拉入其发展整体战略部署，两者的双向融合，就在于

---

① 国家新闻出版广电总局. 关于推动传统出版和新兴出版融合发展的指导意见[J]. 中国出版，2015(8)：3-5.

② 王梓薇，王关义，蒋艳枫. 传统出版与新兴出版融合发展机制探讨[J]. 现代出版，2015(6)：8-11.

③ 白林. 媒介融合理论对图书出版的启示[J]. 编辑之友，2015(1)：34-37.

④ 张波. 试论传统出版与新兴出版融合发展五种常态[J]. 中国出版，2015(20)：18-21.

⑤ Philip Elmer-Dewitt. Take a trip into the future on the electronic superhighway[J]. Time，1993(4)：52-53.

资源共享和文化繁荣，推动文化创业产业兴盛，这种横向融合的出版融合发展方式接近于产业融合的模式。二是纵向融合发展，深化传统出版和新兴出版的融合。随着网络出版、数字出版等新业态通过不断试错培养了数字阅读群体和数字阅读习惯，传统出版就会接纳新技术和新思维，利用传统出版和数字出版的融合拓展市场空间和占有率①。曹继东指出融合出版的技术逻辑架构是：融合技术+融合媒介+融合平台+融合内容+融合创意，而技术路线为以技术融合构建平台融合，然后媒介融合促使内容融合，最后实现出版融合②。

综上所述，从知识生产传播理论到媒介融合理论都从人类精神发展宏观角度和传播学专业角度给出版融合发展理论研究与实践探索提供了最根本的理论基础。出版融合发展是在新旧媒介共存共生的形势下出版活动各要素的全面融合，技术融合、内容融合、资本融合、平台融合、经营管理融合、市场融合等各个环节不可或缺，牵一发而动全身。基于出版企业层面的出版融合发展是由技术融合、内容融合、营销管理创新和机制创新四个方面构成的。

3.3.1　出版技术融合发展

(1) 出版技术

出版技术概念的界定可以分为广义和狭义两个角度。从出版业自身考察，本书认同国内学者匡导球提出的出版技术概念，他认为出版技术传播主体对作品信息进行编辑、复制以及"原样"传输的操作技能，反映在物质形态的工具、机器等装备，网络形态的系统、程序等软件，以及出版过程中体现的信息组织、工艺流程和实

---

①　任翔. 出版+互联网：欧美出版集团的跨界并购和融媒创新[J]. 科技与出版，2015(10)：4-9.

②　曹继东. 基于数字化技术和互联网思维的"融合出版"[J]. 科技与出版，2014(9)：15-18.

施手段，主要包括四个方面的内容：编辑技术、复制技术、提供复制介质的技术和发行流通技术。编辑技术是创作的延伸，为内容传播前的再创造活动服务，复制技术则是把编辑后的作品物化为出版物的技术，发行技术是把出版物传送到读者手中实现其价值的手段，介质技术则是出版内容载体的制造技术，这四种技术互相作用、环环相扣、不可分割①。

吴平认为人类社会经历了三次出版革命，分别是以纸张的发明和使用为契机的第一次出版革命，以活字印刷术的发明和推广为标志的第二次出版技术革命浪潮，以电子数字转化、复制、储存和传播等现代高新技术为主要特征的第三次出版革命②。韦路等人认为人类历史上的媒介技术可以分为三种：以印刷技术为核心的印刷媒介技术、以光电技术为核心的电子媒介技术和以数字技术为代表的数字媒介技术③。王华生则指出出版内在发展经历了几个发展阶段：以口头传播技术为代表的小众传播时代的自由出版，到印刷机器生产的大众传播时代的出版控制，再到如今以数字出版为技术代表的网络传播时代的自由出版④。出版技术体系和出版产业的形成发展过程是一致的，两者相互依存。科技进步影响出版技术体系要素不断地更新，出版产业市场化发展给技术发展提供灵感和创新⑤。陈彤形象地指出近三十年来中国出版业技术经历了一个告别"铅与火"，走过"光与电"，进入"0 和 1"的变迁⑥。也就是以模拟技术为主体，到模拟技术与数字技术并存，再到如今的数字化

---

① 匡导球. 中国出版技术体系及其发展历程[J]. 南京社会科学，2009(6)：61-67.

② 吴平. 出版技术和编辑思想[J]. 出版科学，2008(6)：20-23.

③ 韦路，鲍立泉，吴廷俊. 媒介技术演化和传播理论的范式转移[J]. 新闻与传播研究，2010(1)：18-21.

④ 王华生. 媒介形态嬗变与出版方式创新[J]. 河南大学学报(社会科学版)，2016(5)：138-148.

⑤ 匡导球. 中国出版技术体系及其发展历程[J]. 南京社会科学，2009(6)：61-67.

⑥ 陈彤. 从铅和火到 0 和 1：我国出版技术 30 年发展概述[J]. 出版广角，2008(7)：35-38.

时代。

针对数字化出版的技术特征，陈彤进一步指出数字出版技术可以分为基础性技术和应用性技术。基础性技术主要包括网络技术、多媒体技术、数据库技术和无线通信技术等；应用性技术分为传输媒介技术、数字内容存储技术、数字内容显示技术、数字内容感觉技术、数字内容显示技术等五种①。正是这些基础性技术和应用性技术构建了出版融合发展的社会技术环境和产业技术要素，这些技术不仅创造了新的知识体系，同时盘活了出版积累的内容资源，赋予了内容资源新的价值。

（2）出版技术融合

出版技术融合是一种出版产业和工作创新模式，是基于读者不断变化和多元化需求，不同出版相关技术之间通过自身的有机组合实现出版技术创新，从而提升出版要素原有应用的性能，通过要素价值创新实现出版发展。

以媒介技术为核心的出版技术的发展，会带来出版基础技术结构的变更，呈现技术的创新、生产系统的调整、出版营销手段和策略的改变以及出版产业价值链的重构②。出版技术所限定的产业边界变得越来越模糊，新旧技术和由新旧技术影响的出版形态也经历了从冲突到融合最后迭代的过程，而其中融合的时间最长，产生的影响也最大。出版商和技术商博弈的出版业大体经历了三大阶段：第一阶段表现为以竞争为主要特征的互有攻守，第二阶段为互有融合中凸显出版的本质，第三阶段则是出版产业升级，进入数字化全媒体出版阶段③。全媒体是传统出版业实现产业发展的必由途径，技术融合是全媒体出版产业发展的技术保障，资本整合发挥纽带作

78

---

① 陈彤. 从铅和火到 0 和 1：我国出版技术 30 年发展概述[J]. 出版广角，2008（7）：35-38.

② 陈彤. 从铅与火到 0 与 1：我国出版技术 30 年发展概述[J]. 出版广角，2008（7）：35-38.

③ 孙海芳. 出版变迁和技术变革互动发展规律初探[J]. 出版发行研究，2011（3）：16-21.

用，媒介融合则建构全媒体出版的传播平台①。

与技术融合理论一样，出版技术融合的方式可以分为两种融合方式。一种是互补性融合和替代性融合，在出版技术发展过程中，音像制品与书籍的生产和封装技术是一种互补性融合，它们在功能上形成互补，并不能互相替代；而数字出版在价值属性上与纸质图书类似，但可以带来更高的性价比，扩展原来的价值，因此对于数字出版和纸质出版而言，两者存在着替代性融合。另一种则是应用融合、横向融合和潜在融合的分类方式，目前所经历的出版融合大部分是现存技术的应用融合，如成熟的印刷技术和二维码技术融合产生了 MPR 出版物；横向融合的典型例子就是网络书店出现后对实体书店的冲击和替代，网络书店实现的信息流、商流和支付完全替代了实体书店的功能，并且创造了很好的价值。而潜在融合则要看到语义技术、VR/AR 技术和人工智能等新技术在未来的融合可能。

出版技术融合不同程度地打破现存出版格局和流程，从而影响内容生产制作、宣传营销、销售物流、渠道管理和结算等所有环节，而且对每一个环节的影响不是孤立存在的，这种影响传导到出版的规制和管理，推动企业管理制度的创新，以及产业融合。

3.3.2 出版内容融合发展

(1) 出版内容及其融合

首先需要明确"内容"的概念，《现代汉语词典》对"内容"一词的解释为：事物内部所含的实质或存在的情况。② 英语中两个词汇 content 和 substance 表示"内容"之意，它们的含义为：有别于形式

79

---

① 李法宝. 论全媒体出版产业发展策略[J]. 编辑之友，2010(3)：41-44.

② 现代汉语编写组. 现代汉语词典(第六版)[M]. 北京：商务印书馆，2013：940.

或者文体(相对于表现形式和风格)的实质性内容。①从哲学角度来考察"内容"的含义，则具有更广泛的意义，它是指事物内在因素的总和，与"形式"相对。但从形式和内容关系考察，世界上任何事物都没有无形式的内容，也没有无内容的形式。内容决定形式，形式依赖内容，内容和形式是辩证的统一。② 由此本书认为内容有广义和狭义之分，狭义的"内容"是指事物内部所含的实质，广义的"内容"则是指在狭义的内容概念之外还应该包含内容存在的形式，内容的实质和存在的形式构成了内容的整体。而本书所要论述的内容概念为广义的内容。

与出版融合发展的学术基础一样，出版内容融合的理论基础也来自媒介融合中的内容融合理论。美国学者安德鲁·纳齐森认为：媒介融合将会形成纸质媒介、广播媒介、电视媒介和网络媒介的合作和联盟。③ 媒介融合的本质就是推动信息和内容传播的介质形态跨越。④ 内容存在于不同的媒介之中，不同形式的媒介内容不仅内容含义不同，传播的方式也有所区别，对于大众用户来说，内容消费方式呈现出明显的差异，因此媒介融合理论又给"内容"赋予了新的含义，那就是与不同媒介存在的广义"内容"密切相关的内容应用内涵。因此在媒介融合的背景下，内容应该表现为狭义内容+产品形态+渠道占有为一体的广义内容。⑤ 内容本身已将渠道、形式、服务、体验囊括其中，实现了自身的融合。⑥ 要站在用户体验

---

① Judy Pearsall, Partrick Hanks, Catherine Soans, Angus Stevenson, 庄智象，等. 新牛津英汉双解大词典[M]. 上海：上海外语教育出版社，2007：454.

② https：//baike. baidu. com/item/内容/869297？ fr=aladdin[EB/OL].

③ 张宏. 媒介融合和数字出版：关于数字出版内在基本模式及路径寻找的另一个视角[J]. 出版广角，2012(1)：70-72.

④ 江作苏，陈兰枝. 媒介融合视域下的数字出版内容生产的柔性框架特性探微[J]. 出版科学，2016(1)：5-8.

⑤ 杨继红. 内容和渠道：谁也不是王者[J]. 中国数字电视，2007(11)：36-38.

⑥ 高贵武，刘娟. 内容依旧为王：融合背景下的媒体发展之道[J]. 电视研究，2015(4)：27-30.

的角度，并快速便捷地提供满足用户需求的内容才是融合发展背景下的"内容为王"。①

在媒介融合背景下，站在媒介产业链的视角，赋予内容如此广义的内涵，是为了更好地指导传媒学界和实业界探索媒介融合的科学途径，因此李游认为内容融合策略使得内容生产从单一的线性生产转换到大规模的内容创作方式融合、内容载体融合和内容应用融合所构成的数字化生产方式，提升内容的加工、生产能力和增值服务能力。②由此本书把出版内容融合的概念概括为：在与出版相关新技术的推动下，在出版过程中，实现出版内容生产融合、内容载体融合和内容应用融合的数字化生产方式。

就本源来讲，出版是一项完成知识生产和传播的工作，提升出版能力的根本目的是生产和传播更多更好的知识。知识特性可以分为知识本身的特性和知识形态的特性。知识本身的特性可以分为显性知识和隐性知识，显性知识可以通过不同的媒介展示出来并为受众接受，影响知识转移的重点和难点在于在人们头脑中的隐性知识，实际上任何一种知识都包含着显性的可以感知的部分，也包括隐性的难以发觉的一部分。在学习过程中，认知模糊性主要源于知识本身的默示性、复杂性和专用性③，默示性体现为难以认知、高度个人化的特征，难以通过具体的形式进行展现，复杂性和专用性则表示知识本身难以被非专业或者一定知识水平的接收者获取。完成知识转移需要做好两个方面的工作：一方面通过各种手段促使显性知识的显性表达，从而使知识更加容易被感知和接收，例如对于故事性场景描述，视频化叙事方式所传递的信息和知识肯定优于文字展示。另一方面通过各种措施构建知识转移主体双方愿意表达隐性知识的场景和机制。

81

---

① 范以锦. 内容为王应赋予新的内涵[J]. 新闻与写作，2012(10)：1.

② 李游. 我国媒介内容融合模式研究[D]. 中国传媒大学博士学位论文，2010：21.

③ Simonin B L. Transfer of marketing know-how in international strategic alliances：An empirical investigation of the role and antecedents of knowledge ambiguity[J]. Journal of International Business Studies，1999，30(3)：463-499.

内容融合出版是利用数字技术和通信技术条件将不同特性和形态的知识进行加工整合，并通过一种或多种媒介实现传播的过程。出版工作的终极目的就是知识最大限度地显性化，包括两层含义：一个是通过一定的出版机制使作者的隐性知识借助编辑加工印制后的出版物成为显性知识，另一个是利用出版技术和机制让显性知识更有效地表达和传播。因此，有学者指出：在媒介融合背景下，内容应该表现为"狭义知识+产品形态+渠道占有"为一体的广义内容①。内容本身已将渠道、形式、服务、体验囊括其中，实现了自身的融合②。媒介融合下的内容融合出版是将知识加工成有利于作者、出版者、读者三者之间进行高效转移的结构和形态。

内容融合发展就是解决在知识转移过程中，如何消除不利于知识转移的知识特性，如隐性成分较大、默示性较强等障碍，从而有利于知识转移效率的提升，最终创造新的知识。

（2）内容生产方式融合

内容创作方式的变革是为了更便捷更完整地将隐性知识转化为显性知识。口语媒介时代的知识是无法保存的，一个人说出一句话，就无法保留，口口相传得以保留的结果经常会谬以千里，远古时代的神话和传说都是由于先祖们对自然界的非理性认识，以及知识无法转化导致的知识转移偏差。以纸质媒介和印刷术为代表的专业知识生产方式，不仅产生大量的知识，而且使得知识的传播更加广泛，大力促进了人类文明的发展。

互联网时代的知识生产本质上是一个去中心化、去权威化的生产方式，当普遍性的知识通过计算机技术和互联通信技术可以自由获取时，人们对知识的需求不再是纸媒时代的专业权威的单向传播，而是知识在转移过程中的再创造。媒介融合背景下，出版的主

---

① 杨继红. 内容和渠道：谁也不是王者[J]. 中国数字电视，2007(11)：23-26.

② 高贵武，刘娟. 内容依旧为王：融合背景下的媒体发展之道[J]. 电视研究，2015(4)：27-30.

体发生了变化，由原先的作者和出版社这种相对比较单一的主体转向使用自主出版平台、自媒体等媒介的用户，随着基于云计算技术的大数据分析模型转变，形成了多元化的内容生产主体。① 由此衍生出的多元化的内容生产模式，主要是以下四种：第一种是专业生成内容模型（英文为 Professional Generated Content，缩写为 PGC），就是传统的出版单位来组织策划和生产纸质与数字化内容。目前这种生产模式仍然占主导。第二种是用户生成内容模式（英文为 User Generated Content，缩写为 UGC），即用户在互联网上生产内容。例如谷歌、脸书、YouTube 等网络媒体就是通过用户集体性"知识劳动"创造来生产内容。② 这种模式所生产的知识资料具有较大的原始性，与成为出版"内容"要求的知识尚有距离，但仍然具备了知识的基本要求：被传播和被接受。第三种是专业生成+用户参与（PGC+UGC）的互补互生模式。基于互联网，把权威专家和学者的互动协同、实时更新作为主要创新点，构建云知识生产平台。这种模式的关键在于"把关人"，通过专业人士和出版专业人员的合作，其内容和呈现的形态具备经典的出版内容要求。第四种为算法（大数据）生成内容模式（英文为 Algorithm Aggregated Content，缩写为 AAC）是指应用计算机算法收集和筛选各种媒介数据（文字、图片、音视频等），围绕数据的采集、挖掘、标引、储存、计算展开出版工作，通过数据模型的构建，最终上升到数据应用和数据服务的层面，并推送给用户。③

从以上四种出版内容生成模式来看，可以发现生产融合的对象不仅仅是不同媒介上的内容的相互融合，也包括了内容创作方式的互相融合，还包括不同内容生产主体的互相联合。因此内容创作方式融合是出版融合发展的出发点，也是所有融合发展的结果。

83

① 江作苏，陈兰枝. 媒介融合视域下数字出版内容生产的柔性框架特性探微[J]. 出版科学，2016(1)：5-8.

② Terranova T. Free labor：Producing culture for the digital economy[J]. Social Text，2000(2)：33-58.

③ 江作苏，陈兰枝. 媒介融合视域下数字出版内容生产的柔性框架特性探微[J]. 出版科学，2016(1)：5-8.

构建有利于知识转移的内容应该以用户需求为导向，尤其是在当下的互联网时代，海量知识存在于人们的生活中，判断知识质量的标准不在于多，而在于精准和及时，因此基于用户需求的知识生产方式成为未来以算法为技术的生产模式大行其道的基础，大数据技术和计算机通信技术满足了精准和及时两个标准。知识个性化和定制模式成为未来知识服务的商业模式，围绕着个性化需求，作者和出版机构应该把知识模块化，再按照用户需求进行模块化组合，形成系统的知识体系。

　　在知识生产融合发展上，需要充分关注专业生成+用户参与的互补互生模式。这种基于互联网平台的知识生产方式从某种意义上颠覆了传统知识转移模式，即知识发送者和使用者是时空分离的，而这种模式的意义就是在一个知识服务平台上共同完成知识的生产、转移和创新的全过程，知识转移效率更高。

（3）内容载体融合

　　内容载体就是媒介形态或称介质，在将隐性知识开发为显性知识的时候，除了要根据读者的需求，设计知识自身的结构，也要考虑到知识的表现形式。从口语媒介时代开始，历经纸质印刷时代、光电媒介时代、数字化媒介时代的媒介发展历史，也是知识表现形式发展史。麦克卢汉强调媒介即信息，媒介的发展不仅给知识本身提供了不断延伸的条件，也为用户更便捷地接受知识提供了技术保障。同一种知识，如果用不同的载体来表现，对于知识的转移效果是不一样的。比如一首李白的诗《早发白帝城》，用纸媒上的文字和图片来展示的效果与电视媒介上用动画展示+朗读文字等方式来展示显然要单调了许多，对这首诗的理解和记忆，后者显然更加有效果。从这个简单的例子，可以看到形态融合赋予了知识更为显性的表达方式，减少了知识本身的模糊性和复杂性，便于知识接收者获取知识，非常有利于知识转移。

　　内容载体融合不仅有助于某一知识本身的转移，更加有利于知识转移的目的实现，就是知识的创新。在互联网时代，知识本身不再是稀缺的资源，稀缺的是即时满足用户需求的知识服务，也就是如何高效地构建知识和将其传递给用户。内容载体发展中，提倡全媒体、跨媒介运营思维，内容生产商需要在研发内容时充分关注各种新兴媒体传播的要求，才能有效地向读者提供优质内容；在实施知识传播过程中，需要立足用户需求，利用不同媒体的特性，如移动化、数据化、智能化的特点，满足受众各方面的价值需求。

对于任何知识来说，内容与载体都是不可或缺的。没有载体的知识不可能成为真正意义上人类文明的知识，知识管理学界把无法形式化的知识称为隐性知识，只存在于个体的头脑中，无法分享和传播。传播学界把知识的表现形式和显性化形态称为媒介。麦克卢汉提出的"媒介即信息"，从另外一个侧面说明了媒介本身就是内容。① 内容载体也就是媒介形态，传播媒介的性质决定着传播的特征和实际效果，某种意义上传播媒介本身比传播的内容更加重要，对人和社会的影响更加深远。②

人类文明发展以来，知识的媒介形态经历了口语媒介形态、文字媒介(书写)形态、机器印刷媒介形态、光电媒介形态，以及目前正在经历的数字媒介形态。从媒介形态变革的历史演变来看，新的形态表现出更高级的发展阶段，赋予知识新的生命，同时新旧形态总是经历交融共存的状态。传统媒体为了避免被淘汰，通过各种途径对自己"动刀"，如机器印刷媒介之于文字书写媒介形态，同时新媒体力求将传统媒体的优势逐渐转移到自身平台之上，在技术进步的基础上推动各自生产、传播逻辑不同的媒介类型实现了交融与创新。③

目前出版载体融合发展表现出以下一些重要特征：一是，全媒体、跨媒介运营满足读者的信息消费需求，内容只有不断尝试形态衍生，才能适应各种新兴媒体传播的要求，更加有效地为读者提供优质内容；二是，移动化、数据化、智能化成为媒体形态创新的基

85

---

① 马歇尔·麦克卢汉. 理解媒介：论人的延伸［M］. 何道宽，译. 南京：译林出版社，2011：18.

② 李明伟. 媒介形态理论研究［D］. 中国社会科学院，2005.

③ 严三九. 从形态融合到生态变革［J］. 编辑之友，2014(8)：7.

本原则，以满足受众各方面的价值需求；三是，细分化、垂直化趋势要求媒介形态在知识的专业化生产和传播上做得更精，从而得到行业和市场的双重认可；四是，媒介形态发展需要摆脱出版属性的禁锢，结合社会大众的需求，突出其强大的功能性。①

产品创新和多元化是内容融合发展的要求，当前，传统出版业通常实现四类数字出版产品形态：电子书、数据库、在线产品和APP产品。电子书种类繁多，最为常见，如有声书、富媒体电子书等；数据库产品则受到专业出版社或者拥有特定资源出版社的青睐；在线产品是以数据库、资源库为基础，通过互联网展现的数字出版产品类型；而APP产品则是建立在移动互联网上的新型数字产品，它可以是单个内容产品，也可以是一个应用平台。②

（4）内容应用融合

知识的本身如果不进行转移并获得应用，是谈不上知识价值的，知识的价值在于应用。如上所述，内容应用融合可以分为内容应用工具融合、内容应用方式融合和内容应用场景融合③。在当前基于计算机技术背景下跨媒体的媒介生态环境下，内容应用融合很好地满足了知识转移。

知识转移是否顺利和高效的考量因素就是在规定的时间成本内，促成知识成功转移过程中资源的消耗量，或者是在一定的资源条件下，是否促成知识进行了成功转移。内容应用工具为知识转移提供渠道和路径，研究者称为知识转移媒介，是知识在不同主体间转移工作和手段的总称。Albino等人认为知识转移媒介包括编码和渠道两个因素，两者结合得越好越可以减少转移的不确定性，从而

---

① 刘峰，任健. 基于媒体形态融合视角的传统文化 IP 出版策略探析 [J]. 中国编辑，2017(1)：13-18.

② 赖雪梅. 传统出版融合发展的方向与路径[N]. 中国出版传媒商报，2016-03-01：10.

③ 冯丙奇. 社会性媒介内容传播过程基本特征分析[J]. 国际新闻界，2012(4).

实现高质量的知识转移①。Hendriks 指出：计算机技术通过降低知识主体间的时空障碍而促进知识转移②。

内容应用工具融合为不同媒介应用工具的融合，比如教材中的内容，学生有纸质教材，也有手机上的电子教材和辅助材料，还有电脑上的自主学习平台，纸质教材、学习平台、电子书或者智能手机便是同一知识在转移过程中的融合；应用方式和应用场景的融合则是由于媒介(工具)形式不同，在知识转移过程中产生融合，还是以教材为例，在课堂教室用纸质教材完成教材内容的精讲，利用智能设备移动学习平台完成教材课程作业，在自主学习平台完成单元网络测试，教室、网络学习平台、课后时间通过不同的媒介(工具)融合在一起完成同一内容的转移，利用不同的工具特色完成不同形式的转移，共同作用达成授课知识的成功转移。

出版融合发展是以用户需求为导向的知识的生产和传播的联合，内容生产融合和形态融合的最终目的是提供良好的用户体验，生产和传播的融合也就产生了内容消费的融合。内容应用融合可以分为内容应用工具融合、内容应用方式融合和内容应用场景融合。应用工具融合为承载知识的媒介工具的共和，应用方式融合是由于不同的媒介工具带来的应用机制不同而产生的互补性应用融合，应用场景融合则是指知识总是在不同的场景中发生传播，不同的场景需要应用不同的传播方式来完成知识转移，在全媒体跨媒介的应用环境下，融合成为必然。

内容应用融合是对内容本身生产和应用的融合，内容的生产过程就是内容的应用过程，它是内容生产与使用过程的混合，内容生

① Vito Albino, Claudio Garavelli A, Giovanni Schiuma. Knowledge transfer and inter-firm relationships in industrials districts：The role of the leader firm[J]. Technovation, 1999(19)：53-63.

② Hendriks P. Why share knowledge? The influence of ICT on the motivation for knowledge sharing[J]. Knowledge and Process Management, 1999, 6(2)：91-100.

产者与使用者角色的整合。① 维基经济的倡导者 Tapscott D. 指出：当消费者从消费终端产品到协同生产产品或服务时，消费者就转变为"产消者"，它是一种持续发展创新的过程。② 澳大利亚传媒研究学者布伦斯等总结出了新的概念："产用"过程(produsage)与"产用者"(produser)，产用者概念强调媒介内容使用者转变自身所处的被动局面，积极地参与内容生产过程中，对内容发展做出特定的贡献。③ 这个概念在出版的社会化媒介传播上作用显著，尤其是社群营销领域。

另一个应用融合的形式为消费者使用不同媒介形态进行内容消费和服务。由于每种媒介形态在表现内容上各有优势，因此读者通过不同的途径获取知识，出版企业借助 IP 经营理念，实现多元化的媒介形态进行知识的传播，读者主动或者被动地置身于应用融合中。这一点在教育出版领域表现得尤为突出，如同一内容，在课堂学习场景中，学生使用纸质教材和多媒体设备教学，用点读笔进行跟读训练，回到家里后通过物联网电视盒子进行学习，同一种内容在不同媒介上被用户应用。在目前的数字化环境下，三网融合、云技术和大数据技术使得跨媒介应用更加顺畅。数字内容生产与形态的柔性框架使数字化内容可以在不同媒介之间自由流动④。

出版内容生产融合发展所涵盖的工作内容正如同《关于推动传统出版和新兴出版融合发展的指导意见》中所说的"一个内容多种创意、一个创意多次开发、一次开发多种产品、一种产品多个形

① 冯丙奇. 社会性媒介内容传播过程基本特征分析[J]. 国际新闻界，2012(4)：57-63.

② Tapscott D. The Digital Economy：Promise and Peril in the Age of Networked Intelligence[M]. New York，McGrow-Hill，1996.

③ Bruns A，Blogs Wikipedia. Second Life，and Beyond：From Production to Produsage[M]. New York，Peter Lang Publishing，2008.

④ 江作苏，陈兰枝. 媒介融合视域下数字出版内容生产的柔性框架特性探微[J]. 出版科学，2016(1)：5-8.

态。"①通过融合技术的应用，出版内容融合发展呈现形态多样化、产品多样化、应用多样化，而这些多样化的存在正是传统出版和新型出版基于多元化市场需求的对策。

3.3.3　出版营销创新

传媒业的媒介融合和出版业的数字出版都是在信息技术发展下的产物。新媒体技术对出版业的影响，不仅是出版物形态的变化，更是营销管理和模式方式的变革。互联网时代的出版产业面对着全新的内容载体，革命性的传播手段，与以往迥然不同的阅读方式，出版营销思维、理论和实践都面临着巨大的变化。

（1）出版营销管理的发展

出版营销理论是出版学科重要的理论分支。出版营销学的理论框架来源营销学，20 世纪 80 年代以后，以武汉大学练小川、孟凡舟、方卿为代表的学者开始立足美欧商业管理的营销学理论进行系统性研究，到了 90 年代，三位学者先后出版了同名的《图书营销学》教材，构建了我国出版营销学的基本理论框架和研究内容。2002 年，李春成、方卿依据经典营销学理论分析框架总结了我国图书营销学研究二十年的发展，主要从以下几个方面进行了阐述：第一是图书产品研究方面，重申了王益先生提出的"出版物既是商品又要防止商品化"概念，强调了出版选题是图书产品开发的核心问题；第二是图书定价研究上提出了制定图书定价策略时除了成本因素外，也需要考虑市场性和价值性；第三是图书分销渠道研究，从原来的仅对新华书店的发行的研究转到对代理制、连锁经营等多元化分销渠道的分析；第四点是图书宣传促销，从原来如何撰写图

89

---

① 国家新闻出版广电总局. 关于推进传统出版和新兴出版融合发展的指导意见[J]. 中国出版，2015(8)：7-8.

书宣传文案，到后期的加大投入、重视宣传促销方式等①。作为经典营销理论，关于产品、定价、渠道、促销四个内容的阐析仍然具有一定的现实意义，就如同融合发展概念一样，基于不同社会和商业环境下的营销理论也需要一个融合发展过程。

进入 21 世纪，随着科技对商业世界的影响，一些新的营销学观念也推陈出新，如现代营销学之父菲利·普科特勒认为营销管理是企业选择目标市场并通过创造、传递和传播卓越顾客价值，来获取、维持与增加顾客的艺术和科学。市场营销是一个社会过程，个人与团队可以通过创造和提供有价值的产品与服务来获得所需所求。企业营销的对象是产品、事件、体验、人物、地点、财产、组织、信息和观念②。从商业行为到商业过程，从产品到消费体验，营销的对象、内容和方式发生了全面的改变。

随着数字出版给出版产业带来的收入比例越来越大，以及其在未来为传统出版产业带来的新发展前景，出版物从以纸质书籍为主要出版形态转变为纸质图书和数字出版共存共生的现状，出版营销研究和实践也在不断地变化。方卿、许洁按照经典的 4Ps 营销理论分别研究了 2005 年至 2009 年出版营销战术，他们在研究纸质出版物产品质量和组合的同时关注到了在数字技术和互联网应用后出版物形态的巨大改变：电子出版物的研发、生产和传播研究进入出版研究者的视野，在出版物定价策略上关注电子书的定价策略，提出了更多样化的定价策略，如询问定价、捆绑定价、人性化定价策略等；随着网络书店对传统图书发行渠道的冲击，业界在普遍看好网络书店的未来的同时加强了对其管理和发展研究；网络环境下的促销研究成为图书促销策略研究的新热点，网站论坛社区、移动智能手机终端、即时聊天工具和博客等新媒体成为新的促销渠道，受到

90

出版工作者和研究学者们关注①。新旧出版物形态和传播媒介的共存使得新旧出版营销模式共同发挥各自优势，服务于出版社发展。非常有意思的是，王一鸣在 2015 年发表了从 2010 年到 2014 年之间的出版营销研究，他聚焦于新媒体发展对出版营销的影响，重点介绍了微博营销、微信营销的研究现状，并提出了以豆瓣网为代表的社群营销概念。新媒体发展给出版营销带来了新的思维，如产品思维到服务思维，又如单项传播到互动模式等②。在营销理论移植应用上，既有 4Ps、4Cs 等传统营销理论的应用，也出现了大数据营销、深度营销、长尾理论、SIVA 等新营销理论在出版营销实践中的应用探索③。互联网环境与新媒体背景下的出版营销理论研究和策略探索成为重点，其中微信营销和社群营销成为重中之重。张美娟等借用移动互联网营销的精准营销和社交媒体营销两种模式，提出出版营销的三种模式为线上推广营销、线上推广+线下体验和线下推广+线上营销三种模式④。戴世富、赵思宇认为以社交媒体、移动媒体、搜索引擎、大数据为代表的新媒体技术给出版营销提供了新思路，他们认为这些技术为出版社开展社群营销、场景营销、精准营销提供了技术支持，使得出版营销工作的效率大幅度提升⑤。而更多的出版工作者和学者把出版营销的研究聚焦于微信平台上，李晶指出微信营销是潜在无形与精准私密的互动式营销和裂变式即兴社交与个性化定制营销，因此在微博文案和活动设计中应注意精准和深度。借助微信精准的传播特点，实现个性化传达，完

---

①　方卿，许洁. 近五年来我国出版营销战术研究进展[J]. 出版科学，2010(5)：44-51.

②　王一鸣. 近五年来我国新媒体出版营销研究综述[J]. 出版发行研究，2015(8)：36-40.

③　谢文辉. 新媒体背景下的出版营销之道探析[J]. 出版发行研究，2014(5)：66-69.

④　张美娟，张琪，曹子郁，柏雯. 移动互联时代的出版营销新模式[J]. 现代出版，2015(6)：37-39.

⑤　戴世富，赵思宇. 新媒体技术影响下的出版营销新思路[J]. 中国出版，2016(11)：41-44.

成了有深度的对话交流，从而实现出版信息和品牌的传递①。李辉、王青提出在出版营销实务中，微信营销可以分为品牌营销、产品营销和活动营销，品牌营销上利用微信主动定位，吸引读者关注和保持及时沟通，通过发布合理内容，掌握发布时间点等方式开展产品营销，而应用到活动营销时则要充分利用其即时互动的功能②。雷鸣、李贝琪针对目前大学出版社微信公众号平台的传播效果提出微信公众号营销需要挖掘出版社的出版特色，找准最佳传播时间，利用多媒体技术制作长短适中和多元化形态呈现的内容③。

因此出版营销管理创新与发展是在互联网时代背景下为更好地满足和创造读者的需求，出版社在出版全过程中利用信息技术和媒介技术将产品特征、用户需求、渠道结构、市场状况等因素综合考虑而制定的一系列营销策略。它是传统出版和新兴出版营销理念的融合，更是在融合发展背景下营销模式的融合。

(2)融合发展背景下出版营销管理创新的内容

经典的营销理论分为产品、价格、促销和渠道四个方面，数字出版和互联网传播时代，产品、价格、促销和渠道仍然是出版营销所要关注的要素。但有所不同的是，这些要素的内涵已经发生了巨大的变化，根本的原因在于技术改变了出版营销所涉及的各个方面。出版营销管理创新的内容包括出版营销工作所涉及的产品、价格、渠道、促销等要素的融合，也包括出版营销模式的融合。

①出版营销管理内容的创新与发展。

关于营销理论框架下的产品生产策略，已经在出版内容融合中进行了比较详细的说明，互联网环境下的产品概念发生了很大的变化，除了数字出版带来的多形态的数字出版物外，这些多形态的产

---

① 李晶. 微信营销，数字时代出版营销渠道探析[J]. 新闻界，2013（20）：50-52.

② 李辉，王青. 出版企业的微信营销策略分析[J]. 科技与出版，2015（12）：69-71.

③ 雷鸣，李贝琪. 大学出版社微信公众平台传播效果营销因素研究[J]. 现代出版，2017(6)：32-35.

品融合在一起，整合或者组合成用户解决方案。产品不再以一种物化的形式存在，而是以数据的形式存在，通过信息技术，如语义技术、大数据技术，根据用户需求组合成解决用户需求的产品或者服务。转变物化的产品概念，在新的融合发展时代建立内容资源的概念尤为重要。

关于价格策略的变革，按照经典营销理论，决定产品价格的是价值，一个产品的价格往往由三个部分构成：可见的直接成本、不可见的间接成本和一定的利润。这种方式无法适应数字出版业态下的产品和服务，价格和价值的融合成为定价策略的调整思路，衡量价值的标准是产品和服务是否可以给用户带来的收益，这确实很难衡量确定，再加上无法物化的直接成本和产品服务个性化组合的差异，便更加困难了。

促销策略融合变革，带来促销方式变化的是渠道的变化和产品形态的变化，活动发布、促销政策等把线上线下统筹考虑，不同形态的产品本身定价策略就不一致，促销的办法也不尽相同，一个典型的例子就是纸质图书与电子书的营销模式就很有讲究，如折扣、发行时间先后、销售分成模式等，因此同一内容的多形态产品和多渠道销售势必要注意促销策略的融合考虑。

渠道融合的主要原因是营销渠道和销售渠道的多元化。不同营销渠道相互融合，不同销售渠道优势互补，营销渠道与销售渠道又相互配合促进出版营销。微博、微信、自媒体等营销渠道特色不尽相同，应与不同的产品相匹配，例如：如何写不同的文案，是发同一条内容呢，还是要根据营销渠道特点分别制作。网络书店和实体书店应该发挥各自的优势开展营销活动，线上和线下互动促进粉丝关注。

不同产品融合形成知识服务和解决方案，不同价格策略融合构成知识服务价值体系，促销和渠道的融合构建起集出版信息发布、促销制度、产品服务等诸多功能于一体的社群平台。

②出版营销模式的创新。

融合发展时代背景下，作为出版营销服务对象的读者对知识内容需求和消费方式发生变化，作为出版营销的内容——出版物形态越来越丰富，出版营销策略中的营销主体、营销对象、营销技术和营销渠道都随之发生融合和替代。互联网时代的出版营销的要素和环节朝着营销渠道平台化和营销机制社群化两个方向进行融合。

第一是营销渠道平台化。促进出版营销平台化趋势的是出版物的平台化和出版平台化。出版物的平台化在教育出版和专业出版表现得更为明显，出版物的形态从单一产品的供给到构建在平台上的知识服务体系。没有出版物知识集成平台的情况下，营销策略是可以在不同的时空分别进行的，而平台的建成让产品内容、信息传递、互动解答等营销功能得以实现，积累一定用户量的平台中还可以对用户行为进行分析，完成市场调研和售后服务等工作，因此以内容产品和服务为核心的平台将出版营销工作融合在一起，实现精准营销和低成本营销，营销效果更好。另一个是数字出版平台将作者、出版社、用户三者联系起来，通过用户和作者的角色融合，实现内容生产和传播的良性循环。

第二是营销模式社群化。在以社交化传播为特征的媒介融合背景下，出版的社交化成为数字媒介环境下出版营销的重要特征。知识的社交化传播产生了社交化阅读，这种阅读模式强调分享、互动、传播，它是更加强调内容本身的阅读模式，它更加注重阅读过程中人的因素，注重基于阅读的社交互动，倡导共同创造内容、共同传播和共同盈利，实现阅读价值的放大，简言之社交化阅读可以通过社区分享、互动、沟通创造更大的阅读价值。① 社交化阅读促进了出版社群融合发展。围绕着知识分享而建立的出版社群对书籍的选题策划和营销推广发挥着越来越大的作用。以阅读分享为主要形式的出版社群早而有之，如书友会、读者俱乐部等，随着社群经济的影响，图书出版社群出现了以下变化：第一是从内容到平台的转变。出版社群从一种单纯的产品销售，升级为一种沟通和传播的社群，社群成为以阅读为媒介的平台，不仅为出版社群搭建沟通互动的场景，还创造了新的商业价值。第二个变化是从单向到互动。把读者组成的社群当作品牌和用户交互的延伸，通过社会化媒体进

94

---

① 钟雄. 社会化阅读：阅读的未来[N]. 中国新闻出版报，2011-05-12.

行广泛传递，让读者、出版机构和作者进行积极的互动，从而反馈消费体验、优化产品。第三个变化是从单独到跨界融合。通过社群融合行业资源，延伸产业链，改造商业模式。移动互联网时代，更多的自媒体和技术公司进入传统社群营销，丰富和拓展了出版社群的主体和形式。

3.3.4 出版机制创新

保证产业良性运作需要一整套机制，概括地说，机制就是产业各要素之间的结构关系和运营方式。其包含两个要点：一是机制存在的前提是要有产业要素集中的机构；二是在机构中需要具体的运行方式来协调各个要素之间的关系，使之协调运行而发挥作用①。因此机制体现的是一种组织内部的互相关系和一种组织规范。

(1) 影响出版机制的三个因素

如机制概念所言，影响出版机制的是出版要素的变化和要素运作方式的变化，出版的要素为内容资源、人力资源、资本等出版经营活动所需要的资源，而出版要素运作方式则是需要通过出版业务流程和组织以及制度来进行反映。因此影响融合发展要求的出版机制主要有以下三个方面：

第一，知识内涵的变化。网络时代的知识所具有的"比特赋型"使得知识的表达和储存方式发生了根本性变化。人类用符号和声音来表达知识，人被看作操纵符号的动物。通过符号等形式物化或者显性化的知识需要载体才可以达到交流的作用。因此知识理论研究者把知识本身的内涵和形态载体融合在一起构成可传播的知识信息。经历了知识的口传时代和印刷时代，目前所经历的网络时代的知识具有电态的知识信息，既保留了气态知识信息口语的及时性和互动性，又继承了印刷品中的固态知识信息的易于保存和远距离

95

---

① 程艳，杨晓文. 浅析互联网时代维基百科的生产模式[J]. 今媒体，2016(9)：13-15.

传播的优点,① 使数字化知识具有及时性、互动性、易保存性和远距离传播等特性。在信息技术支持下,知识的数字特性使得知识不再仅仅固定在一定物化的载体上,它如同空气一样以数字化和数据化的状态流动,人们通过头脑和技术感受接受分析知识,并作出反应。由于技术的介入,知识的加工不再是人类的特权,机器创造知识的能力正在超越人类的创作速度。

第二,知识生产方式的变化。知识生产是一种通过观念和思想的创新来实现文明进步的智力活动。在互联网出现之前,知识生产是以单一学科为基础的个体创作。而互联网则打破了这种知识生产模式,催生出一种大规模的协同生产方式。计算机技术和网络技术深刻地改变与重塑了大众阅读和书写方式,对知识生产的影响"不是发生在意见和观念的层面上,而是要坚定不移、不可抗拒地改变人的感觉比率和感知模式②"。如今互联网已经深度影响到人类知识生产的全过程,改变着知识生产过程中的素材选择、思维路径与生产模式,改造了人类知识生产的社会环境、评估机制和体系构成③。出版作为人类知识生产的一种重要方式,同样受到了技术深刻的影响。首先是作为生产资料的知识本身的变化,从原来存在于书籍中的以文本图片展示的符号信息,变成存在于超文本跨媒体等软载体上的"比特赋型"的知识。其次是知识物化载体的变革,从竹简、纸张到电子屏幕,不同的媒介形式造成知识生产方式的变化。最后生产资料的变化还会带来生产工具的变化,其中最重要的变化在于书写形式的变化,书籍出版需要通过排版印刷将文字展现在书籍上,而数字时代,文字图像等知识内容和形式通过数字技术展现在电子屏幕上,从知识原材料到成品的完成,借助的是完全不同的生产工具和生产工艺。由于"原材料"的变化,一定会带来生

---

① 肖锋. 信息方式的变迁和知识生成方式的更新[J]. 长沙理工大学学报,2012(1):11-17.

② 麦克卢汉著. 理解媒介——论人的延伸[M]. 何道宽,译. 北京:商务印书馆,2000:46.

③ 赵涛. 试论网络时代的知识生产[J]. 学习与探索,2013(10):12-15.

产工具和生产方式的变化，显然对于知识生产的出版来说，运行的机制随之做出调整，业务流程的改造也势在必行了。

第三，知识传播机制的改变。在传统的人类知识生产传播体制中，由于技术条件限制，知识传播的范围和速度都受到了极大约束，而网络时代知识载体的变化使出版传播机制面临着重构的压力和创新的机遇①。网络时代的数字化写作和出版，从内容到形式，从创作到评价都已经突破了传统机制的限制，出现了全新的出版和传播范式②。移动互联时代读屏的人数越来越多，阅读的无纸化成为重要的发展方向，尽管电子书的销售这几年出现下降，但智能手机的发展仍然为阅读的无纸化进程提供了阅读载体便捷。数字化期刊由于开放存取制度的采纳和推广，通过网络每个人都可以及时自由地获取研究学术需要的参考文献，传统学术期刊的管理方式和工作模式由此发生了巨大转变。因此在今天的时间节点上，无论是图书还是期刊上的知识在信息知识传播上愈发显得落伍和低效率，通过出版社、书店到读者的知识传播路径也显然跟不上读者的需求和知识生产的速度，如果我们把出版业务分为生产和传播两个部分的话，生产和传播是无法脱离的，媒介技术改变了生产方式，创造了基于新媒介的知识体系，那么知识的传播机制也必然随之改变。

(2)融合发展背景下出版机制创新的概念

出版机制可以分为出版产业机制和出版企业机制。出版产业机制是指构成出版产业的各要素之间的关系以及关系之间相互作用的方式，上段所述的出版生态系统和出版产业链中提及的资源要素与产业主体为产业机制的构成要素，即资源要素和主体要素，而促进这些要素发生关系的根源是人类不断增长的对知识和自由的需求，而要让这种需求得到满足，则需通过一定的规则让它们之间的价值

97

①　赵涛. 网络时代知识生产、出版与管理的体制重建[J]. 中州学刊，2014(12)：172-176.

②　赵涛. 网络时代知识生产、出版与管理的体制重建[J]. 中州学刊，2014(12)：172-176.

流、信息流、物质流和资本流产出效应。出版企业机制中的要素与产业要素大体相同，但由于其研究和思考的出发点与产业机制不同，需要从单个出版企业的立场来思考资源要素和主体要素的配置，因此管理学把这些要素和规则称为资源、组织和流程。

本书所要研究的融合发展背景下的出版机制创新就是以用户为中心，为保障技术融合、内容融合和营销管理创新的顺利开展，利用技术力量进行出版组织重构、流程再造和制度创新，从而将出版资源进行整合并有效分配，出版产业链和工作顺畅运行，最终达到出版效益的最大化。出版社机制创新可以从出版组织重构、业务流程再造和出版社管理制度创新三个方面入手。通过组织重构将传统出版组织功能与互联网时代的组织要求进行匹配，以用户为中心改造传统出版组织功能，使之更加符合满足用户需求的组织保障，组织重构势必带来业务流程再造，传统业务流程不适应知识生产和传播的需求，就需要进行再设计。

(3)出版业务流程及流程再造

业务流程是指一组共同为顾客创造价值而又相互关联的活动。迈克尔·波特教授将企业的业务流程描绘为价值链①。1993年迈克尔·哈默和詹姆斯·钱皮首次提出了"业务流程再造"概念。② 2002年钱皮教授将业务流程再造的突破点放到了技术层面，指出利用信息技术可以加快跨越组织界限的业务流程的重新规划，并取得绩效突破性提升③。1994年"流程再造"理论引入中国，经过管理学界专家的本土化探索研究，形成以黄艾舟、梅绍祖为代表的中国特色的业务流程改造研究学者，他们认为流程管理是一种以规范化地构

---

① 疏礼兵，胡赤弟. 面向业务流程的现代制造企业流程知识创新与管理策略研究[J]. 科学学与科学技术管理，2012(4)：75-79.

② Michael Hammer，James Champy. Reengineering the Coporation：A Manifesto for Business Revolution[M]. Harper Collins Publishers Inc，1993：31-50.

③ 詹姆斯·钱皮. 企业X再造[M]. 闫正茂，译. 北京：中信出版社，2002.

造、端到端的卓越业务流程为中心，以持续地提高组织业务绩效为目的的系统化方法①。2007 年，郭忠金、李非提出了业务流程再造的趋势主要表现为纵向战略的向上向下两个方向，向上与企业战略融合，将业务流程提升为战略流程，向下则与信息技术融合成电子商务，而在横向上，则与供应链上的各种不同业务组织协助融合而形成跨组织的业务流程再造②。中外业务流程再造研究学者们非常一致地看到业务流程再造的两个重大特点：技术含量越来越大，跨组织的协调融合越来越多。

按照以上管理学界对于业务流程重组的概念，出版业务流程再造就是对传统出版业务流程进行根本的再思考和彻底的再设计，以求获取出版效率、出版质量等核心竞争力的显著提高③。从现实情况看，由于出版业的产业特性，其显著性表现得并不明显，反而体现出更多的持续性特征。出版业务流程再造变现在整个出版业发展的过程中，尤其是媒介技术和传播技术变化较大的时候，其迫切性愈发强烈。据此，本书把出版业务流程定义为出版企业为读者创造价值而相互关联的一系列活动或者工作环节。以纸质图书出版发行为主的传统出版业务流程分为六个阶段：选题开发阶段、作者写作阶段、编辑加工阶段、印刷生产阶段、营销推广阶段和销售管理阶段④。

出版业务流程再造是基于数字出版转型背景下的概念，数字出版是以数字化内容为核心的生产，其主要包括：第一是选题策划流程改造，不再仅限于单一媒介的出版思维，从选题设计开始就需要全盘考虑内容的数字化开发，从而使得从选题项目书的填写和论证

①　黄艾舟，梅绍祖. 超越 BPR——流程管理的管理思想研究[J]. 现代企业管理，2002(12)：105-107.

②　郭忠金，李非. 业务流程再造理论的起源、演进及发展趋势[J]. 现代管理科学，2007(11)：8-9，92.

③　刘瑞东. 借力数字出版实现传统出版业务流程再造[J]. 出版发行研究，2008(4)：52-53.

④　托马斯·沃尔. 为盈利而出版[M]. 杨贵山，译. 北京：中国人民大学出版社，2005.

都与传统出版不一样。第二是编辑过程流程改造。编辑除了审读文字稿，还要审读图片图像、音频视频等，同时还需要对多媒体运行的软件和平台进行测试监听等，不同媒介内容、平台需要同步协调进行。第三是封装流程改造。纸数融合产品中不同的产品形态需要不同的封装方式，需要把控和协调更多的程序和节奏，按需印刷、即时印刷、在线印刷等新的封装方式也提出了新的流程要求。第四是营销流程改造。互联网和信息技术带来出版产业内部的变化，也深刻地影响了数字出版的营销发行流程，多媒介宣传推广方式、网络书店销售管理方式等都需要新的流程保证工作效率的提升。因此出版流程再造围绕着数字内容的生产、管理和经营进行，实现出版资源价值的最大化和满足多元需求的终端阅读学习需要①。

(4) 出版社组织及其重构

菲利普·科特勒认为一个公司的组织包括结构、政策和企业文化②。组织结构是指出版企业为了制定以及完成经营战略目标，根据出版社内部结构特征将出版社员工进行结构化分配，确定具体人员的责任与权力的规制和模式。出版社组织结构的建设需要遵循三个原则：动态原则、效率优先原则、以人为本原则③。出版社组织结构随着出版内外部综合环境的变化而一直处于不断地变革中。通常来说，出版社组织结构是围绕着编辑、印刷、发行三个核心业务确定的，随着出版产业发展和竞争的要求，我国出版社组织结构变革围绕着直线职能型结构发展了事业部制、分社制和矩阵型组织等结构形式。正如菲利普·科特勒对组织的定义一样，组织结构的创新一定会带来组织政策和组织文化的变化，因此无论是新创设组织还是组织重构都需要考虑政策和文化的因素。

---

① 曹胜利，谭学余. 基于数字出版的业务流程再造[J]. 科技与出版，2011(2)：12-15.

② 菲利普·科特勒. 营销管理(第15版)[M]. 上海：上海人民出版社，2016：42.

③ 耿相新. 论出版社组织结构[J]. 中国出版，2006(6)：23-26.

组织重构是指为适应新的产业竞争环境，企业组织必须抛弃既有的管理运营模式和工作方法，以工作流程为中心，重新设计企业的经营、管理及运营方式。互联网时代背景下，知识的物化形态、内容生产、传播方式和服务方式都由于媒介技术的发展发生了巨大的变革，出版企业组织结构随之进行了一系列的自我调整以适应受众需求变化和环境变化。出版企业组织重构就是出版企业充分利用信息技术手段和现代管理理念，以用户为中心，以出版工作流程再造为核心，提升出版资源效率和出版工作效率为目的，重新设计出版经营管理组织结构、运营方式等一系列工作。通过出版社组织结构变革，使之适应内外部出版环境和主体的变化。重构的内容包括出版社权力分配关系、职务再设计、协调机制等，对权力和职责重新划分和梳理，提高出版社整体和事业部等部门的运行效率，减少沟通障碍，达到增加组织灵活性的目的①。

(5)出版社管理制度创新

现代企业制度的基本内容一般包括产权制度、组织制度和管理制度三个方面，产权制度明晰企业的所有权和经营权的边界，组织制度明确企业对人力资源使用的规则和办法，而管理制度是指维持企业日常运营的各种具体制度的总称，其主要作用是规定企业获得和运用资源的方式和程序。决定企业管理制度的因素有企业产业性质、竞争环境、组织规模、管理能力等企业内外部原因。企业管理制度创新就是面对新的经营环境，企业通过调整资源的配置方式和程序以促进企业经营管理能力的一种策略和措施。制度创新包括决策制度、信息管理制度、知识产权管理制度、人力资源管理制度等。管理制度创新应该注意规范性和创新性的结合、管理制度建设与人本管理的关系、企业文化建设和文化创新等三个方面②。

101

---

① 任萍. 数字化时代出版业组织变革趋势浅析[J]. 出版发行研究, 2016(4)：27-30.

② 肖为群，陈红丽. 论企业管理制度创新[J]. 商场现代化，2006(11)：161-162.

出版社企业管理制度大致可以分为图书质量管理制度、印刷管理制度、发行管理制度、人力资源管理制度、财务管理制度等内容，这些涉及出版工作流程和行政保障的内部管理制度是否科学，执行是否到位，决定了出版社运营管理的效率①。由于信息技术和互联网技术改变了知识生产和传播方式，出版企业需要利用技术重新调整出版资源配置来适应这些变化。出版企业管理制度创新源自思维的创新和技术的创新，同时思维和技术的创新需要管理制度的保障，美国出版企业为保持数字出版持续创新除了加强人力和资本投入外，还制定了适于创新的管理制度，如减少预算管理，加大创新基金规模，在实现扁平化组织管理的基础上，建立了快速灵活的决策机制，建立激励员工创新的过程管理制度等②。

出版企业管理制度创新应该坚持人本主义，一方面这是现代出版管理制度建设的主流思想，另一方面作为智力密集型的出版企业需要充分发挥每一个员工的智慧，因此在众多的管理制度中尤其需要重视旨在激发员工创造力和创新力的出版激励制度创新。除了融合发展本身对出版业的需求外，人力资源制度管理也是目前传统出版单位相对薄弱的管理环节，更需要引起充分的重视。

3.4 技术融合对出版融合发展的影响

促进融合发展的因素是多方面的，而其中技术的因素是最为显著的，它可以促进其他相关因素对出版范式转型的正负效应，技术的发展改变了大众对知识消费的方式，扩展或者模糊了产业边界，技术影响社会和改变商业的趋势越来越明显。全媒体是传统出版业实现产业发展的必由途径，技术融合是全媒体出版产业发展的技术保障，资本整合发挥纽带作用，媒介融合则建构全媒

102

① 兰月. 出版社内部管理制度研究[D]. 北京印刷学院，2006.

② 魏凯. 思维模式+企业文化+管理制度：美国数字出版持续创新的关键[N]. 新华书目报，2016-07-18：11.

体出版的传播平台①。因此本书所提到的出版融合发展的四个内容——技术融合、内容融合发展、营销创新和出版机制创新中，技术融合如同人体中的血液，其本身没有显性的作用，但时刻为人体提供机能营养。而内容融合、营销创新和机制创新三者之间的关系，在本质上并没有与传统出版的编辑、营销和经营管理之间的关系和相互影响存在很大的区别。

3.4.1　技术融合对内容融合的影响

知识具有内隐性、复杂性、专用性和系统性等特性，西蒙尼把这些特性通称为知识的模糊性，② 这些模糊性是个人保持知识优势的资本，但对于知识的共享传播显然是不利的。于是出现了教育和出版等活动，这些活动将隐性知识通过不同的方式，如讲话、写作等，转化为显性知识，让其他人学习和掌握知识。而技术在教育、出版等活动中的应用，则提升了知识显性的广度和深度，极大地推进了知识的生产，也推动了人类文明的进步。

技术融合推动知识显性化和系统化。知识显性化和系统化可以分为知识本身的创造和知识形态的多样化。Nonaka 和 Konon 认为具有难以形式化，而且不易分享的主观经验等特点的隐性知识，需要通过人际互动等社会化分享实现显性化，才可以被积累和被传承；显性知识由于其文字化、符号化、数字化和编码化等特征，则需要借助具体技术和程序来完成交流和分享。③ 人类文明的发展史就是技术推动知识的显性化和系统化的历史。文字的发明使真正意义的知识得以诞生，中国古代的竹简和西方的羊皮不仅提供了知识

---

①　李法宝. 论全媒体出版产业发展策略［J］. 编辑之友，2010(3)：41-44.

②　Simonin B L. Transfer of marketing know-how in international strategic alliances：An empirical investigation of the role and antecedents of knowledge ambiguity［J］. International Business Studies，1999(30)：463-490.

③　Nonaka I. The knowledge-creating company［J］. Harvard Business Review，1991，69(6)：96-104.

的载体，也丰富了知识本身的内涵，造纸术与印刷术的发明和普及使得人类知识生产质量和规模迅猛发展，知识通过书本等媒介更加显性化，也为大众教育提供了知识的基础。

工业革命以来，科学技术的飞速发展推动了知识生产的规模化发展，也推动了人类文明的发展。有专家指出，人类社会在第二次世界大战后的 15 年进入了信息爆炸时代，1750—1900 年的 150 年间，人类生活的知识总量增加了一倍，1900—1950 年的 50 年间，又增加了一倍，但是 1950—1960 年，仅 10 年的时间，知识总量又增加了一倍。进入 20 世纪 80 年代，知识总量翻倍的时间间隔为3~5 年，更有学者预言，到 2020 年每 73 天知识总量就可以翻番。19 世纪开始每一个重大发明都会导致一个新的工业的出现，从1856 年西门子发明发电机到 1911 年发明现代电子管，再到 1946年发明计算机，1968 年出现互联网的雏形因特网，这些重要的发明极大影响着知识的收集整理、加工组织、传递与利用①。

在以书面文字为知识主要表达形式的文字印刷时代，人类通过静态的文字符号、图形符号等对客观事物进行单维的表现、表达和描述。计算机技术尤其是互联网技术的发展，文本的电子化使得书写由此变得像言说一样直接而自如，并极大地简化了对文本的增删、修改，图片、声音和图像等多媒体文件更便捷地组合在一起，文字处理软件的出现，极大地增强了书写者的符号加工能力和文字驾驭能力，带来了写作环境、写作观念、写作习惯和写作方式等一系列变化。语言加工处理的工具所带来的一系列革命性变革，极大地提高了知识生产的"劳动生产率"。② 利用媒介技术实现了内容载体和应用的多元化开发，利用通信技术实现了内容的大范围传播，提供了便捷的知识学习服务，利用互联网技术，实现了内容商业模式的多元化开发。

---

① 知识管理的产生与发展［EB/OL］. http：//www. docin. com/p-17288 21250. html.

② 赵涛. 论网络时代知识生产方式的变迁和演替［J］. 自然辩证研究，2014(12)：62-68.

每一次技术变革就是一个不断扩展出版产业边界的过程。就技术边界而言，在数字技术和信息技术推动下传统出版业数字化转型，知识的表现形式不再只有呈现在纸张上的文字图像符号，而是数字化表示的文字、图像、音视频等多种形式，在生产上打破了印刷形式封装知识的单一手段，提供了多元化的封装方式和工艺；就业务边界而言，不同于传统出版的投入产出流程，技术融合下的数字化出版体现了价值开发的多元化，产业中的价值链也从生产内容价值导向转向内容和用户兼重的导向。而在媒介融合的背景下，出版效率的定义至少可以从两个角度来重新被考虑：从工作效率视角出发，按照有效标准完成一项出版任务消耗的资源总量（人力、物力、财力和时间等因素）核算，消耗资源越少，效率越高；重点在于创造价值视角不再仅仅是出版物所产生的经济收益，而是从物化的单一形态的出版物考量转变为对内容资源多元化价值开发可以实现综合价值的多少的考量，实现的综合价值越大，效率就越高。在信息技术、通信技术等推进下的出版融合技术发展提升了工作效率和价值。

3.4.2　技术融合对出版营销创新的影响

知识被生产后如果不进行传播等于无效的生产，失去了知识应有的本质意义。纵观历史，我们会发现，科学技术总是在创造知识的同时让知识传播也更为便捷快速，如造纸术的发明不仅使得知识生产更加便利，而且使知识的存储和传递更加安全和便捷。知识的传播可以分为知识的保存和传送。因为只有足够稳定的保存状态可以实现长距离和长时间的传送。

在有文明记录以前，人类的知识往往是个人的对自然与社会的体会和经验，绝大部分是隐性知识，文字的诞生使得隐性知识逐渐变得显性，而文字符号的载体就是知识显性的物理表现。以人类知识生产与传播最重要的环节和方式——出版为例，复制技术和介质技术促进了知识的规模化储存和传播，造纸术的发明与手工印刷技术的推广应用，直接导致第一次知识生产和传播浪潮。工业革命以来，机械化造纸和印刷技术以及编辑专业技术以势不可挡的力量推动了以手工操作为技术特征的古代出版进入了以机械制造为技术特征的近现代出版阶段：出版者、印刷商和书商互相独立，并各自逐步走向正规化、专业化，在知识生产和传播的社会分工更加明晰，各环节各产业组织各司其职，以机器大生产为标志的真正意义上的出版业使得知识传播广度和速度取得了空前的进步，以计算机技术为标志的现代科技发展使知识的生产更加自由，给出版产业链带来了全面的影响，编辑技术、复制技术、介质技术、发行技术等出现了数字化、网络化、自动化和一体化等特征。① 以 4G/5G 为代表的移动通信技术，使得网络时代的知识生产和传播几乎是同步的，突破了时空限制。

除了知识传播的广度和速度以外，知识传播的机制也发生了变化。知识数字化生产时代之前，知识的传播是单向，知识往往由少数社会权威和精英创作生产，以图书为主的载体形态，通过特定的机构传播给大众，大众被动接受各种知识。当然学校教育也是知识传播的最重要方式之一，知识传播的方式则一直是双向的，无论是古希腊文明还是中华文明，亚里士多德和孔子等智者，除了向弟子传授知识和思想外，也会与学生一起交流看法、讨论问题等。学校教育中知识交流的前提是师生需要在同一可见可闻的空间，如果离开这样的空间，知识传播就只能通过书籍这种形式进行单向传播。即使到了近代的光电时代，尽管师生可以通过电视广播的光电媒介进行知识传授，不一定在同一个空间，但传播仍然是单向。只有到了数字时代，加上互联网技术的发展，知识传播才真正突破了传播的时间和空间限制，可以随时随地搜寻和获取知识，更为重要的是知识的传播呈现双向甚至是多向，知识生产者和知识消费者的边界逐渐模糊，互联网知识平台的构建使得知识传播中生产和消费同步，知识生产者和消费者在同一平台即时交流，创造新的知识体系。

---

① 孙海芳. 出版变迁与技术变革互动发展规律初探[J]. 出版发行研究，2011(3)：16-21.

就市场边界而言，数字出版跳出了传统出版市场的价值转移流程，即从出版社到书店再到读者的过程，而是内容加工编辑后根据用户需求和消费方式实现不同形式的封装，传播到用户那里，每一种产品实现不同的附加值。技术融合和创新改变了传统营销范畴：数字化产品的设计和封装不再是有形的工业产品，依据成本和竞争的定价策略无法真实地体现数字化产品的价值，渠道结构和管理制度不再适应快速和个性化服务的需要，高成本和粗放式的促销策略也越来越失去作用，技术在改变的同时也在创造新的营销理念和模式，数字化营销、网络营销、人工智能营销等基于技术融合的营销策略正在将数字化产品和服务向更好更快地满足用户需求的方向推进。

3.4.3 技术融合对出版机制创新的影响

企业经营管理(operation and management of business)是指对企业整个生产经营活动进行决策、计划、组织、控制、协调，以实现其任务和目标的一系列工作的总称①。我国传统出版企业由于受到管理体制的影响，以现代企业管理为标准的管理能力普遍不强，主要体现在以下方面：由于体制内职责不清，战略决策能力不强；企业组织架构多采取分层式职能型组织框架，组织执行力不强；部门之间信息沟通和知识转移不畅通；由于缺乏组织管理机制和激励机制，整体工作效率普遍不高。解决管理机制的问题需要从思维和技术两个层面进行改进，而且思维和技术是相互影响的，思维会影响技术的创新和突破，而技术的发展往往会带来思维的飞跃。

出版机制主要由组织、流程和制度三个方面组成，其中流程是机制的核心，技术对流程的影响最为直接，相较于组织和制度建设，出版流程中的编辑和印制封装涉及较多的技术。基于技术的业务流程再造则影响了组织形式，组织和流程的变革最终需要管理制度来保障。

107

---

① https：//baike.baidu.com/item/经营管理/6088712[EB/OL].

从 20 世纪 90 年代开始，出版企业开始接受信息化管理思维，从书稿、单证和数据的数字化存储开始，逐渐到 21 世纪初大型出版社和技术敏感型出版社开始实施 ERP 管理，大大提升了传统出版企业内部管理能力和效率。近几年来，技术应用范围和力度逐渐加大，从选题开发到营销业务环节，从销售开单到用户大数据分析，出版企业经营能力得到了提高，具体体现在内部管理流程的创新和用户营销服务流程变革。

在内部管理上，出版企业利用信息技术构建了 ERP 管理系统、CMS 内容资源管理系统、OA 系统、协同编辑系统等内部管理系统平台，实现资源共享，加快信息传递，构建提升工作效率的学习型组织。业务流程的变化如由于纸数融合的要求，原来的部门分工，利用产品的同步编辑和生产，于是很多出版企业采取了项目制进行运作，组织形态由固定的部门结构变成以项目为引导的灵活组织形态，由此推动了按照产品和用户需求进行分类的事业部制和分社制的改革。

在对外用户营销服务流程上，通过与网络书店和社交媒体合作，利用大数据技术，挖掘读者消费习惯，实现精准营销；利用互联网技术工具，建立微博、微信公众号、订阅号，建立自主出版平台，建立与出版特色相关的社群营销，实现作者和用户的互动，这些经营管理方式的变革都推动了出版效率的提升。

3.5　大学出版社融合发展的特点

在上文大学出版研究的文献综述中已经阐述了我国大学出版社的性质、管理特点以及其主要的出版类型。由此可知我国大学出版社是由教育部主管，所在大学主办的出版机构，转企改制后成为母体大学独资的独立法人单位，而实际上，人事权和财权仍归所在大学出版社管理，在很多事务的管理上仍被看作大学的二级部门。其出版类型主要以教育出版和学术出版为代表的专业出版，其专业内容与其母体大学的专业学科发展水平有密切的联系。因为与母体大学的这种极为密切的关系，大学出版社在获取重要作者资源上具有先天的优势，我国每年出版的出版物尤其是教育出版物的作者很大一部分来自高等院校工作的教师和学者，他们不仅是知识内容的创造者，也是知识应用创新的社会主要力量。高等教育信息化教学是当前各类学校非常重视的教学形式，由此积累的教学科研内容资源为大学出版社融合发展提供了内容储备。大学出版社融合发展离不开母体大学的学科特点和发展，因此大学出版社应该充分利用母体大学的知识生产和创新中心的优势，设计融合发展战略和策略。

抛开特有的产权管理特点，我国大学出版社一直以来都有在职能定位、经营管理等诸多方面参考借鉴国外知名大学出版社经营的传统，面对全球数字经济浪潮对出版产业的冲击，国外大学出版社也开展了不同方面的数字化转型工作，成为我国大学出版社探索数字出版为核心的融合发展实践的案例。

3.5.1 国外大学出版社数字化转型升级实践

在研究综述中提到，国外大学出版社分为以牛津大学出版社、剑桥大学出版社等为代表的商业性大学出版社和以美国、日本等大学出版社为代表的学术性大学出版社，我国大学出版社的定位是商业性和学术性并重，坚持社会效益和经济效益兼顾，所以长期以来都以商业性大学出版社为学习榜样。同时需要指出的是，商业性大学出版社并不是不重视学术性，而是在商业模式上的侧重点不同。本书选取剑桥大学出版社和牛津大学出版社数字出版发展的案例进行分析。

在数字出版内容和形式上，牛津大学出版社自 2000 年推出第一个在线数字产品——牛津英语词典在线后，在数字出版领域大步向前，2003 年"牛津学术在线"（Oxford Scholarship Online）上线，2006 年推出"数字期刊回溯文档库"，2010 年推出"牛津书目在线"，2011 年建立"大学学术出版在线"，2012 年已经出版了 40 多个在线产品，2013 年推出全新数字化自适应评测体系。目前数字出版覆盖学术与专业出版、教育出版、语言教学出版、词典出版等

109

牛津大学出版社优势出版板块。学术和专业出版数字化形式是电子书和数据库，并通过自营的网络书店进行销售；教育出版数字化则通过在线资源中心（Online Resource Centers）为大学师生提供免费教学资源平台，配合教材课本使用；而英语语言教育数字化的突破口则是用牛津英语测试推动牛津教材教辅的推广。牛津词典和专业工具书通过在线方式为读者提供检索服务。剑桥大学出版社被英国《金融时报》称为"数字出版的先驱之一"，1999 年出版第一本按需印刷的书籍和电子书后，开始数字出版创新之路，通过利用技术和与出版技术公司合作等形式挖掘内容资源，扩展出版形态。在专业学术图书数字化上主要以数据库出版和电子书形式，利用各种在线学习资源，如词典、语言学习资源等促进语言教学出版数字化，教育出版的数字化产品则有在线学习软件、互动学习产品等。两家大学出版社的数字出版产品集中在学术出版、教育出版和语言出版，这与大学出版社先天的内容优势和积累的资源优势有很大的关系，足够多的内容资源和稳定收入是数字出版的基础。

在数字出版营销服务上，两家出版社都采用了数字产品免费试用服务，在线提交申请就能在一定时间内免费使用，牛津大学出版社的 56 种学术数字产品和剑桥大学的每一种数字产品都可以免费使用。增值服务也是重要的创新手段，如下载目录，提供在线产品使用技术支持，针对用户需求特征推送专业文献信息等。出版信息服务则是加强与读者互动营销的重要方式，及时推送出版和学科发展最新信息，开通社交媒体平台，了解读者出版需求和产品反馈，免费内容服务和检索服务是增加出版社在线平台客户流量和客户黏度的重要营销服务。在销售服务上，两家大学出版社都建立了自己的学术图书销售网站，提供网上试读功能，而电子书的销售则交给第三方电子书店销售，数据库订阅模式也是两家出版社稳定的学术出版收入来源，一般由机构或者个人按照订阅期限进行付费订阅，学术期刊的电子销售也采用了类似的方式，移动产品销售则通过苹果商城等应用商店下载 APP 应用，价格 50~200 元不等。围绕着学术出版和教育出版两家出版社制定了以用户需求和消费方式为依据的营销服务模式，一方面促进产品销售，另一方面了解客户需求，提供增值服务。

在数字出版机制上，两家大学出版社具有对技术敏锐的嗅觉，较早地介入数字出版实践，并确定了可持续的数字出版发展规划。如同传统出版一样，优质权威的内容资源是数字出版的保证，他们背靠两所高等教育质量全球领先的大学：牛津大学和剑桥大学，同是长期以来形成的出版品质，使得他们可以获得高质量的作者和内容。除了这个优势外，他们还制定了严格的出版评审制度和规范的出版流程来保证品质。在开发数字产品时坚持根据不同资源特点、不同受众需求，开发形态多元的数字产品。除了自身加强技术利用，开发多元化产品种类，以及开展出版营销服务，两家出版社还与其他专业出版社和组织合作，拓展数字出版资源。例如牛津大学出版社的"大学学术出版在线"有17家世界知名的大学出版社加盟，剑桥大学出版社的"大学出版在线"则与9家高水平学术专业出版社合作。适应数字出版的人力资源建设也被两家大学出版社所重视，牛津大学出版社为了数字出版转型，2009年和2013年分别从培生出版集团、企鹅公司、时代出版集团、美国在线等公司挖来谙熟数字出版管理的人才担任要职①。

在数字化转型的实践中，牛津大学出版社尽管提出了数量众多的数字服务，但整体呈现小规模、零散分布、功能重复的特征，且盈利方式有限，同时，出版社内部数据，存在数据源头不统一、数据格式不一致、底层数据不一致等问题，为此从2017年开始，牛津大学出版社加速数字化转型的服务生态系统建设，在生态主体扩展、内在制度重塑、外在情境改善、数据资产转向、数字技术落地、服务生态构建等方向加大力度。他们开展了围绕着"循证与反馈"为主题的作者、读者、基金会的互动活动，搭建了围绕服务的一站式整合平台OED，完善了以"牛津学术"（Oxford Academic）为核心的数字出版平台服务，2021年访问量增长12.1%，兼具数字出版企业角色和数字出版市场角色的双重属性。

111

---

① 王跃. 牛津大学出版社和剑桥大学出版社的数字出版研究［D］. 南京大学，2014.

从牛津大学出版社和剑桥大学出版社数字出版发展来看，坚持大学出版社的办社宗旨，依托母体大学作者和内容资源，坚持学术出版和教育出版为重，重视内容权威性这些传统理念开展数字出版，加上利用技术和管理促进企业数字化转型，才可以在强手如林的欧美出版产业中保持一定的竞争力。而我国大学出版社只有几十年的发展历史，资源和品牌的积累还远远不够，更加要在融合发展战略设计时认真考虑自己的优劣势，才可以制定具体的策略措施。

3.5.2 大学出版社融合发展核心：大学出版与大学教育的融合

没有牛津大学和剑桥大学两所大学在高等教育和科学研究上卓越的成就，就不可能有两所大学出版社如今的地位，我国大学出版社几十年的发展经历也说明了这个道理，因此大学出版社融合发展的首要任务是加快大学出版和大学教育的融合。

大学出版和大学教育具有共同的社会价值，他们都是人类社会知识生产、传播和创新的重要阵地，承担着文明的传承与创新功能，他们传播的内容都是人类文明的结晶，他们服务于学习者和大众的精神生活，诸多的共同点使得两者的融合具有先天的条件，三百多年的欧美大学出版社发展历史印证了欧美大学教育的发展，两者相辅相成。大学出版与大学教育的融合主要体现在以下三方面。

(1) 大学出版和大学教育的功能融合

在欧美国家，大学出版社已成为大学的"第三势力"，同样承担了提升大学教育和科学研究水平的职能。中外教育学者认为现代大学具有三大功能：人才培养、科学研究和社会服务。关于人才培养，大学教育不仅在重视通识博雅教育的基础上注重专业技能培训，同时也越来越注重社会价值的人文素养教育，而这些都是需要教学和科研相长的原则提升教育水平。大学的科学研究功能也随着大学教育理念的变化而变化，如今大学科学研究与社会发展紧密结合，以项目为纽带，通过纵向课题和横向课题的形式互相打通的协作化研究蔚然成风，也出现了科学研究跨学科融合的趋势。同时科学研究的技术手段不断创新，出现了情景化、协同化和共同体等新研究模式。社会服务功能则集中体现在大学教育和科研要为大众社会服务的理念，如开设实用性学科，利用互联网技术将教育普惠于大众，大学的教师学生参与社会实践中①。大学的三大功能恰好对应到了大学出版的三个重点领域：教育出版、学术出版和大众出版。大学人才培养的功能落实到大学出版社的教育出版领域，则需要在内容和形式上进行融合，内容上需要将通识教育和专业教育两种出版资源相融合，教育形式上要将理论知识传授和实践训练操作相统一，同时要在教育出版中注重应用能力的训练，比如利用AR/VR等技术实现实践操练等。大学科学研究功能与学术出版融合，在出版结构上重视学术出版对教育出版的反哺作用。需要特别注意的是，科学研究工具和方式的变化会带来学术出版的形态变化，便于检索和下载的专业数据库成为科研重要的工具，学术出版则要改变纸质书籍的形态，加大学术内容载体和应用工具的开发。而大众出版服务大学教育的社会服务功能，则需要将大学专业出版内容通过内容的重新设计和编辑成为具有普适性的知识体系，并通过更为市场化的方式进行大众文化传播普及。可见大学出版可以通过出版的方式实现教育功能，通过功能的融合，拓宽出版的概念和实践边界，将出版社的职能从出版商提升到出版教育服务商便是这两者融合带来的结果，而这恰恰就是未来大学出版社的产业功能发展趋势。

（2）大学出版与大学教育的资源整合

要完成大学出版和大学教育的功能融合，最主要的是大学出版要充分融合大学教育的资源。对于出版来说，大学资源可以分为学科资源、作者资源、教学资源、关系资源，加强大学出版与这些资

113

① 王军. 大学的功能发展对大学出版的启示［J］. 出版广角，2018（4）：32-35.

源的融合对融合发展有着深远的影响①。大学的优势学科和重点学科就是大学出版社教材出版和学术著作的重点，大学出版社利用出版优势参与大学学科建设发展中去，转化科研成果。大学里的专家学者是大学出版社教育出版和学术出版最重要的作者资源，应通过建立灵活的机制和形式及时了解他们的研究成果。大学出版社要充分利用大学的教学资源，如利用中青年教师围绕着教材开发多模态的数字配套资源，利用学生参与教材试用，大学出版社可以利用优势学科重点师资开展教材宣讲培训和开放课堂等形式的研修活动，一方面可以推广教材，另一方面可以开拓教学培训业务。大学出版社在出版营销工作中充分利用大学的关系资源，例如校友资源拓展市场，扩大出版社品牌和市场影响力。上一节剑桥大学出版社和牛津大学出版社的数字出版发展案例中大量的数字产品都是依托剑桥大学和牛津大学的专家资源，并使用了大学品牌，我国数字出版转型领先的大学出版社也充分地利用了大学资源，数字产品使用大学的名称，与大学重点学科基地合作建立研究中心和培训中心提供出版培训的服务。

(3) 机制创新促进大学出版与大学教育的融合

融合永远不会主动发生，因此需要创建有利于融合的机制保障功能和资源融合。促进大学出版和大学教育的机制可以分为战略机制、合作机制和沟通机制。战略机制需要学校管理层充分认识大学出版社在大学教育和科研中的地位，得到学校领导的理解与支持，有意识地将大学出版社纳入学校重要的教育、科研活动和项目中去，大学出版社就可以充分享受大学教育的成果。合作机制是非常广泛的，如通过建立学科发展基金等方式与各专业院系和科研院所建立良好的合作机制，支持学校优质和重点学科成果，又如出版社通过建立教授工作室、名师工作室、项目组等模式吸引相关学科的优秀作者加入学科教学资源开发，再如与学校各院校合作举办各种

---

① 马朝阳，赵玉山. 大学出版高度融合大学资源发展的思考[J]. 研究与教育，2018(3)：130-133.

学术会议和教研活动，通过学术平台宣传产品和资源。沟通机制则是为了更好地分享教学和科研成果，大学出版社可以通过举办年度专家座谈会等形式向学校专家学者咨询出版社工作，构建旨在服务大学教师的学术阅读服务平台，也可以为重点专家学者配置专门的学术工作助手①。

　　大学出版社融合发展只有紧紧抓住大学出版与大学教育融合的这条主线，在内容融合、出版营销模式创新和机制创新上充分体现这个特点，才可以走出适合我国大学出版社融合发展的成功之路。忽视或者放弃这条主线，与其他出版企业和互联网出版公司去竞争，无异于舍本逐末。

---

　　①　马朝阳，赵玉山. 大学出版高度融合大学资源发展的思考[J]. 研究与教育，2018(3)：130-133.

4 大学出版社内容融合发展研究

出版融合发展理念最直接的体现是内容融合：从生产方式到内容呈现形态再到内容应用。内容融合发展是不同技术环境下新旧出版业态下的内容生产方式、形态和应用的融合，也是在新技术环境下，不同内容生产方式、形态和应用的融合，其融合的向心力是融合发展时代背景下的用户需求，其融合的黏合剂是融合技术的发展和应用。指导意见中指出：顺应互联网传播移动化、社交化、视频化和互动化趋势，综合运用多媒体表现形式，生产满足用户多样化、个性化需求和多终端传播的出版产品；运用大数据、云计算、移动互联网、物联网等技术，加强出版内容、产品、用户数据库建设，提高数据采集、存储、管理、分析和运用能力。

我国各大学出版社自成立以来，定位始终是以从事教育出版和学术出版为主要出版方向的专业出版机构，大学出版社的专业出版往往通过教育出版和学术出版得以体现，所以其传统的产品形式一般为教材、学术专著以及大众化的专业图书。学术专著和大众化的专业图书实际上没有本质的区别，其知识内容大体相仿，因其读者需求不同，在表达方式（如遣词造句、术语应用等）上存在区别，因此本书将以教育出版和学术出版为参照来研究大学出版社内容融合发展。

4.1 大学出版社内容融合发展的特点和内容

上一章提出出版内容融合发展可以分为内容生产融合、内容载体融合和内容应用融合三个方面，这三个方面由传统出版流程的编辑和出版环节，对应则是选题、编辑和封装环节。技术融合条件下的内容生产、形态设计和应用与传统流程有很多共通的操作，取长补短，共同促进高质量内容的生产和传播。

内容融合出版是利用数字技术和通信技术条件将不同特性和形态的知识进行加工整合，并通过一种或多种媒介实现传播的过程。出版工作的终极目的就是知识最大限度地显性化，这里包括两层含义：一个是运用一定的出版机制将作者的隐性知识通过编辑加工印制后的出版物成为显性知识，另一个是利用出版技术和机制让显性知识更有效地表示和传播。因此，有学者指出：在媒介融合背景下，内容应该表现为"狭义知识+产品形态+渠道占有"为一体的广义内容①。内容本身已将渠道、形式、服务、体验囊括其中，实现了自身的融合②。媒介融合下的内容融合出版是将知识加工成有利于在作者、出版者、读者三者之间进行高效转移的结构和形态。

4.1.1 大学出版社内容融合发展的特点

与其他类型出版社相比，大学出版社开展融合发展战略的优势在于与母体大学教育的关系。融合发展要求下的内容创新也得益于大学所拥有的学术教育和作者资源，大学出版社内容融合发展的特

117

---

① 杨继红. 内容和渠道：谁也不是王者[J]. 中国数字电视，2007(11)：23-26.

② 高贵武，刘娟. 内容依旧为王：融合背景下的媒体发展之道[J]. 电视研究，2015(4)：27-30.

点就是大学出版社在内容资源和与大学教育的创作关系上具有优势。

(1) 大学所拥有的高质量内容资源是内容融合发展的最大优势

大学出版社依托母体大学所拥有的知识宝库开展出版工作本是题中应有之义。截至 2015 年全国共有大学出版社 110 家，其中教育部所属高校主办出版社 62 家，地方院校主办 34 家，部委主管院校和军队院校主办 23 家，这些院校大部分属于"985"和"211"高校，具有非常强的学科实力和特色学科优势。尽管无法找到具体的数据，但从每年国家和地方的自然科学和社会科学成果来看，这些高校所积累的知识资源以及创造的内容资源占有较大的优势。按照成立大学出版社的宗旨以及与大学的天然关系，大学出版社应该具备拥有这些内容资源的优先使用优势。但事实上，这些内容资源因为不同的原因以不同的方式流失到其他出版社。当然这种资源的配置是由市场去调控的，但某些大学出版社偏离母体大学的专业特色而跟随市场的经营理念导致了主营出版板块不明确、业务徘徊不前的被动局面。融合发展战略将带给大学出版社重新认识自身定位的契机，也给大学出版社带来新的机遇：坚持大学出版社的办社初衷，依托母体大学内容资源的规模和特色优势，加强大学教学和科研内容资源的出版成果转换。

转化内容资源的前提是识别和获取优质内容资源，大学中的内容资源可以分为存量内容资源和创新内容资源，对于文史哲等社会科学来说，由于其学科知识特性，存量的内容资源仍然具有一定的出版价值，因此需要大学出版社从独到的视角发现和赋予存量内容资源新的价值，赋能的方式是多样的，可以通过创意，也可以通过技术，但所有的前提是用户的需求。而创新内容资源则更是大学出版社需要关注的，对于大众而言，新的知识总是具有更加强大的吸引力。而大学出版社如何第一时间识别和获得这种创新的内容资源则是考验大学出版社对学科创新的敏感性和专业资讯网络，这不仅需要相关编辑对学科发展动向的了解，更需要大学出版社建立起一整套与大学学科创新发展协同系统，这样才可以及时地掌握学科发展，出版最新高质量的出版物。

（2）大学所拥有的高质量作者资源是内容融合发展的关键

从知识管理理论看，知识可以分为隐性知识和显性知识，隐性知识是存在于个人头脑中没有表达出来的知识，从隐性知识到显性知识的转化途径是多元的，可以是口述，也可以用文字。而要实现这一转化首先需要个体具有表达分享的意愿和能力。出版作为知识形态转化的一种重要形式，就是承担了发现和激发有隐性知识的个体的表达意愿的职责，并且从专业的角度帮助他们实现知识的转化。这就是出版工作中最为重要的发现和培育作者的工作。

正如上文提到高校教师是我国出版业最重要的作者来源地，他们具备了知识转化的所有可能性：拥有系统先进的知识、良好的写作能力、对知识创新具有天然的能动性等等。这些高质量的内容资源拥有者活跃在大学出版社所处的校园里，其他出版社或许有远道而来登门拜访的专家学者，大学出版社的社长总编辑则可以在学校组织的日常工作会议相见交流，就这一点来说，大学出版社具有接触和了解高校教师以及与之建立密切关系的先天优势。

能否接触和了解乃至建立密切关系不是靠会议茶歇时攀谈的次数决定的，从出版职业的角度来看，要达到这一点需要基于同一个目标——让更多的人获得有质量的知识——进行合作，大学出版社的编辑们需要从用户的角度给高校教师和专家学者知识生产的创意，告知他们该如何让知识更大范围和更有效的传播，协助教师将隐藏在头脑中分散的隐性知识进行有序的开发和整理，形成系统的知识体系，以出版物的形态传播给学生和社会大众。出版社应帮助高校教师建立自己的学术研究方向，通过出版以及出版后的反馈，推动其不断进行专业学习和学术发展。因此大学出版社不能因为自身与所在大学教师天然的距离感而对他们采取冷淡的处理办法，甚至抱怨"反正你们出版教材和专著，一定会来找我的"这种想法，而应该积极地参与到教师教学和学术职业发展中去，从中去发现和培育作者，这才是大学出版社将人才高地优势转化为出版高地的途径。

119

4.1.2 大学出版社内容生产方式融合

构建有利于知识转移的内容应该以用户需求为导向，尤其是在互联网时代，海量知识存在于我们的生活中，判断知识质量的标准不在于多，而在于精准和及时，而基于用户需求的知识生产方式成为未来以算法为核心的生产模式大行其道的底层逻辑，大数据技术和计算机通信技术满足了精准和及时两个标准。知识个性化解决方案和定制模式成为未来知识服务的商业模式，围绕着个性化需求，作者和出版机构应该把知识模块化，再按照用户需求，进行模块化组合，形成系统的知识体系。

内容生产融合是传统内容生产方式和新兴生产方式的融合。互联网环境下内容生产的四种方式为：专业生产内容模式、用户生产内容模式、专业生产+用户参与的互补互生模式、算法（大数据）生产内容模式。专业生产内容模式为传统的专业人员创作内容，即作者一般为掌握了相当完备的专业知识和写作技能的专业人士，这是目前最广泛存在的传统生产内容模式。用户生产模式则是指基于互联网平台的用户共享自己知识的生产方式，不同于百科式的内容结构，如百科词典和百科知识分享。算法生产内容模式则是人工智能技术下的机器生产知识模式。这三种内容生产方式都不是融合生产，唯有专业生产+用户参与的内容生产方式才是内容生产融合的本意。

专业生产+用户参与的模式重点在于专业"生产"和用户"参与"，这种内容生产模式的主导者仍然是专业人士，而用户更多地参与其中。而参与多少，怎么参与则需要根据不同的产品类型和内容生产环境来确定。还有一点需要强调的是，实现这种模式的前提是需要将专业人士和用户聚集在一起的平台，可以是即时共线的平台，也可以是分时离线但可以互动的平台。这样的"生产"和"参与"才会有实际的效果。本书按照大学出版社的教育出版和学术出版两个部分分别来阐明内容生产融合的主体参与方式和生产模式。

(1)教育出版物内容生产融合模式

目前教育出版的内容生产主要是通过教材的形式得以展现的，而教材是开展教学的基本资源，教材的概念有广义和狭义之分，狭义的教材就是以纸质书籍呈现的反映学科内容的教学素材，也可以称之为纸质教材；而广义的教材是指教学素材或者是教学材料，除了纸质教材以外，一切反映学科内容并教学的知识素材集合都可以称之为教材。而在融合发展背景下，本文把广义的教材定义为教育出版物更能够确切地表达现实状况。

传统出版环境下的教育出版物内容创作一般由学科权威专家（一般来说是一个团队）根据教育主管部门确定的教学大纲进行编写，出版社参与编写过程，提供编写研讨、内容组织编排建议、用户反馈和市场情况，供内容编写者更好地创作适合教师和学生的材料。内容的创作是作者和出版社根据教材调研、先前的经验等信息和知识来选材，编写练习及教师参考书等，属于内容生产模式中专业生产内容模式。这种模式主要依靠教材编写者和出版社对学科内容、学科教学特点、学生学习需求等因素进行综合评估，将自身对学科的隐性知识通过编写、编辑后以出版物的形式进行显性化，便于教师学习和学生教学。教育出版物的成功与否在很大程度上由编写者决定，编写者对学科和学习需求的综合把控能力通过学生使用出版物是否有效传授知识，提升学科成绩和素质得以体现。

在教学内容评价研究中存在着教材评价者与教材使用者分离的情况①。近年来，教育界学者在教材评价研究文献中越来越重视教材评价的两个趋势：教材评价的全覆盖和注重对教材使用过程的评价。国外教材评价中不仅考虑教材内容本身，还注重功能和使用效果，从心理有效性、教学有效性、过程和内容有效性等维度评价教材②。研

---

① 王晓丽. 国外教材评价：基本特征、发展趋势及启示[J]. 课程·教材·教法，2016(9)：107-113.

② Rudby, R. Selection of Materials [A]. Timlinson, B. Developing Meterials for Language Teaching[C]. London：Continuum, 2003：37-57.

究者从注重教材文本分析到关注使用过程，对教学内容的主要使用者——教师学生在使用素材过程中对教材的认知、情感、态度等方面进行测量，判断教材使用质量①。这些教材评价变化的共同点就是对用户使用体验和过程进行评价，这恰恰与内容生产融合模式（PGC+UGC）的理念相符。

专业生产+用户参与的模式正是强调专业人士编写创作的同时，用户也参与编写过程，使得内容创作既能保证权威和专业性，又能更加符合学习的信度和效度。Timlinson 强调要从过程评价中将教材评价分为使用前评价、使用中评价和使用后评价②。在教学内容的创作前，作者和出版社要与教师和学生通过咨询会、研讨会、调查问卷等形式进行充分的互动，沟通内容创作理念和计划，听取教师和学生的意见；创作出版使用中，作者和出版社要充分重视教学实际效果，关注教师和学生使用教材的体验，提供必要的帮助；内容使用完成后则需要全面了解使用者对教材设计理念的领会、对内容质量的评价、对内容信度和效度的评判，为内容的持续完善提供依据。传统出版的内容生产也会关注这些情况，但由于技术条件的限制无法便利并有效地实现全过程的评价和跟踪。

融合技术正在实现这种专业生产+用户参与的教材内容生产模式，其主要的实现途径是利用互联网技术构建作者、出版者、教师、学生互动的教学资源分享平台，通过平台，出版社可以联合作者将开发教材的全过程呈献给教师和学生，教师和学生可以通过阅读内容和体验示范课的形式了解教材编写理念和内容特色，并提出相关意见供作者出版社参考。在教学资源内容使用过程中，教师和学生参与教学资源的设计编写，如教学案例设计、教学资源整合等，使用完课程内容后，提交使用评价，提出修订建议，在这个过程中，教师和学生不仅在使用内容，同时在创造新的内容，为内容

①　王晓丽. 国外教材评价：基本特征、发展趋势及启示[J]. 课程·教材·教法，2016(9)：107-113.

②　Timlinson, B. Developing Meterials for Language Teaching[M]. London：Continuum，2003：15-36.

本身不断地扩展内涵，创造新的价值。与以往不同的是，由于融合技术的介入，这种用户参与更加高效。

（2）学术出版内容融合发展

学术出版由于其内容知识的专业性和复杂性，传统出版环境下会采用专业生产内容的方式，完全是作者和出版社的事情，有时候甚至出版社也无法单独对学术著作的质量做出判断，常常依靠专业的专家委员会或者担任外审的学科权威进行判断，然后编辑加工后出版通过书店销售给读者。作者或者出版社一般认为专业的学习者或者某一专业的读者是无法参与其中的。

而事实上，随着互联网时代知识生产和传播方式的变化，专业领域的学习者具备了一定的专业知识，通过互联网信息的知识共享更加广泛和及时，对于专业领域的知识评价不再是专业人士的独享，或许大量的专业读者无法系统地构建专业学术体系，创作出高质量的学术图书，但仍然有很多专业读者可以为学术的创作提供建议和评价。同时由于尚未达到一定学术水平的专业读者的参与，使得学术出版的多元化具备了可能性，学术本身存在深浅之分，而事实上学术图书和教材、大众读物很难有明确的界限，很多畅销不衰的大众读物往往是某一学术权威的博士论文或漫谈随笔，这就给学术图书的多元化开发提供了需求依据，而专业读者的参与可以让作者和出版社生产不同层次的内容。

与教材内容生产的模式一样，实现这种专业读者的参与仍然可以借助建立在互联网技术上的学术出版平台或者学术社群。专业读者的参与不仅可以提升学术出版的质量，还可以拓宽学术出版的路径，为学术出版的社会效益和经济效益提供双重帮助。更重要的是，通过学术出版的参与，还可以发现好的作者。基于学术出版平台的作者和读者的分享和共享，对完善和提升专业学术是有帮助的，维基百科的内容生产模式为学术出版提供了很好的借鉴意义。

4.1.3 大学出版社内容载体融合

内容载体即媒介形态，内容和形态是两个不可分割的整体，

123

媒介赋予内容多元化的外在显示形式，而内容本身的多维度可表达性则为形态的多元化创造了先天的条件。而内容载体多元化的前提是媒介技术的发展，人类从口语媒介时代开始，历经纸质印刷时代、光电媒介时代、数字化媒介时代的媒介发展历史，也历经的是知识表现形式发展史。麦克·卢汉强调媒介即讯息，媒介的发展不仅给知识本身提供了不断延伸的条件，也为用户更便捷地接受知识提供了技术保障。同一内容的传统形态和新型形态相互融合，共生互补，为出版业内涵提升和外延扩展提供了许多想象的空间。

(1) 教育出版物的内容载体融合

毫无疑问，在所有出版领域中，教育出版物是最能反映形态融合的出版领域之一。教育出版中的内容载体融合有着悠久的历史，从 20 世纪六七十年代，磁介质媒介产品磁带和录像带在教育领域得到了广泛的应用，尤其在语言教育上，与纸质教材融合推动了语音和听力教学，到了八九十年代，容量更大、储存更安全、携带更方便的 CD-ROM 技术与传统的纸质图书融合，提升了内容的表现力，更容易让知识实现高效地传授。

我国大学出版社经过过去十余年的数字化转型探索，基本掌握了出版物内容的数字化改造技术，并建立了新出版物的数字化出版流程，这为内容载体的多元化开发和融合提供了素材形态基础。同时随着媒介技术的发展，教育出版物的内容载体创新层出不穷。数字化管理的内容素材摆脱传统纸质的束缚，依靠媒介技术实现灵活复现和重组的目标，在资源继承的基础上发挥资源最大的作用，根据市场需求，深入用户使用场景，寻找用户需求痛点，剖析各种内容载体优势劣势，创新出版内容载体①。目前已经比较成熟的教育出版内容载体有音视频、动漫游戏、微课慕课、电子书、MPR 出版物等，AR/VR 在教育出版领域的应用研究探索也正在稳步推进，

---

①　雷鸣，裴琳琳. 大学出版社数字出版的现实困境与路径选择[J]. 出版广角，2016(3)上：26-28.

人工智能技术也给内容载体带来了新的发展机遇。

内容载体融合不仅有助于知识本身的转移，更加有利于知识转移的目的实现，最终获得知识的创新。在互联网时代，知识本身不再是稀缺的资源，稀缺的是整合知识及时满足用户需求的服务，也就是如何高效地构建知识和将其传递给用户。内容载体融合发展中，提倡全媒体、跨媒介运营思维，内容生产商需要在研发内容时充分关注各种新兴媒体传播的要求，才能有效地向读者提供优质内容；在实施知识传播过程中，利用不同媒体的特性，如移动化、数据化、智能化的特点，满足受众各方面的价值需求。

内容载体的开发和设计是内容融合中最重要的环节，成功的关键在于内容特性和质量的把关、用户需求的了解和融合技术的把控。不同特性的内容决定了采用何种内容载体，如低龄教育出版物的内容载体可以通过动漫游戏形态增加趣味性和体验感，从而吸引小朋友们阅读学习；用户消费和需求特征也影响着内容载体的采用，如非全日制学习者的学习时间不固定，因此利用学习平台和在线教育平台的微课或者慕课更适合他们学习安排；又如实践操作要求比较高的教学素材需要通过现场演示进行示范讲解，如果通过MPR出版技术，可以先观看一段短视频，无疑会提升学习效果。而对于出版社来说，对融合技术的了解和掌握则是实现想法的关键，或许技术的制作不需要出版社自己解决，可以通过委托合作等方式联合出版技术商完成，但出版社必须对每一项融合技术的概念、内容和应用功能了然于胸。

（2）学术出版物内容载体融合

由于学术出版物的内容特性和用户消费特性，学术出版物内容载体的评价标准是高质量的学术内容和便于检索和引用的应用。基于这个标准，学术出版物内容载体开发时，首先要保证内容质量，高质量不仅仅是学术水平的，也需要保证学术内容语言的质量。学术出版物一般是读者用来进行专业学术研究的资料，因此便于检索和引用是形态开发的关键。为了实现检索和引用的方便，出版社要对学术出版物内容资源进行碎片化标引、语义关联、深度挖掘和统

125

计分析，让学术内容呈现出多元化、立体化和个性化特征①。

　　目前学术出版物内容融合形态的典型代表就是数据库出版。开发具有智能检索、数据比对、内容关联阅读等功能的平台，供用户进行专业数据库查询和文献检索。建设数据库不是最终目的，出版社要对数据库进行二次加工，旧的专业数据库的知识单元往往是孤立的，知识之间的关联性不强，二次加工后的数据库需要重新按照领域来构建知识之间的联系。

4.1.4　大学出版社内容应用融合

　　内容的价值在于应用。应用是内容生产和形态设计的终点和起点，即以用户为中心的"源于应用、终于应用"的原则。应用融合是指用户通过不同的媒介或者平台的组合学习基于不同内容特征加工成不同形态的内容，内容应用融合可以分为内容应用工具融合、内容应用方式融合和内容应用场景融合。

　　基于计算机技术、媒介技术和通信技术的跨媒体的媒介生态环境，内容应用融合很好地满足了知识的传播和应用。Albino 认为知识转移媒介包括编码和渠道两因素，两者结合得越好越可以减少转移的不确定性，从而实现高质量的知识转移②。Hendriks 指出：计算机技术通过降低知识主体间的时空障碍而促进知识转移③。技术融合是内容应用融合的保障和推动力。

　　①　徐东. 传统出版社知识服务转型发展的实践与展望[J]. 出版广角，2017(7)下：20-22.

　　②　Vito Albino, Claudio Garavelli A, Giovanni Schiuma. Knowledge Transfer and Inter-firm Relationships in Industrials Districts：The Role of the Leader Firm [J]. Technovation, 1999(19)：53-63.

　　③　Hendriks P. Why Share Knowledge? The Influence of ICT on the Motivation for Knowledge Sharing[J]. Knowledge and Process Management, 1999, 6(2)：91-100.

(1)教材出版物内容应用融合

教育出版物是目前出版应用融合中最能表现其特点的板块。正如上文所述，出版应用融合表现为应用工具融合、应用方式融合和应用场景融合。其实这三者是相互影响的，不同的应用工具决定不同的应用方式和应用场景。

目前主流的内容应用工具包括纸质教材、电子书、有声书、互联网学习平台、APP移动应用、数据库平台等。目前纸质教材仍然发挥着最重要的工具作用，但用户对其依赖程度大幅度下降。而围绕着纸质教材内容载体的融合应用工具开发成为目前最接近盈利的出版模式。同一内容被不同的应用工具以不同的方式和通过不同的渠道传播，内容价值也因此扩大。

应用方式可以分成不同的概念，按照知识的接受方式分，可以分为听、说、读、写、看等方式，如对"听"的应用方式来说，有声书和APP移动应用最适合，对"看"的效果来说，在线教育可能最适合；课堂教学和学生学习方式各有差异，不同应用方式也有着不同的效果，纸质教材和电子书适合课堂教学，在线教育和移动应用则适合自学方式；不同的应用方式还需要和场景结合起来。

应用场景的区别带来应用工具和方式的不同，一个典型的场景差异就是课堂内外的不同，课堂内教学一般会采用纸质或者电子书教学工具，侧重于互动的应用方式，课堂外则提倡学生采用移动应用和在线教育，侧重于自主单向地"看"和"听"的方式。社会科学和理工科专业教学的应用工具和方式也不尽相同，理工科涉及实验等环节，虚拟现实和增强现实技术的应用前景更为宽广。

而现实的情况是，所有的这些工具、方式和场景都因为用户需求融合和技术融合而融合在一起，一起为知识的有效传播创造条件。

127

内容生产融合	内容形态融合	内容应用融合
	文本(数字)	教材
专业生产内容	音频	电子书
PGC	视频	有声书
+	动漫	学习平台
UGC	游戏	在线教育
用户生产内容	MPR 出版	APP 移动应用
	微课慕课	数据库应用平台
	数据库	

图 4-1 教育出版内容融合结构图

一个典型的内容融合应用场景是这个样子的：每一门课程学生手中有纸质教材，也有手机上的电子教材和辅助材料，还有电脑上的自主学习平台，纸质教材、学习平台、电子书或者智能手机便是同一知识在转移过程中的融合，在课堂教室用纸质教材完成教材内容的精讲，利用智能手机移动学习平台完成教材课程作业的教程，在自主学习平台完成单元网络测试，教室、网络学习平台、课后时间通过不同的媒介(工具)融合在一起完成相关内容学习，利用不同的工具特色完成知识转移的成功进行。

(2)学术出版的应用融合

学术出版应用融合存在着以下三种方式：第一种是学术图书的大众化应用开发，采用的方式可以是不同层次的学术内容的开发，如开发学术图书普及本，也可以用媒介技术通过动画或者微课的形式让学术内容更加显性化，从而扩展学术图书的市场价值。第二种学术内容数据库在线平台建设则是相对成熟的商业应用模式，欧美出版业发达的国家已经取得很多的经验，制作了很多专业资源库或者数据库。尽管学术资源的知识产权问题一直成为焦点，但在线平台的应用对于学术出版和学术繁荣是有帮助的。第三种是正在起步和探索阶段的开放存取(OA)模式。起源于 2002 年的开发存取图书计划已经发展了 16 年，目前主要存在三种模式："传统出版—数字化—开放获取""在线 OA 出版—开发获取""自存档—开放获取"。国内大学出版社学术图书的开放存取刚刚开始,商业模式还有待进一步研究。开放存取对于扩大大学出版社学术影响无疑是有益的,但主流的"免费"模式以及技术投入产出问题也使得盈利存在很大问题,还有就是版权保护和开放边界的问题①。这就看出版社如何看待学术出版的价值取向。对绝大部分大学出版社来说,学术图书的数字化出版一般为两种方式:一种是电子书方式,通过以技术见长的第三方电子书服务平台提供下载服务,出版社与第三方电子书服务商以一次性买断或者下载分成的方式合作,如阿帕比、方正、超星等电子书平台;第二种为出版社将数字化后的存量学术专著根据专业用户需求按照专业学科进行主题分类标识的数据库,数据库提供检索、查询、下载等服务,用于科研和专业学习。尽管目前学术出版具有比较成熟的商业模式,但并没有给出版社带来利润,因此出版社鲜有在学术出版融合形式上作出主动的创新,一般是与知识服务平台技术商进行内容提供的合作。

4.2 大学出版社内容融合实践

从 20 世纪 80 年代开始,依托计算机技术的发展,全球出版业进入了数字化出版变革阶段,在此之前,纸质媒介统治了人类知识生产和传播 500 多年。诞生并发展于 20 世纪二三十年代的以电视为代表的光电媒介,也给知识的视觉化和听觉化提供了新的发展空间,直到数字化浪潮的到来,出版学界和实业界才感受到出版面临的严峻挑战。与之前的媒介技术发展来自产业内部的技术创新不同,数字化技术来自产业外部并对整个出版产业链进行了全方位挑战。更令全球出版人感到恐慌的是,数字化技术并不掌握在出版产业主体中,因此数字化出版带给出版业的不是传统出版企业内部自

129

---

① 吴振寰. 学术图书开放存取研究——对 72 家高校出版社的调查分析 [J]. 新世纪图书馆,2017(2):88-93.

我革新的调整，而是出版产业主体地位的危机。

大学出版社在教育出版上的内容融合已经形成了相对成熟的模式，纸质教材依旧扮演着主要的内容载体角色，数字内容开发则呈现出不断创新的形态和应用模式，不同媒介承载的不同内容载体在教学过程中相互融合，促进了教学手段的多元化。内容融合包括内容生产融合、形态融合和应用融合，由于内容生产融合并没有像新闻媒介那样大规模的用户生产内容，因此还很难找到非常典型的案例，出版社的数字出版平台接受用户提供的出版资源，要经过质量审核，某种意义上也是专家生产内容（PGC）的模式。而形态融合的效用终究需要通过内容应用得以体现。因此本书选择了目前大学出版社在教育出版方面内容融合产品主要的三种较典型的形态——纸数融合应用出版、在线教育和知识学习平台进行案例分析。

4.2.1 纸数融合实践：多媒体印刷阅读出版物

本调查研究显示，由于目前学校教学制度和软硬件环境的限制，纸质教材在学生使用的教学资源中占有绝对的优势，教师授课也围绕着纸质教材展开，因此作为用户平台功能的纸质教材拥有了更多的流量。除了课堂教学外，学生需在课前、课后开展预习和复习，提升知识的获取效率，以及拓展知识面，大学出版社应利用多媒体技术扩展学习资源，将用户资料和学习行为转化为可实时监控的数据，为后续升级产品与服务的研发和推广提供稳定的市场流量。以二维码为媒介和 APP 为应用平台的多媒体印刷阅读出版物越来越受到以教材出版为主要业务的大学出版社的青睐。

APP 是指基于智能手机、平板电脑等电子产品的第三方应用程序。出版 APP 应用则是以产品或用户为线索，延伸产品线，聚合和挖掘用户价值的一种数字化产品形态。它分为单本书 APP 和平台化 APP，一般应用于辞书和工具书，如外研社开发的《外研社现代英汉汉英词典》APP 和上海外语教育出版社开发的《新牛津英汉双语大词典》APP。平台化 APP 是在单本书 APP 基础上开发的对用户进行深度开发，挖掘阅读以外的价值①。如国内第一个由出版社自行开发的电子书 APP 销售平台——上海译文出版社的"译文的书"，它不仅可以搜索译文版图书、阅读电子书，还可以与出版互动，了解策划编辑图书的过程。应用程序 APP 与出版工作的融合有三种模式：基于图书本身的应用程序的升级、基于内容视角下的应用程序的再创造、基于用户体验视角下的应用程序的全新开发。目前以第一种融合形式为主，图书本身自带流量，技术操作也相对简单，而第二、三种则需要更多的创意和市场投入②。

大学出版社的教育出版则普遍采用了通过 MPR 技术将纸书内容和 APP 应用程序进行融合的模式。MPR 出版物也叫多媒体印刷阅读出版物，它以唯一性关联编码为基础，印刷矩阵式二维码为机读符号，将印刷读物的文图内容与其相对应的多媒体音视频内容文件做精确关联，形成以纸质印刷载体为基础的多媒体复合数字出版形态的出版物③。MPR 出版利用多项技术融合了纸质出版物、音像出版物和电子出版物三个出版物类型，构成纸质出版、电子阅读和网络平台相互链接的完整体系。体系的核心在于纸质图书内容和电子阅读内容的优势互补④。

MPR 出版的具体操作过程是：作者和出版社在编写教材的同时，将图书内容中需要通过多媒体方式(如视频)呈现的部分，通过计算机和媒介技术制作成音视频、动画、链接等数字资源，将这些资源传送到后台资源平台，由平台生成二维码，然后把二维码放到纸质教材的相应位置，可以是章节或者内容所在处，也可以是统一放到封二或者封四处。学生拿到纸质教材后通过二维码扫描进入

① 刘爱民. 传统出版机构 APP 现状分析及发展建议[J]. 出版广角，2017(5)：9-11.

② 陆指南，张志强. 出版与应用程序 APP 融合模式及问题探析[J]. 科技与出版，2014(6)：135-138.

③ 赵学军. 论 MPR 图书的出版价值和发展前景[J]. 出版发行研究，2008(7)：35-37.

④ 王勉. MPR 纸质数码有声出版技术创新及发展优势[J]. 科技与出版，2014(4)：87-90.

APP 应用工具，进行注册、登录等程序，就可以阅读和浏览与纸质图书内容相关的多模态的扩展资源。教师在教学环节，可以利用 APP 应用工具设计的教学管理功能，如布置作业、发布信息和课程监控与检测等，实现移动的教学管理。由此可以发现 MPR 出版的关键还在于平台资源与纸质教材的内容设计，以及如何更好地利用 APP 应用工具提高交互功能。这种模式以二维码技术为纽带，将纸质教材和数字平台资源关联起来，实现了内容融合生产、网络化传播、社群化立体化营销的融合出版体系，实现了课堂内外互动、泛在学习和线上线下资源对接，并通过注册登录等程序获取用户信息，变读者为用户，实现用户价值①。

以教育出版为主要出版方向的大学出版社已经在以二维码为技术切入口的 MPR 出版中做了很多探索性的工作，并取得了不错的应用效果。华东理工大学出版社在日语教材中根据学习需要，把录音、视频、图片等一些延伸内容嵌入二维码，通过微信或 APP 扫码进入小程序和应用程序，可以更加有效地学习日语单词发音，了解日本文化，提升日语应用水平。上海外语教育出版社围绕着大学英语教材开发了纸质教材和 APP 结合的移动学习应用，教师和学生首先下载随行课堂 APP，然后扫描纸质教材二维码注册登录进入随行课堂课程学习。随行课堂提供了音视频、微课等扩展学习资源，教师端可以组建班级、发布信息，随时检查学生学习进度等，大受大学英语教师和学习者欢迎，第一年注册人数就达到 12 万人。可以通过扫二维码注册登录 APP，在科技出版和少儿图书出版的 APP 开发时，则可以利用动画动漫和益智类游戏提升用户互动阅读体验，更好地传递知识。比如有一款元素周期表的 APP，读者通过触屏点击元素周期表中的任意元素，就可以得到有关元素的特点分析和化学实验展示，很多出版社开发了类似的学习工具型

① 柯积荣. 供给侧改革背景下教育出版创新研究与实践[M]. 广州：广东高等教育出版社，2017：42-47.

APP，所以它既是数字融合产品也是平台和渠道①。

从以上三家大学出版社利用 MPR 技术在教材融合出版上的应用，可以发现以二维码为媒介的纸数融合产品融合了多种创意元素、综合用户多元感官体验，提升了用户阅读时和使用时的互动性、自主性和愉悦感②。在 APP 环境下，读者身份在逐渐地向读者和用户综合身份转变，出版方不仅提供内容，还提供服务和交易服务，打通了资源配送"最后一公里"。这几年颇受教材供应改革影响的自购教材盗版问题也通过注册登录后产生的一书一码策略，留住了用户，留住了订单和收入。

4.2.2 应用模式融合实践：在线教育

近几年来各级教育主管部门大力推进教育信息化，在线教育成为教育信息化发展最快的领域，到 2015 年在线教育营收超过 180 亿元③。大学出版社面对着由于知识海量化与教育个性化的机遇和挑战时，在线教育也给大学出版社教育出版生产与传播知识提供了新的模式和平台。同时大学出版社开发在线教育产品具有的先天的优势就是母体大学各专业学科的信息化教学建设，很多资源都是现存可用的。

在线教育是一个非常宽泛的概念，综合起来看可以主要分为四种资源和学习模式：第一种是单向呈现的在线教育资源，典型产品和服务为电子教案、课堂实录、习题、数字教材等资源，特点是互动性较差；第二种是双向互动的在线教育资源，典型产品是教育游戏、教育动漫、个性化题库等，特点是基于个性化的服务功能；第三种是在线互动课堂，典型代表产品有慕课以及一对一在线学习教

133

学等；第四种典型方式是在线教育平台，典型的产品是微课资源平台、慕课平台等，这是目前在线教育行业最为便捷的领域①。在线教育弥补了课堂教学时空受限、内容教学表现形式相对单调等问题，资源内容短小精悍，图文并茂，互动性和趣味性强，教学方式相对自由，越来越成为大学出版社教材融合出版的主流方式。上面所述的四种方式表现不同的功能层次和技术难度，不同规模实力的大学出版社根据市场容量和推广策略开发不同类型的在线教育产品。

在线教育资源建设与传统出版形成一种相辅相成的关系。利用在线教育资源的优势提升以纸质教材为教学素材的课堂教学的满意度，可以解决课时紧张的问题；可以扩大教材和在线课程品牌，吸引更多的学校使用教材和在线课程；拥有规模流量的优质在线教育课程也可以开发成纸质教材出版，形成线上线下教学的互补。

清华大学出版社是国内在数字化转型和融合发展走在比较前面的大学出版社之一，在线教育是清华大学出版社实施融合出版的主要方式。基于纸质教材，提供数字化教学内容和增值服务，包括经典教材的二次开发及经典教材衍生产品的开发。基于教师的教学服务，如教材试读和销售服务、数字化的教学增值服务等，开发了多种在线教育服务和在线教育相关产品，如电子教材、在线课程、付费问答、习题库、备授课系统等。从2014年到2017年，发挥存量内容和作者资源优势，开发了100余门在线精品课程，为高等院校师生提供教学课程配套服务②。上海外语教育出版社建设中国外语教育网课程中心提供了基于教材素材和拓展素材的资源库的自主学习中心，同时在科研中心、备课中心、测试中心等主要模块中都提供了相应的资源内容服务和教学服务。严玲艳、徐丽芳在对大学出版社12个在线教育平台调查后总结为5点：（1）在线教育的类型

---

① 管佳，李奇涛. 中国在线教育发展现状、趋势及经验借鉴[J]. 中国电化教育，2014(8)：62-66.

② 庄红权，温韫辉. 以内容为体，以技术创新和体制创新为翼——以清华大学出版社出版融合初探[J]. 出版广角，2018(1)：38-40.

以语言和应试教育为主，如北京语言大学的国际汉语在线课堂；（2）教学资源数量差距大和类型不足，如外语教学与研究出版社的"北外网课"提供了300多门语言课程，而很多大学出版社只提供了十几门课程，在内容类型上较为同质化，一般为将教材数字化和录制教学视频；（3）在线教育内容教学方式缺乏互动性，调查的12个在线教育平台以点播为主，单向传播互动较少，只有浙江大学出版社的CNSPOC云课程提供翻转课堂的教学模式；（4）免费和收费的模式不同，免费资源的收益通过教材的销售得以实现，如华东师范大学出版社的中小学公共安全教育网、北京大学出版社医学出版分社的名师讲坛等资源免费，内容收费模式也不尽相同；（5）在线教育平台还有待完善，尤其是学习统计功能①。

在线教育由于投入大、周期长，没有一定实力的大学出版社很难进行成规模的在线课程开发，加上设备投入和运维费用也是不小的一笔开支，因此在线教育的市场往往被有技术和资本优势的互联网教育公司抢占，如人民网旗下的文华在线投资100万与上海外国语大学联合打造商务英语和出国英语在线教育课程。正如上文所述，大学出版社应该利用与母体大学的关系，争取学校的学术支持和资金扶持，优先获得内容资源，聚焦资源优势较大的学科门类加大用户精准营销，形成特定专业在线教育出版品牌。除了自建在线教育平台外，还可以充分利用政府开发的在线教育课程平台，如中国大学MOOC、爱课程等，联合教材使用开发单位和使用单位共同制作慕课微课等在线教育课程，出版社通过不同的营销渠道与平台对纸质教材和在线课程融合营销，也可以取得1+1>2的效果。

从2018年开始，教育部实施一流课程"双万计划"，建设10000门左右的国家级一流课程和10000门左右省级一流课程，课程除了线下课程外，还包括线上课程、线上线下混合课程、虚拟仿真课程等形态。国家对利用数字技术推动高等教育课程建设的政策与出版融合发展的方向不谋而合，这是时代对教育和出版的共同召

135

---

① 严玲艳，徐丽芳. 我国大学出版社在线教育出版和服务研究[J]. 科技与出版，2018(4)：101-105.

唤，出版社应借助国家政策积极参与各种形式的课程。

4.2.3　内容和服务融合实践：集成型学习平台

　　将教学资源和教学管理功能集成在一起的学习平台建设是大学出版社内容融合的又一个重要方式。单一的数字化教学资源可以补充传统教学的资源数量和表现形式的不足，但其资源的效用并没有得到最大限度的利用，而构建自适应性学习综合教学平台可以通过计算机技术设计的功能将资源价值最大化。通过媒介技术营造自适应性学习环境，将多模态的出版资源实现多媒体、多终端发布；平台庞大的资源库和数据库提供个性化的学习内容，实现学习平台个性化服务；平台还具备对学生学习跟踪评价功能，学习者在学习平台上的行为活动都将被跟踪、记录、分析，并在反馈策略指导下分析结果，交由学生和教师自我反省，改变和改善学习流程和学习方式①。资源集成和功能集成的学习平台利用媒介技术、大数据技术等先进技术，正在构建更为有效的学习场景。很多大学出版社已经在这方面做了探索。

　　外语教学与研究出版社在 2014 年发布了一站式外语教育数字教学方案——Unipus 平台。其主要特点是一站式提供英语教、学、评、研，线上线下混合式教学，多终端全流程无缝对接，大数据构建智慧教育生态。基于大学英语教材的 U 校园和外语随身学应用，提供了多模态的语言学习方式，还可以解决目前由于教学改革引起的大学英语学时课时不足的问题；平台还提供了 iWrite、iTest、iSpeak 等语言专项技能训练和评测系统，解决外语教学中烦琐的考试管理工作；针对外语教师发展，Unipus 还整合利用北京外国语大学在外语学科教学与科研的权威专业资源通过 iReseach 和全国外语教师发展研修网等平台提供培训服务，提升用户对外研社产品和服务的黏性，体现了现代教育技术智能化、交互化、自主化和移动

---

　　①　王豫. 数字教育出版的本质是内容服务[J]. 出版广角，2012（8）：79-81.

化的发展趋势。

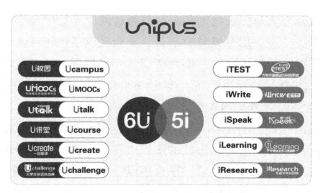

图 4-2 外研社 Unipus 内容组合图

华东师范大学出版社打造的"智慧树中小学数字教学系统"是在云计算的基础上，以跨终端、跨平台的互动数字教材为载体，借助云端应用及涵盖中小学全学段各个学科知识内容的丰富的教学资源，为备课、上课、作业、辅导、评价、家校互动等全环节营造了一个虚拟智能的教学数字化环境。它实现了四个主要功能：（1）提供了一套智能的数字化教学整体解决方案；（2）因为教、学、评估和管理的全面数字化，减轻了教师和学生的负担；（3）实现了个性化教学，创新了教学模式；（4）大数据智能分析为师生互动提供了科学系统的依据①。

清华大学出版社开发的"天津市中小学个性化学习服务系统"用丰富优质的中小学各科资源，利用虚拟现实、三维网络等前沿技术构建真实学习场景的学习内容，实施个性化教育。系统通过记录学生学习行为和数据，利用大数据技术实现动态管理，为评价体系提供数据支持和依据，为学生个性化发展提供建议和指导。除此以外，清华大学出版社以"智学苑"产品为核心，开发云资源中心和

137

---

① 王健，孙婷. 依托专业不断创新积极推进传统出版数字化转型[J]. 编辑学刊，2014(11)：11-16.

在线习题库平台，将智学苑平台的 100 余门课程进行多元化利用①。

北京师范大学出版社的基础教育教材网则是为中小学教师、家长、学生提供教材配套服务的平台，平台提供了电子课本、课件资源、教学设计、视频资料、图片资源、评价试题、参考资源、同步练习等，涵盖小学 6 个学科，初中 7 个学科，高中 5 个学科，到2015 年底资源总量达到 3.5 万条，注册用户 36 万人②。

集成型(综合型)学习平台将内容融合的三个方面都在平台上展现，这种平台除了有出版社的知识内容外，为鼓励用户的参与以及满足用户不同层次的需求，平台还以一定的标准采纳用户创作的内容，在平台上提供不同形态的内容，从文字到音视频再到微课，满足不同教学场景的需要，在应用环节，则提供了符合教学需要的服务功能，如白板、PPT、注释修改等。集成型或者综合性平台成为出版内容融合的典型产品和服务。

4.2.4 学术出版融合实践：数据库出版

学术出版是我国大学出版社重要的功能和出版特色。即使是以教材为主要收入来源的大学出版社，学术出版通过其特有的社会效益和市场作用与教育出版协同发展，是不可或缺的一部分。数据库出版是目前出版社学术出版重要的数字出版模式之一，数据库是伴随着计算机技术发展而出现的概念，它最初出现在知识管理和情报档案行业，其概念为利用相关技术将有关联、有组织、可共享的数据集合。其基本特征是：有无穷的海量的数据集合，数据之间存在着复杂的逻辑关系，数据可被检索、被共享。数据库出版还没有确定的概念，数据库和数据库出版包含了两层意思，一层意思是将知

---

① 庄红权，温韫辉. 以内容为体，以技术创新和体制创新为翼——以清华大学出版社出版融合初探[J]. 出版广角，2018(1)：38-40.

② 李红芳. 新媒体时代北师大出版社教材的营销策略研究[D]. 北京林业大学，2016：31.

识内容进行数字化之后按照一定的技术手段形成可供检索和共享的数据集合，另一层意思是将数据库本身进行重新整理，赋予出版的概念以及进行商业价值的开发，第一个含义实际上也可以称为数据库技术，而不一定叫数据库出版，而第二个含义则赋予了数据库在出版产业中的商业价值，因此本书认为数据库出版就是从出版工作的角度开发数据库作为知识产品的商业价值的过程。不断发展的技术在开发数据库商业价值上起到了关键的作用，互联网技术、大数据技术、智能技术等技术的进步推动了数据库的应用价值[1]的实现。

数据库出版从出版工作的角度赋予和创造数据库商业价值的路径和方式有以下几种：一是，作为产业的出版业需要构建统一的专业数据标准，标准的建立可以扩大数据库的应用价值；二是，出版业在知识编辑加工上的传统优势可以提升数据库的内容质量；三是，出版经营的商业思维使数据库的构建按照用户的需求，在内容标识设计、检索管理、个性化服务等方面更具人性化和商业价值。大学出版社学术数据库的开发也按照这几种方式实现新的价值。而技术的发展拓宽了数据库商业范围，挖掘了数据库商业价值的深度，实现了价值的飞跃。其中以数据库出版为核心内容的大学出版社学术知识服务商业模式就是数据库出版发展最为看好的模式。

近几年来上海交通大学出版社（以下简称上海交大社）在主题出版上取得了丰硕的成果，尤其是结合了上海交通大学的学科优势和上海社会科学研究新动向。上海交大社在主题出版过程中感受到单一图书对于庞大的主题内容表达和使用的缺陷，尝试通过与技术公司合作的方式开发数据库产品，以"东京审判文献数据库"为例，上海交大社围绕着主题，从高等院校、科研院所和档案馆收集关于东京审判的文字、图片、音频和视频，然后进行整理、分类、标引，利用平行语料库技术打造了全世界最齐全的东京审判文献资源展示和分享的平台。在构建数据库平台的同时，同步出版纸质图书，构建了立体化的东京审判研究。除此以外，上海交通大学出版社还出版了"大飞机学术资源数据库"，记录了我国研究大飞机工

139

---

① 罗曼. 数据库出版发展研究［D］. 武汉理工大学，2013.

程的过程和学术成果，取得了很好的社会反响。上海交通大学出版社总结了数据库出版的一些经验：数据库出版需要大量的资料积累、作者资源积累和技术积累；后期的维护投入较大，对于很多出版社来说都是一笔不小的开支，因此他们从政府出版基金和文化基金中申请资助，也与研究院所、档案馆、技术公司等开展多种形式的合作，筹集资金分散成本①。

中国矿业大学出版社（以下简称中国矿大社）具有非常强的学科专业性，经过近三十年的发展共出版了6000余种矿业相关的图书教材，积累了丰富高质量的出版资源。在面对出版数字化转型思考时，中国矿业大学出版社调查了全国采矿业发展的现状和未来发展的方向，认识到加强采矿从业人员的专业知识非常重要，基于此，中国矿大社对专业内容资源进行了二次开发和细粒度处理，根据新的产业发展布局和从业人员的知识需求，进行了有效标引、提取、转化，开发了"煤矿安全百科知识库和关系信息数字库"，帮助采矿业从业人员获取最新信息、查找资料，并与在线安全教育与技能培训相结合，做好从业人员的知识传授工作，取得了非常好的效果，很多采矿业企业购买了数据库或者在线数据库资源用于员工培训。中国矿大社从数据库出版的实践中总结了以下几点：一是，要积极申请政策资金支持解决资金问题；二是，出版过程要分层次实施，如作者队伍的构建、视频拍摄的统筹等，对项目出现的问题要及时修改；三是，项目完成后要积极到采矿业企事业进行推广宣传；四是，要为数据库出版提供有力的保障，除了资金外，还需要专业搭配科学、分工职责明确的项目团队；五是，做好资金、市场前景、知识产权等关系到数据库建设和销售的风险管控②。

从上海交通大学出版社和中国矿业大学出版社数据库出版的实践看，数据库出版是一项具有工作量大、耗时长、资源需求量大、

140

---

① 吴雪梅. 新媒体环境下主题出版物的数字化开发——以上海交通大学出版社为例[J]. 出版发行研究，2018(7)：58-61.

② 王加俊. 浅谈专业出版社数字出版系统项目构建[J]. 出版参考，2017(1)：32-34.

资金消耗高等特点的数字出版项目，在国家相关政策的支持下，大学出版社通过机制创新和技术创新解决数据库出版的难题，通过项目制方式挖掘内部资源和团队潜力，开辟用户反馈渠道促进产品开发的市场吸引力，建立内外部联动、全流程协同的开发机制。

4.3 大学出版社内容融合发展现状与问题

从上述大学出版社在内容融合上的实践案例来看，加大数字出版与纸质出版的融合成为大学出版社在融合发展阶段内容生产创新的较为成熟形式。在创新和改革的过程中，立足传统出版所积累的内容资源优势、作者优势和用户资源是大学出版社内容融合发展的基础。不同规模和特色的大学出版社在数字出版工作上做出了很多探索和尝试，有成功也有失败。整体而言，与我国出版产业整体数字化转型的步伐一致。

融合发展强调以用户为中心的出版发展理念，在上述介绍了大学出版社内容融合发展实践工作中，我们发现基本都遵循了以用户需求为导向，社内外联动促进资源开发与需求匹配的原则，但仍然有亟待改进的地方，为此本研究对用户和大学出版社从业人员分别进行了调查，试图从中发现内容生产的问题以及由此引起的与用户需求的不匹配，从而来进一步分析内容融合发展的现状和问题。

4.3.1 用户对内容融合出版的评价调查

教育出版，尤其是高等教育出版是大学出版社收入的重要来源，也是绝大部分大学出版社业务布局的重中之重。而对以北京师范大学出版社、华东师范大学出版社等代表的师范类大学出版社来说，基础教育出版也是相当重要的产品板块，但就技术对内容融合发展来说，无论高等教育教材资源建设还是基础教育教学资源构建都是基于先进教学理念和教学目标来开发的，在越来越强调中小学到大学一条龙教育体系建设的当下，教育出版的融合形式和应用并

141

没有太大的区别。本书的两份调查主要从用户和出版社两个角度了解目前教育出版领域进行的融合出版产品的消费体验和开发生产过程并进行分析。

(1)问卷设计和调查实施

本次问卷调查活动的目的是了解对不同专业在校大学生在公共课程和专业课程学习中使用不同形态学习资源的反馈。问卷设计基于以下三个原则：第一个原则是体现被调查学生的专业分布以确定不同专业对不同形态教学资源的态度；第二个原则是设计的内容与上文提及的内容融合主流形式相对应；第三个原则是除了基本信息外，对不同调查内容采取了里克特五级量表的评价方式(非常不满意、不满意、一般满意、满意、非常满意)。调查问卷的题目为"不同形态学习资源对学习效果的影响"，"不同形态学习资源"主要分为：纸质教材、与纸质教材配套的移动学习应用、与教材配套的自主学习平台、不与教材配套的各种学习应用、在线课程(微课慕课)等五种教学资源内容载体和应用平台，这包括了内容的形态和内容的应用。本调查定义了"学习效果"，它是指能否更积极主动地学习，是否能更好地与老师互动，能否更好地掌握和应用所学知识。这三个判断内容是内容融合在教育出版上的体现。本调查使用了问卷星调查软件系统。

调查实施时间为 2018 年 6 月 28 日至 7 月 18 日，时间长度为 20 天，通过本人微信账号里的全国各高校任教大学英语课程的老师转发给他们所带班级中不同专业背景的学生。调查问卷共回收问卷 1273 份，从做题的时间和完成问卷的完整性来分析均为有效问卷。

142

(2)调查结果整理和分析

第一，被调查者的基本情况。关于被调查者专业的分布情况如图 4-3 所示，文科专业学生占 39.51%，理科学生占 26.39%，工科学生占 26.32%，艺术生占 7.7%，符合本调查中预期的学生专业分布，样本有一定的意义。

第二，关于目前使用学习资源状况的调查结果：目前大学生使用的学习资源类型和应用类型情况如何呢？图 4-4 显示纸质教材仍然占绝对的垄断地位，除了艺术类学生外，基本上所有的被调查者都在使用纸质教材（比例超过 93%），使用居第二位的是与教材配套的移动应用学习 APP，而有 39% 的学生在使用教材配套的学习网站，在线数字课程受到了近 40% 学生的青睐。

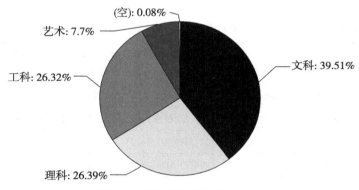

图 4-3　受访者按专业学科分布

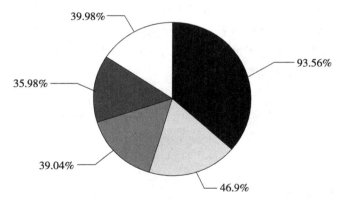

■ 纸质教材　□ 与教材配套的APP移动学习应用　■ 与教材配套的学习网站
■ 非教材配套的专业学习APP　□ 在线数字课程(慕课微课)

图 4-4　不同学习资源使用比例

　　为了进一步了解不同专业学生对不同学习资源形态和应用的使

用情况，利用问卷星的交叉分析功能，把被调查者"专业"和"目前使用的学习资源类型"做交叉分析得到不同专业学生对不同教学资源内容和应用的选择偏好，表 4-1 除纸质教材外，调查发现文科生利用与教材配套移动学习应用的机会相对较多(52.68%)，而工科生则较多(45.97%)地选择了以慕课微课为代表的在线数字课程，艺术类的学生则更喜欢通过非教材配套的专业学习 APP 获取知识。

表 4-1 　　　　　**不同学科学生使用学习资源情况**

学科	纸质教材	与教材配套的APP 移动学习	与教材配套的学习网站	非教材配套的专业学习 APP	在线数字课程（慕课微课）	人数（人）
文科	482(95.83%)	265(52.68%)	215(42.74%)	194(38.57%)	192(38.17%)	503
理科	313(93.15%)	157(46.73%)	121(36.01%)	122(36.31%)	137(40.77%)	336
工科	315(94.03%)	141(42.09%)	131(39.10%)	103(30.75%)	154(45.97%)	335
艺术	80(81.63%)	34(34.69%)	30(30.61%)	38(38.78%)	26(26.53%)	98

　　第三，关于纸质教材与学习效果的调查结果。被调查者选择了纸质教材作为他们目前使用最多的教学资源，大学生们对纸质教材提升学习效果的满意程度整体看还是满意的。图 4-5 显示，"非常满意"和"满意"的比例加起来达到了 57%。认为"一般"的选择则为 40.85%，"不满意"者占极少数。

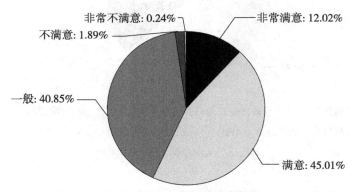

图 4-5　对纸质教材的满意程度

表 4-2 显示了不同学科专业学生对纸质教材的满意程度，整体看大学生对纸质教材满意率比较高，达到 57.03%，文科学生对纸质教材的满意度相对比较高，达到 58% 的比例，而艺术类学生则相对较低，为 52%。

表 4-2　　　　不同学科学生对纸质教材的满意程度

学科	非常满意	满意	一般	不满意	非常不满意	小计
文科	58(11.53%)	236(46.92%)	199(39.56%)	10(1.99%)	0(0.00%)	503
理科	42(12.50%)	143(42.56%)	145(43.15%)	5(1.49%)	1(0.30%)	336
工科	41(12.24%)	155(46.27%)	131(39.10%)	7(2.09%)	1(0.30%)	335
艺术	12(12.24%)	39(39.80%)	44(44.90%)	2(2.04%)	1(1.02%)	98

第四，对教材配套移动学习应用的满意程度调查。与纸质教材配套的移动学习应用 APP 是目前纸质内容融合的主要应用平台，如二维码出版物一般都是利用移动学习应用来实现的，图 4-6 显示大学生们对移动学习应用在提升学习效果上的满意度只有 50.98%，低于纸质教材的满意率。在专业背景和满意度的交叉分析上，表 4-3 显示了艺术类专业学生对目前教材配套移动学习应用

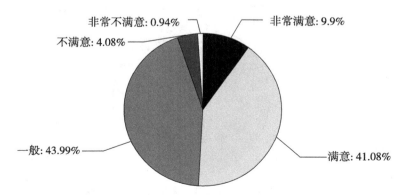

图 4-6　大学生对配套移动学习应用的满意程度

的满意程度最高，达到了 56.13%，明显高于文科、理科和工科学生，而工科学生则对教材配套的移动学习应用投出了 45.73%的满意率和 7.16%的不满意率，显然接受调查的工科学生对工科教材配套的移动应用产品使用是最不满意的。

表 4-3　　不同学科学生对配套移动学习应用的满意程度

学科	非常满意	满意	一般	不满意	非常不满意	小计
文科	40(7.95%)	229(45.53%)	214(42.54%)	18(3.58%)	2(0.40%)	503
理科	40(11.90%)	133(39.58%)	148(44.05%)	12(3.57%)	3(0.89%)	336
工科	32(9.55%)	120(35.82%)	158(47.16%)	19(5.67%)	6(1.79%)	335
艺术	14(14.29%)	41(41.84%)	39(39.80%)	3(3.06%)	1(1.02%)	98

第五，对教材配套学习平台的满意程度调查。图 4-7 显示了 54.83%的大学生给予了"满意"或者"非常满意"的回答。在这一项中，艺术类学生对目前自己所使用的教材配套学习平台满意程度度达到 61.22%，工科类学生满意度相对较低，只有 49.85%的满意率。

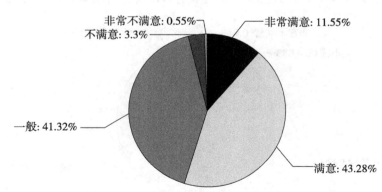

图 4-7　受访学生对教材配套平台的满意程度

表 4-4　　　　不同学科学生对教材配套平台的满意程度

学科	非常满意	满意	一般	不满意	非常不满意	小计
文科	57(11.33%)	222(44.14%)	207(41.15%)	15(2.98%)	2(0.40%)	503
理科	42(12.50%)	150(44.64%)	134(39.88%)	9(2.68%)	1(0.30%)	336
工科	36(10.75%)	131(39.10%)	149(44.48%)	16(4.78%)	3(0.90%)	335
艺术	12(12.24%)	48(48.98%)	35(35.71%)	2(2.04%)	1(1.02%)	98

　　第六，对非教材配套移动学习应用的满意程度调查。随着知识更新不断加快，教材更新周期又比较长，因此除了教材资源外，大学出版社还开发了独立的数字产品供学生学习专业知识和进行专业技能训练等。对此类数字资源，有 10.29% 的被调查大学生认为"非常满意"，42.5% 则选择了"满意"。从学生学科分布看，理科生对此类产品的评价最高，"非常满意"加上"满意"两个选项的人数比例达到了 54.76%，满意程度最高，见表 4-5。

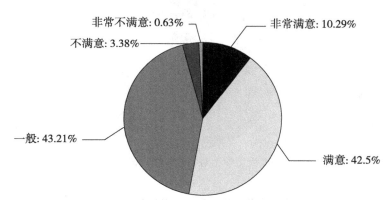

图 4-8　受访学生对非教材配套移动学习应用的满意程度

表 4-5　　　不同学科学生对非教材配套学习应用的满意程度

学科	非常满意	满意	一般	不满意	非常不满意	小计
文科	45(8.95%)	225(44.73%)	219(43.54%)	12(2.39%)	2(0.40%)	503
理科	43(12.80%)	141(41.96%)	135(40.18%)	15(4.46%)	2(0.60%)	336

续表

学科	非常满意	满意	一般	不满意	非常不满意	小计
工科	34(10.15%)	133(39.70%)	150(44.78%)	15(4.48%)	3(0.90%)	335
艺术	9(9.18%)	41(41.84%)	46(46.94%)	1(1.02%)	1(1.02%)	98

第七，对在线教育的满意程度调查。以慕课微课为主要内容的在线数字课程成为数字化教学资源的重要内容形式，在纸数融合的移动应用端和自主学习平台都会嵌入类似数字资源，老师在教学过程中会利用慕课、微课等资源丰富教学手段，预习巩固学科知识。图 4-9 显示 53.1% 的被调查者选择了"满意"或者"非常满意"，这一项中仍然是艺术类学生的满意度最高，有 57.14% 的满意率。而文科生对这一项的不满意程度相对较高，见表 4-6。

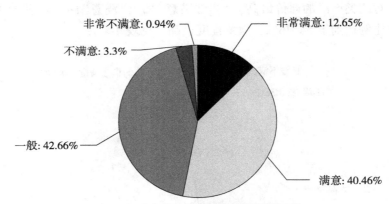

图 4-9　受访学生对在线教育的满意程度

表 4-6　　　　　不同学科学生对在线教育的满意程度

学科	非常满意	满意	一般	不满意	非常不满意	小计
文科	56(11.13%)	215(42.74%)	205(40.76%)	20(3.98%)	7(1.39%)	503
理科	49(14.58%)	130(38.69%)	147(43.75%)	9(2.68%)	1(0.30%)	336
工科	48(14.33%)	122(36.42%)	152(45.37%)	10(2.99%)	3(0.90%)	335
艺术	8(8.16%)	48(48.98%)	38(38.78%)	3(3.06%)	1(1.02%)	98

第八，对不同学习资源选择意愿的调查。不同形态的学习资源内容和应用都有不同的特点，过度的学习资源会造成资源的浪费，在学业繁重和课时紧张的状况下，合理地配置学习资源应该是出版社在开发选题时需要考虑的因素。问卷设计了供学生们选择的三种学习资源组合，如图4-10显示，有86.88%的被调查者选择了纸质教材，纸质教材仍然是学习者的首选资源；64.1%的被调查大学生更愿意使用与教材配套的移动学习应用，与教材配套的学习平台则位列第三，有63.94%的被调查者选择了此项。

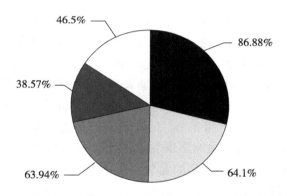

■ 纸质教材　□ 与教材配套的移动学习应用　■ 与教材配套的自主学习平台
■ 非教材配套的学习APP　□ 在线数字课程(慕课微课)

图 4-10　受访者对不同学习资源的选择意愿

表 4-7　　　不同学科学生对不同学习资源的选择意愿

学科	纸质教材	与教材配套的移动学习应用	与教材配套的自主学习平台	非教材配套的学习APP	在线数字课程（慕课微课）	小计
文科	437(86.88%)	332(66.00%)	318(63.22%)	209(41.55%)	213(42.35%)	503
理科	288(85.71%)	218(64.88%)	205(61.01%)	136(40.48%)	161(47.92%)	336
工科	305(91.04%)	201(60.00%)	223(66.57%)	104(31.04%)	172(51.34%)	335
艺术	75(76.53%)	64(65.31%)	67(68.37%)	42(42.86%)	46(46.94%)	98

不同学科背景的被调查学生都优先选择了"纸质教材+教材配

套移动学习应用+教材配套学习平台"。除了纸质教材选择处于绝对优势外，工科背景的学生和艺术类专业学生都优先选择了自主学习平台，而文科背景被调查者和理科背景被调查者则认为移动学习应用更适合。非教材配套的学习应用最不被学生们看好，这说明围绕着教材开发配套的数字资源会受到学校教师和学生的欢迎。

4.3.2 出版社对内容融合发展的评价调查

本书为了更好地了解目前国内大学出版社融合发展状况，设计并实施了"大学出版社融合发展状况调查"，调查内容涉及理念和实务操作。调查工具为问卷星软件，问卷分为五个部分：调查者概况、内容融合发展现状、营销创新发展现状、机制创新发展现状、出版融合发展趋势。共计 29 个问题，五个部分的问题数分别为 5 个、8 个、6 个、7 个和 3 个。问卷通过微信直接发送或者通过朋友圈转发至相关出版社等渠道发放调查问卷，历时 10 天，共回收有效问卷 85 份。问卷填写的大学出版社共 34 家，涉及的销售规模从几千万到几十亿元不等。填写问卷大学出版社区域分布为：北京 6 家，上海 9 家，广东 2 家，陕西 2 家，辽宁 2 家，湖北 3 家，湖南 3 家，江苏 4 家，浙江 1 家，福建 1 家，广西 1 家。问卷信息所涉及的出版社类型和地域分布基本达到调查预期。具体调查结果数据情况如下：

调查首先了解受访者所在出版社的主要出版方向和其岗位职位，以求了解不同出版方向特色的大学出版社与不同岗位职位对内容融合的理念和实践有何不同。有部分出版社存在多个出版方向，从调查表显示主要集中在教育和科技出版两个主要方向，这正是目前融合出版最活跃的两个出版板块(见表 4-8)。参与调查的出版社不同岗位中编辑最多，达到 31 人，社级领导、编辑部主任、营销人员(营销部主任和营销经理)、数字出版负责人都有一定比例的参与，调查样本具有一定的广泛性和代表性(见表 4-9)。

表 4-8　　　　受访者所在大学出版社的主要出版方向

选项	人员	比例
教育	62	72.94%
科技	34	40%
文学	21	24.71%
社科	23	27.06%
少儿	17	20%
艺术	16	18.82%

表 4-9　　　　受访者在大学出版社的岗位和职位

选项	小计	比例
社级领导	16	18.82%
编辑部（室）主任	11	12.94%
营销部主任	13	15.29%
编辑	31	36.47%
营销经理	6	7.06%
数字出版负责人	8	9.41%

　　这部分调查是本调查研究三的"大学出版社融合发展状况调查"的第二部分"内容融合发展"方面的内容。主要目的是了解大学出版社各工作岗位受访者对所在单位的内容融合实施情况，以及其对内容融合的态度和认识。

　　调查结果如下 7 个方面。

　　第一，关于内容载体融合现状。内容载体与内容生产方式、内容应用组成内容融合的整体，表 4-10 显示，接近 66% 的受访者所在大学出版社开展了电子书出版，电子书成为最多的数字出版产品。"慕课微课"和"纸数融合"两种形态也被普遍接受，分别有44.71% 和 43.53% 的受访者表示正在开展此两项工作，与之相对应的是，选择这两项的受访者所在出版社大多数涉及教育和专业出版。有 51 位受访者填写了两项或者两项以上的内容载体。

表 4-10   受访出版社内容载体融合出版状况

选项	小计	比例
有声书	33	38.82%
电子书	56	65.88%
纸数融合	37	43.53%
影视动漫	21	24.71%
慕课微课	38	44.71%
数据库	23	27.06%
游戏	9	10.59%

第二，内容融合形态对知识转移效率的影响。不同的内容载体会有不同的知识转移效果。表 4-11 显示，"纸数融合"形态在效果上最为认可，有 22 人选择了此项，"慕课微课"和"有声书"紧随其后。而上表中使用最多的电子书产品却没有取得相应的认同，只有10 位受访者认为电子书的知识转移效果好于其他选项。

表 4-11   不同内容载体对知识转移的影响

选项	小计	比例
有声书	16	18.82%
电子书	10	11.76%
纸数融合	22	25.88%
影视动漫	12	14.12%
慕课微课	17	20%
数据库	6	7.06%
游戏	2	2.35%

第三，内容应用融合状况。好的融合内容需要好的融合应用。本题旨在了解目前出版社开发的内容传播应用工具，表 4-12 显示，"在线课程"成为最多的选项，"APP 应用"和"公众号"分别获得 47.06% 和 45.88% 的选择，比较令人费解的是，MPR 出版物与上一个调查项中纸数融合产品的选择不一致，或许是因为受访者对 MPR 出版的概念并不了解，因此造成结果的一些偏差。

表 4-12　　　　受访出版社对不同内容应用平台的选择

选项	小计	比例
在线课程	46	54.12%
APP 应用	40	47.06%
数字学习平台	32	37.65%
MPR 出版物	10	11.76%
公众号订阅	39	45.88%

第四，内容应用融合对知识转移的影响。表 4-13 显示超过 50% 的受访者认为数字教学平台对知识转移最有效果，其次是在线课程，有 43.53% 的受调查者选择了此项，有近 33% 的人选择 APP 应用选项。这也是目前最为常用的三个出版内容传播渠道和平台。与大学出版社出版方向进行对比，选择"数字教学平台""在线课程"选项的均为教育出版。

表 4-13　　　　不同内容融合应用对知识转移的影响程度

选项	小计	比例
在线课程	37	43.53%
APP 应用	28	32.94%
数字学习平台	43	50.59%
MPR 出版物	11	12.94%
公众号订阅	16	18.82%

153

第五，影响出版社内容融合发展的两个主要因素。在影响出版内容融合发展的五个主要因素中，表4-14显示接近一半（49.41%）的受访者选择了内容资源，也就是说出版作为内容产业，融合发展的关键还是在于出版社自身所掌握的内容资源。资金支持成为第二多选项（34.12%），可见出版社在内容融合开发的投入不足，而出版社所拥有的技术力量则是实现融合发展的一个重要因素，有31.76%的人选择了此项。

表 4-14　　　　**影响出版社融合发展的两个主要因素**

选项	小计	比例
技术力量	27	31.76%
内容资源	42	49.41%
资金支持	29	34.12%
盈利模式	21	24.71%
人才	25	29.41%

第六，对目前内容融合发展的满意程度。对于所在出版社内容融合出版的现状，表4-15显示只有16%的受访者认为不满意，有16.47%受访者则感到非常满意，笔者进一步比对了选择"非常满意"选项的受访者职位状况，发现14位中有8位社级领导，而在选择"不满意"的13位受访者中，有6位出版社中层干部和3位社级领导，而大部分受访的编辑和营销经理则选择了"基本满意"或者"满意"。说明出版社的领导层对融合发展抱有比较明确的意见，而普通员工则立足自身岗位对融合发展给予了中立的认可。

154

表 4-15　　　　**受访出版社对内容融合发展的满意程度**

选项	小计	比例
非常满意	14	16.47%
满意	12	14.12%

选项	小计	比例
基本满意	45	52. 94%
不满意	13	15. 29%
非常不满意	1	1. 18%

第七，内容资源的复用情况。内容复用情况表明内容的质量和应用开发的多元化，以显示资源利用的效率及其价值。这一点受访者对于所在出版社的内容多元化开发表示满意，以"基本满意"为基准，比例超过了87%，见表4-16。

表 4-16　　　　**受访出版社对内容资源的复用情况**

选项	小计	比例
非常满意	15	17. 65%
满意	17	20%
基本满意	41	48. 24%
不满意	11	12. 94%
非常不满意	1	1. 18%

从以上7个方面的调查结果来看，大学出版社在出版内容载体和应用融合两个方面体现了以下基本的工作思路：立足现实、稳步创新、积极开拓。这种思路表现为内容资源建设仍然是融合发展最重要的工作，以此为基础利用较为成熟的融合技术开发了基于本社内容特色和资源积累的电子书、有声书、慕课微课、纸数融合产品等，实际上这些数字产品在内容上与纸质图书内容相同或基本相同，而在表现形式和效果上相得益彰。产品内容和呈现形式需要不同的应用工具(平台)。慕课微课应用于在线教育，纸数融合应用于 APP 工具和有声书，可以通过微信公众号订阅传播。调查显示一半左右的受访出版社的工作人员对所在出版社内容融合情况表示

了"基本满意"，这个处于及格线的回答说明内容融合并不是令人满意的，而内容融合的体现在于内容资源复用情况，即同一内容是否有多种表现形式和应用途径是考量内容融合的重要指标，而这一点受访出版社工作人员的评价也处于基本及格的情况。

4.3.3　大学出版社内容融合发展的问题

从出版实践案例和两份调查结果看，近年来，大学出版社在内容融合发展上取得了一定的成绩，主要表现在纸数融合教材和图书的开发与营销上开拓出了可盈利、成规模的商业模式，纸数融合二维码出版因其成本投入小、用户体验好等特点成为目前普遍较为成熟的内容融合形态，而具有某一特定品种规模市场的大型大学出版社则在开发数字学习网站和平台时，仍然通过线下的纸质图书来转移流量。这种利用线下用户数据，通过数字化平台转化成线上流量的模式仍然是内容载体融合的主流。另外内容和服务相融合的平台是教育出版融合发展的重点。目前大学出版社应用的平台基本有两种：第一种是低成本的微信公众号平台或者小程序平台，这种方式适合中小型出版社开发教育类出版物或功能相当简单的应用；另一种是构建专业化集成式的数字内容融合平台。这些融合内容和应用得到了用户的认可，尤其是教育出版领域，以平台为载体的综合学习系统将成为内容融合发展的主要形式。在取得进步的同时，大学出版社内容融合发展仍然存在着一些不足，主要体现为以下三点：

（1）仍然依赖传统出版方式和理念，融合发展变成辅助发展

尽管大学出版社开展了不同形式的数字出版，但通常的数字出版思路是先有了纸质图书的内容，然后思考如何用数字化手段来改变呈现内容和形式、丰富传播方式和提高传播效率，纸数融合学习产品普遍被大学出版社教材出版接受也是基于这样的思路。当然造成这种局面的还有诸如用户阅读方式的惯性，销售方式的可变现性等原因，这或许是大学出版社在出版实践中比较务实的工作风格。但这也带来了一些问题，首先，基于纸质图书的内容开发和加工禁锢了内容符号的灵活性。文字符号在不同载体上的表现形式有巨大的差别，过去由于载体的单一性，不同的内容表现只能通过教材和图书来展现，而多模态的媒介带给内容更加丰富的表现状态，但如果过于依赖传统出版思维，一开始就囿于纸质载体的内容表现形式，会影响到内容本身的丰富性。其次，因为先于数字化的纸质载体工作方式，使得出版加工的创造性变得僵化，先出版了纸质教材，之后数字化产品便只能在电子书、电子教案、学习平台等成熟的数字化产品中进行选择，如果出版社从一开始就以数字出版思维来设计内容，则从内容的选择、编辑、加工、发布、用户服务等完全与之前发端于纸质图书的流程不一样，反过来也可以实现从数字出版到纸质出版。因此就目前情况看，大学出版社的融合发展在内容创新上，更多的是"纸质+"的融合方式，也可以称为数字出版辅助纸质图书出版的状态，而这并不利于融合发展的进一步深化。

(2)内容融合形式过于僵化，与内容特性和用户消费特点脱节

调查显示了不同学科对不同数字化学习资源的偏好，如工科类教材出版时要把自主学习平台(网站)的开发优先于其他数字学习资源，但艺术类教材出版则要加大慕课微课开发并通过在线平台进行学习，而文科和理科背景的学生更喜欢选择与教材配套的移动学习应用进行课程学习。这些不同的选择倾向与学科特性和学习特点有很强的联系，如艺术类学科需要大量的模仿练习，视频加音频文字旁白注释的方式更容易让学生学习理论和模仿实践。同时不同内容形态需要不同的应用场景，如纸质教材内容设计应充分考虑课堂教学的特点，而数字资源偏重于课堂外的自主学习，因此内容应有不同的侧重。而在实践中，我们发现很多大学出版社在开发中往往不会考虑内容特征、用户阅读习惯和应用场景的不同，千篇一律地采用常规方式，这样往往会造成资源的浪费。不考虑内容特征的融合产品开发无法展示学科的特色，AR/VR应用到飞机驾驶实践教学可以提高技能的培训，远远比观看视频要好；不考虑用户阅读习惯则无法高效传播知识，同样是基于教材的教师教学内容和学生学习内容是有所区别的，而忽视应用场景也会降低内容转移的有效

157

性。因此要改变目前教材+PPT/APP 的固定思维，充分考虑内容特性、用户阅读习惯和应用场景的不同选择不同的融合形态。

(3) 忽视大学内容创新资源，重复开发同类产品

本书多次强调大学出版社融合发展的核心概念是大学出版和大学教育的融合，大学出版社要充分利用学校的内容创新资源、作者资源和品牌资源，而实际上大学出版社在内容融合发展时往往会忽视所在大学的内容创新资源。在各级教育主管部门加大教育信息化的规划和要求下，各大学加大了教学科研的信息化和科研知识创新投入，涌现了许多围绕着学科课程建设与特色专业建设的多模态数字课程和数据库系统。而这些成果往往作为科研项目的成果在验收后便束之高阁或者只在教学科研很小范围内使用。也有很多高校因为学校的要求或者参加比赛的要求，录制形成课程体系的慕课或者微课，而这些课程也在完成学校任务或者比赛后无人问津。与此同时，大学出版社却在组织专家编写教材和开发数字课程资源，结果就造成了资源的浪费，学校开发的精品课程资源得不到传播，出版社开发的课程投入巨大，而且可能质量不高。因此大学出版社融合发展的关键是内容融合创新，内容融合创新的关键在于充分发现和利用好母体大学特色专业和学科建设的成果。

5 基于融合发展的大学出版社营销创新研究

关于出版融合发展背景下的出版营销创新的内容和方式，指导意见中指出：强化用户理念和体验至上的服务意识，既做到按需提供服务、精准推送产品，又做到互动中服务，在服务中引导，不断增强用户的参与度、关注度和满意度；创新传统发行渠道，大力发展电子商务，整合延伸产业链，构建线上线下一体化发展的内容传播体系；借力商业网站的微博微信微店等渠道，不断扩大出版产品的用户规模，进一步扩大覆盖面。

大学出版以教育出版和学术出版为主要方向，教育出版和学术出版在作者和内容上有着很多的联系，如大学的教授往往会出版学术专著，也会参与教材的编写，学生是教材的使用者也是学术专著的购买者和研究者。教育出版和学术出版也有着不同之处，如学术出版的内容更加专业和学术化，从而导致了营销方式和对象的不同。本研究将对教育出版和学术出版的营销创新作分别阐述。

5.1 大学出版社营销创新的特点和内容

如第三章中所述，本书认为在不断更新的出版营销理论中，Jerry McCarthy 提出的 4Ps(production，price，place，promotion)理论对出版营销理论的发展提供巨大的理论支持，甚至到现在也不过时。

现代信息技术推动下的商业世界发生了天翻地覆的变化，营销理论也在原有学者的基础上不断创新完善：1990 年 Robert Lauterborn 提出了 4Cs（cost，consumer，convenient，communication），2006 年美国著名学者唐·舒尔茨提出了针对互联网搜索引擎营销 SIVA 理论（solution，information，value，access）①。在互联网时代，大学出版从出版商到知识服务商转型过程中，SIVA 理论更具实践指导意义和前瞻性。从中可以发现营销理论和内容的变化反映了互联网时代对产品、消费者等营销内容的认知变化：用户意识、服务意识和价值意识成为新的商业主题。而出版营销模式也不例外地发生了变化，尤其是教育出版营销管理，它不仅仅是提供一种出版物商品或者服务，而是一整套解决方案，利用大数据技术分析内容和用户信息，实现出版内容的价值最大化，而内容从信息到最终实现价值，需要连接用户的各种通路和"催化剂"去提升知识转移效率。互联网时代的知识传播路径和用户的需求促进了出版营销管理变革与创新。

5.1.1　大学出版社营销创新的特点

数字出版背景下的出版营销创新是当前出版融合发展的重要内容，营销创新的内容是多元的，有理念创新、手段创新、策略创新、模式创新等，营销理论各有不同，但基本可以分为战略层面和策略层面，营销创新受到社会整体发展状况和产业环境的影响，从企业层面来说，营销管理创新与企业战略、产品特色、用户特征、渠道特征、营销技术和营销人员素质等因素有关。正因为如此，大学出版社营销创新的特色是基于产品、用户、渠道等营销元素与其他类型出版社的差异而形成的，主要体现在以下 3 个方面：

（1）营销创新强调产品和服务融合

营销创新与内容特征关系密切，与大众图书出版社对个体读者

---

① 唐·舒尔茨. SIVA 范式：搜索引擎触发的营销革命［M］. 北京：中信出版社，2014：120.

的关注不同，所要解决的问题往往是规模化读者群体的需求，如教育出版所要解决的是成千上万学生的学习资源问题。互联网时代，大众的教育程度以及知识获取的便捷度都发生了很大的变化，个性化需求越来越明显，对于教育出版和学术出版而言，大众教育程度的提升使得传统出版的整齐划一提供相同素材变得过时，因此出版物的内容差异特征和服务差异化变得尤为关键。在营销事件中，大众图书往往基于图书本身的特征，如内容质量、作者知名度等设计营销策略，而大学出版社的教育出版物则要在突出产品特征的同时注重服务优势。

产品和服务的融合可以分为两个方面，一方面是内容出版过程中的产品和服务融合，它体现在利用丰富的媒介技术和信息技术研制开发的集成型产品上，将原本传统出版无法体现的服务功能得以展示，比如基于教材的教学服务平台不仅提供了教学资源，也提供了教学管理功能，如签到系统、学习时间监控、日常学习检测等，最后形成了"产品即服务，服务即产品"的统一整体。另一方面是在营销过程中的产品和服务融合，互联网时代，教育出版营销的重点不能仅仅放在产品上，没有服务做支撑的产品推广引不起用户的关注热度，比如中小学教材的推广一定需要有给教师的培训服务，越来越多的大学出版社在推广各专业高校教材时都会给教师提供教学研修班服务。还有一点非常明显的变化就是，在传统出版环境下，产品的售出就意味着出版社营销工作的终结，而在融合发展背景下，产品和服务永远没有终结的时间点，建立在互联网上的用户使用服务需要一直开放，基于产品体验的需求和问题需要第一时间给予解决，否则直接影响到用户体验。

因此在融合发展的出版理念下，大学出版社在选题开发和设计阶段就需要将产品和服务两者进行统筹考虑，而从未来发展的趋势看，利用不断发展的技术将出版内容和出版服务有效集成的融合方式才是最有价值的。

(2)营销创新重视用户体验

融合发展战略强调以用户为中心的出版工作宗旨，大学出版社

161

的营销创新尤应如此。上文提到大学出版社最重要的教育出版融合方式是将产品和服务融合为一个整体的策略。这种整体也可以称为服务方案或者解决方案，服务和解决都是基于用户的需求而展开的。互联网时代，读者的需求越来越个性化，这种挑战也带来了营销升级的机遇，通过不断满足读者个性化需求来推进大学出版社营销创新发展。大学出版社营销创新的突破点之一就是出版全流程提升用户体验的获得感和成就感。从教材与图书的选题设计和编写就要考虑到用户体验，而要实现良好的用户体验则需要充分了解用户的需求，做好用户需求分析是实现用户体验的前提，以前通过访谈调查来获取，而互联网时代则可以通过大数据技术来进行精准分析。内容融合出版过程中考虑用户体验，通过媒介技术、信息技术等技术手段实现内容的多元化呈现和学习方式的人性化，比如可自由选择组合学习内容、自由安排学习时间等，同时对学生的学习过程要有监控和反馈，分析学生的学习行为以及学习效果，从而发现学生学习是否达到预期效果，并诊断问题所在，甚至提出有效的解决方案。立足学习者学习行为的数据分析，还可以为其提供更为持续的学习内容。这些基于用户体验的出版全流程营销创新与大学教育注重学生学习体验和学习效率是相同的，因此大学学科课程建设的成果往往可以转化为出版营销创新的手段。

(3) 营销创新关注整合大学资源

除了在出版内容资源建设上充分利用好母体大学的教学和学术资源，在大学出版社营销创新上也要重新审视与大学出版相关联的所有资源的价值重估。正如前面两点所言，大学出版社融合发展的重要内容是大学出版与大学教育的融合，大学教育包含着极其丰富的内容，丰富而又不断创新的知识、知识创造和创新的高素质人才、强大的教学和科研基础、庞大的校友资源等，大学出版社在利用这些资源开展营销实际上是传统的工作方式，但在融合发展战略要求下，这种资源的互相融合将围绕着教育和出版共同的目标展开新的融合模式，那就是围绕着解决学习者学习方案而不是某一个产品进行的融合。以教材出版为例，以前往往围绕着一套教材利用学校的教材主编或者团队进行教材宣讲或者组织教材推广会议，如今这种简单的方式并不能解决问题，而需要与学校教材编写者构建一系列的学习教学方案来开展营销工作，除了教材内容的设计与编写等传统资源整合外，大学出版与大学教育要从科研、学科课程开发、学生培养、学术研讨等围绕着教育开展全方位的资源整合。以往大学出版社等着大学教师提供稿件，然后进行编辑加工，属于坐等内容和资源，久而久之，母体大学的教师就不会把好的内容给出版社。加强与各专业学院和研究院所的整体全面合作，不仅能第一时间获取新的知识资源，还可以充分调动这些专家和由这些专家带来的全国性甚至全球性资源参与教材或者教学资源的推广，进而为新的用户需求开发更好的产品，有些出版社甚至融入大学的招生工作去，利用招生工作中的生源地建设辐射与重点高中的出版合作，大学出版社也可以与专业院校合作联合申报各种课题项目，通过产学研结合的方式共同推进知识创新和服务。对于以理工学科为优势的大学，大学出版社则应该加强与计算机学科、教学技术学科、信息学科等专业院系的合作，弥补自身技术的不足，以推动融合出版项目的可行性和技术含量。因此融合发展背景下的大学出版社一定要与大学学科建设等全方位工作构建更为紧密的合作关系，将出版工作的全过程与大学的学科建设和各项工作结合在一起，才可以加快从出版商到知识服务商的转型。

5.1.2 营销内容创新：从产品到解决方案

产品是市场营销的最重要和最基本的因素。传统的营销理论非常强调产品的重要性，产品是任何一种能被提供来满足市场欲望或者需要的东西，包括有形物品和无形服务①。传统的出版营销以产品为导向，以教育出版为例，大学出版社开发出版什么样的教材，教师和学生就使用什么样的教材，需要教师和学生在使用教材过程

163

———————
① 菲利普科特勒. 营销管理(第15版)[M]. 上海：上海人民出版社，2016：342.

中适应教材理念和编排，并基于教材内容设计教学。这个时候的教材被单独地设置为一个独立的产品或者以一个产品为主的单一形态的教材教辅组合，出版社生产教材后，一些中小型出版社委托给经销商代理销售，不再与教师和学生发生联系，而大型出版社则会把营销延伸到教师，学生的服务则更多地交给了教师和学校。这些以产品为中心的营销模式显然不符合互联网时代的知识服务要求：单一的知识内容资源很容易通过互联网获取，大学出版社不能恒久稳定地以此作为盈利源泉，以产品为中心的同一资源很难适应个性化的学习需求，互联网企业涉足教育服务领域带来的新的理念冲击了原来的固定思维。大学出版社越来越意识到数字出版转型带来的不仅仅是内容的改变，更是营销理念和模式的创新。

郝振省指出：数字出版环境下，受众关注的不仅仅是获取简单的文献和知识，而是如何从复杂的信息环境当中吸取解决问题的信息内容，并将信息动态重组为相应的解决方案①。这一点在教育出版领域非常明显，产品策略从单一种类和形态转变为多元化组合的形态，从纸质教材或者音像出版物的知识输入到多模态媒介的出版资源服务，使得学习者拥有的是海量知识集成和多渠道学习途径。教育出版的营销策略也从如何通过教材和教辅促进知识的传递转变到如何通过丰富的教学资源帮助学习者更有效地获取知识和理解知识，学习者可以通过这些教学资源构建适合自身知识学习的个性化模式，出版社所要做的就是了解学习者学习需求特征和阅读方式，通过解决方案平台的模块设计让学习者有效学习。"教材+互联网"和"互联网+教材"为主要形式的教育内容解决方案成为最主流的两种方式。知识管理学者原长弘、周林海认为知识转移效率可以为这种教育出版营销模式的转变提供理论依据，他们认为良好的知识转移效率是在学习者限制的时间和成本范围内，出版社和教师以一定的速度转移一定量的有用知识给学生，并使学生感到满意的程度。大学出版社适应这种转变时，应该注意到：一是，学习者的知识获

164

① 郝振省. 互联网思维下数字出版发展新趋向[J]. 出版发行研究，2014(4)：6.

取是有时间和成本限制的，因此要从学习者的实际情况设计出版产品和服务；二是，知识不仅存在数量上的要求，还存在质量上的要求，必须是对学习者具有使用价值的知识；三是，总体上而言需要让学习者感到满意①。

产品和服务是一个有机整体，产品本身就是服务，服务也是一种产品，同时基于产品的服务可以丰富和扩展产品的内涵。传统营销理论和实践往往把这两者分开，在产业内部组织定位出现了生产企业和服务企业，在企业内部则分为研发部门和服务部门。随着信息技术的发展，原先没有办法实现的针对时空分割的用户全流程知识传播得以实现，加上图书期刊传递的碎片化信息可以通过网络知识服务途径获得，因此用户需要提供成体系的知识服务，并且如同面对面一样，及时解决问题。

5.1.3 服务创新：从促销到大数据营销

传统出版营销中的促销工作一直在变化中，这种变化趋势之一就是越来越关注读者的差异化需求，根据不同的需求制订不同的促销政策。但这种行为是为影响和说服读者购买自身产品与服务而有选择性地提供相关信息，或者为了避免失去客户而"屏蔽"不利的消息。而互联网时代，读者已经不再被动地单向接受出版社的促销信息，而是主动地搜索获取比较出版物信息，从内容到使用反馈。同时传统出版营销中，促销往往基于产品的内容宣传和价格优惠来开展，如今互联网带来的海量免费知识使得这种促销变得没有太多的价值，如果出版社依旧采取传统图书促销方式就会变得多余②。出版促销注重于宣传广告、推广活动等以产品为中心的商业行为，其目的就是将图书更快更多地销售出去。传统出版促销也注重对不

---

① 原长弘，周林海. 知识转移效率的研究现状［J］. 中国科技论坛，2011(3)：113-119.

② 王东霞，赵龙祥. 从产品到服务：数字化时代出版营销理念的变化［J］. 出版广角，2013(9 上)：67-69.

同读者阅读兴趣和消费方式的区分，在广告选择、活动方式上有所差别。而随着传统宣传媒介的式微，新兴媒体的传播方式更加注重受众精准化和实时化。

与上一个小节提到的从产品到解决方案的内涵一样，促销也需要信息，在传统促销策略和实践发展过程中，大学出版社加大了对信息的整理和分析，但没有互联网和信息技术做支撑的信息整理分析往往是有误差和过时的，传统促销对读者阅读和购买行为的调查需要通过调查问卷和第三方信息平台才能获得，而这些信息反映的实际情况经常滞后，因此对大学出版社在开放教材和学术图书选题时的指导意义就不强。

出版本身就是在创造、生产和传递数据。大数据是关于使用集成数据，查找和分析模型，从而指导思考（即解决问题）和实践的技术。大数据技术已经在出版的销售、市场营销和宣传上发挥巨大的作用，例如对图书分销商销售信息的掌握和分析、对读者的销售方式分析后的精准推送等①。大数据技术正在帮助大学出版社跳出传统的相对封闭和反馈滞后的环境，让教师和学生在使用教学资源的过程中，采集和分析追踪教与学的行动，从而获取教师和学生的人性化习得知识的习惯和偏好，从静止的数据状态转变到实时动态的行为数据分析上②。满足教育个性化出版服务的前提一定是完整的、清晰的、可靠的产品和服务信息，只有这样教师和学生才可以放心地做出处理决策，这仍然需要注重两个方面的建设：丰富的差异化的内容资源和个性化便捷的信息整合技术，这是出版社从传统促销到大数据营销转型的基础，没有足够丰富的内容，就没有办法满足教与学的需求，没有大数据技术的搜索、导航、整合功能，个性化教学资源的构建也无从谈起③。未来大数据的作用不仅仅于

① 马克 J，弗雷茨 H. 大数据出版[J]. 出版科学，2017（1）：5-17.

② 刘坚. 学术出版创新：基于大数据的知识服务[J]. 现代出版，2014（6）：27-29.

③ 李昕烨. 从 4P 到 SIVA：互联网背景下出版企业营销策略创新[J]. 出版科学，2017（3）：99-101.

此，未来人工智能时代的一个重要技术前提就是大数据时代，出版业要利用"人工智能+"的出版模式就一定要掌握大数据和应用大数据技术。

5.1.4 品牌价值创新：从价格到价值

价格策略是传统营销管理的重要内容，菲利普科特勒在其著名的《营销管理》(第15版)中从制定价格、调整价格两个方面阐述了定价策略在营销管理中的应用，其中在制定价格中，他认为主要从选择定价目标、确定需求、估计成本、分析竞争者的成本等几个角度确定产品或者服务的价格①。同时他在著作中提到数字世界的定价策略变得与以往不同，尤其是产品和服务组合的多元化和个性化使得定价策略更多地考虑到价值，因此他强调在与顾客建立连接时重视顾客感知价值，在品牌定位时树立以顾客为基础的价值主张，因此可以明显地看到，价格更多地关注成本，而价值则把关注点放到了顾客的需求。

传统的纸质图书成本可以分成直接成本和间接成本，以此为基础，在定价时还需要考虑产品的竞争状况以及盈利预期。而数字产品的直接成本是研发成本，研发成本包括技术成本、版权成本、人力成本等，而这些成本无法显性化，对于读者来说，无法感受到成本。

同样在数字出版的时代，大学出版社在教育出版和学术出版上要从提供产品和服务的层面提升到为读者提供更多的价值。在出版工作中，往往通过产品和服务实现价值，价值的本质不在于出版社提供了什么样的产品，而在于帮助读者解决了什么样的问题，也就是营销管理创新中从产品到解决方案的转变。那么大学出版社该如何提升价值呢？主要有两个途径，一个是提升教师和学生对解决方案的顾客感知利益，另一个则是降低教师和学生在学习获取知识时

167

---

① 菲利普科特勒，等. 营销管理(第15版)[M]. 上海：上海人民出版社，2016(8)：431.

付出的感知成本①。

提升价值利益和降低价值获取成本的途径就在于互联网技术、信息技术等技术基于教师和学生个性化需求的解决方案的设计、实施和评估。大学出版社在教育出版服务中提供高价值的服务无疑可以吸引具有一定品牌忠诚度的读者，而这样的读者将带来更大的长期价值。提倡终身学习的互联网时代，着眼于未来的、持续的价值才是最大的价值。而这些完全是可以通过技术来实现的，读者也会掏出更多的钱购买对他们最有价值的产品和服务。

5.1.5 渠道创新：从经销商到平台

经典营销管理理论认为营销渠道是促使顾客能顺利地使用或者消费产品及服务的一系列互相依存的组织，也可以理解为产品或者服务在生产环节后所经历的一系列途径，最终以被顾客购买并消费告终②。这里的渠道更多是指以批发商和零售商为主要组织形式的分销商。而本书在研究中注意到在教育出版的分销渠道正在趋于零售化，无论是作为组织采购形式还是学生个人购买行为，新华书店和网络书店正在形成垄断。同时这些渠道在分销营销工作中加大移动互联技术的应用，借助其"精准、互动、整合"的优势，加速客户端营销迁移③。

大学出版社的优势是以大学基础通用课程和专业课程为主的高等教育教材教辅出版。我国大学出版社高校教材发行有着独特的渠道，新华书店负责基础教育教材的发行，一开始并没有对高等学校教材发行产生太大的兴趣，因此在20世纪80年代末成立了由教育厅和高校相关部门（图书馆、教材科、出版社等）主管的教材代办

---

① 李昕烨. 从4P到SIVA：互联网背景下出版企业营销策略创新[J]. 出版科学，2017(3)：99-101.

② Michael R. Solomon Consumer Behavior：Buying，Having，and Being (10th edition)[M]. Upper Saddle River，NJ；Prentice Hall，2013.

③ 张美娟，张琪，曹子郁，柏雯. 移动互联时代的出版营销新模式[J]. 现代出版，2015(6)：37-39.

站，专门负责高校教材的销售。通过以教材代办站为主的教材发行渠道，采用教材巡展、会议推广、样书寄送、专架营销、广告推荐、编辑发行一体化营销等方式向教师开展营销推广工作①。出版社和渠道在合作过程中逐渐认识到教师和学生的多样化需求，使得传统的营销方式变得越来越没有效果。同时 21 世纪初以来高等教育大发展，高校教材市场成为众多出版社竞相介入的市场，竞争越来越激烈，大学出版社开始减弱原来基于渠道的营销功能，转而通过联合或者独立设立教学服务中心、院校代表等方式加大对教师的营销服务力度。以高校教材代办站为主的经销商则把工作重心放到教材供应工作上，协助出版社开拓和维护市场。

互联网时代的知识生产和传播方式的变化使高校课程设置不断改革创新，高校教材出版和营销工作从整齐划一的统购统销模式转向为学生提供个性化和定制化的专属知识服务。营销组织必须为消费者提供方便快捷的途径，使其获取解决方案，获取的方式应当以消费者所期望的方式为准，而不单是将解决方案推销出去②。大学出版社应该依据教师和学生教与学的需求，在降低成本的基础上，构建立体复合的渠道终端结构，以满足不同读者的不同购买范式和渠道③。提供个性化的解决方案不能再依靠传统耗时低效的营销方式，集教材内容、教学资源、在线阅读、在线购买等信息和服务于一体的平台建设体现了满足这种教学的需求特征。通过出版平台，出版社、渠道从不同的视角制订教学信息发布和辅助教学的服务，作为作者和读者的教师在这个平台上获取信息和资源，同时在平台上分享自己制作的内容，如教学设计、微课等，学生除了利用出版社和教师提供的教学资源进行学习外，还可以和出版社、作者和教师进行互动，并直接通过出版社或者分销商设置的购买端口实现购

169

---

① 于天文. 教材出版营销的思路探讨[J]. 中国民营书业，2012(8)：7-9.

② 唐·舒尔茨. SIVA 范式：搜索引擎触发的营销革命[M]. 北京：中信出版社，2014：13.

③ 程绍珊，叶宁. 变局下的营销模式升级[M]. 北京：中华工商联合出版社，2014：238.

买资源的消费。这种将教育出版过程中各个相关的参与主体和环节集成在一个互联网平台上实现互动分享功能的社群平台正在成为大学出版社营销的主流模式。

大学出版社所处的营销环境已经发生了巨大的变化，与出版内容融合发展状态同步，在不断发展的技术支持下，加快大学出版社所擅长的教育出版和学术出版在出版营销思维、手段和模式的融合，从而更好地促进出版社、作者、教师、学生四个主体进行围绕着教学内容的生产、传播、获取、内化和创新的良性循环知识社群的构建。因此接下来的一节将围绕着这四个融合发展内容分析大学出版社基于互联网和信息技术的出版营销实践现状及问题。

5.2 融合发展背景下大学出版社出版营销创新实践

在融合技术推动下，大学出版社在教育出版和学术出版为主的出版活动中以用户为中心实施营销策略。跳出原有的营销产品策略、价格策略、渠道策略与促销策略思维和行动框架，重新思考营销策略，以满足用户解决问题需要的产品和服务过程需求。在新兴出版营销策略实施中，始终无法脱离两个关键要素——"以用户为中心"和"技术融合推动"，基于此，本书将四个方面的内容归纳为三个方向的实践：基于平台的内容服务实践、基于社交媒体的社群营销实践和基于网络书店的渠道融合实践。

5.2.1 基于平台的内容服务创新实践

教育出版和学术出版都属于专业出版，教育出版集中体现在以专业知识为基础的教材形式的出版，学术出版则更是专业知识深入研究的体现，正是内容的专业性决定了大学出版社在出版资源上的产品特性和服务特性。

就产品特性而言，教育出版物的内容突出了专业特性和教育功能，专业知识尤其是自然科学类专业知识更容易进行数据结构化和标准化处理，对内容资源按照知识单元来进行结构化加工，通过对文本、音频视频、图片等资源进行挖掘整合，形成专业知识单元集合①。其教育功能特性则体现在教育出版物内容受所属学科发展影响比较大，同时教育技术和政策以及不同学科教学模式的变化也会对出版物的内容设计和产品组合提出新的要求，因此学科内容和呈现方式相对来说突出多元化和更新速度快。

就服务特性来说，大学出版社由于其产品特征具有三个较为明显的特点，一是所服务的用户具有特定的专业特性，无论是教材还是学术图书，都针对特定专业的教师和学生，即使是通用课程教学资源也具有一定的专业要求，因此大学出版社较其他出版社相比更具有专业性。二是服务的体验性特征，教育出版内容资源往往作为教材出现，因此需要通过教与学的实践传播知识，一般而言，从以纸质书籍为载体的传统出版产品内容服务特性来说，教育出版与大众图书相比，用户体验更为重要，典型的情况是出版社提供教材后往往会投入比较多的精力关注教材使用情况，以便做好后续培训工作和教材修订工作，而大众图书销售后，出版社仍然会关注读者的阅读体验，但后续服务相对简单。因此以教育出版为主的大学出版社一直以来把营销工作的重点放在教师和学生的教师使用反馈上。三是服务的连续性特征，由于教育出版物内容的传播需要一定的周期(如一个学年或者连续使用几届)，因此针对某一专业群体的服务不会因为购买行为的结束而终止，而是与产品周期相关联的长期服务过程。

内容的服务功能需要通过完善内容的专业和教育特性才可以实现，在传统出版环境下，要实现这样的功能往往需要较高的成本，比如雇佣专职的教学服务人员、院校代表、大型培训会议等，效果也不尽理想，如教学服务人员是否具有专业问题的解答能力，培训会如何体现个性化针对性等。而互联网技术和信息技术构建的平台

171

---

① 鲁玉玲. 专业出版领域知识服务平台内容资源基础的构建[J]. 编辑之友，2018(5)：33-37.

使得这种专业内容的服务得以有效地实现，而且通过数据挖掘、内容聚合技术等信息技术手段对内容进行深度加工，针对用户需求提升内容附加值，引导用户从内容消费向知识消费转变，提供增值服务，创造内容新价值。

大学出版社的教育出版、学术出版和专业出版的数字化内容资源服务有两种方式：一种是基于用户需求的订阅服务或者定制化内容服务模式，其核心是用户的个性化需求和专业内容特性两者相结合。另一种是基于学习或者知识服务的在线平台模式。教育出版内容服务平台强调学习过程智能化、资源多样化、多模态化和学习个性化①。内容服务平台不仅强调资源的丰富性，还需要突出使用过程的便捷性和互动性，一方面让用户获得更多的知识内容，另一方面提升对出版社品牌的认同。

清华大学出版社与新加坡电子书系统公司开发的数字出版网站——文泉书局就是一个集网络书店、数字样书库、新书发布、在线投稿等于一体的全功能型数字化出版平台。在线教育平台是文泉书局做得比较成功的产品，与清华大学在教材和学术出版的客户之间建起了信息沟通和营销关系的桥梁，文泉书局与母体清华大学定制了专门的电子书架，满足不同专业老师和学生的需求。各高等院校的教师可以登录文泉教育服务网，注册成会员后根据自己的专业教学和科研需要，寻找到清华大学出版社各类教材教辅和优质的在线资源与在线课程下载，网站还会提供电子教案和课件。文泉书局开通后，受到了老师和学生们的热捧，用户数量呈现飞跃性增长，而要维持良好的品牌形象，平台的内容建设是至关重要的，文泉书局在 2011 年就有了 7000 多种清华大学出版社出版的数字版图书，并且保持着每年 4000 种的速度增加。清华大学出版社还依托清华大学母体的学术资源，把学校的期刊和学术著作进行数字化整理，成立了先进的数字化期刊中心，也放到文泉书局供高校专业教师和学生免费或者部分收费使用。文泉书局这个内容服务平台，不仅实

---

① 汪全莉，陈姣. 出版企业数字内容服务模式设计——以湖南地区主要出版社为例［J］. 传播与版权，2016(1)：45-47.

现了出版社的信息和品牌的对外发送，更收集和建立了庞大的用户数据，对于未来存量内容和增量资源的增值开发是非常有意义的①。文泉书局对于数字化营销服务平台的建设提供了良好的示范作用，所以得到了很多出版社的支持，目前广西师范大学出版社、华东师范大学出版社、东北财经大学出版社等 20 家大学出版社在文泉书局上提供了出版社教材数据和配套的教学资源，利用资源整合的优势与高校合作，方便高校教材征订管理。文泉书局显示了良好的发展前景(见图 5-1)。

图 5-1 清华大学出版社文泉书局首页图

中南大学出版社打造的重大数字项目"中国有色金属在线"的核心产品"中国有色金属知识库"便是大学出版社与专业出版内容服务融合的有益探索。"中国有色金属知识库"通过集约知识资源进行深度加工，开发高附加值的知识产品，通过海量知识内容和便捷的检索功能，为专业院系教学、科研院所、企业提供内容服务。中南大学出版社依托中南大学传统优势学科和国家级重点学科的教学科研队伍，整理和建立了科学权威优质齐备的有色金属内容体系。在开发过程中，坚持内容为王的原则，集聚中南大学学科资源

① 郑晓晋. 媒介融合时代我国大学出版社数字化转型策略[D]. 郑州大学，2016.

和人才资源，根据有色金属学科内容之间的联系深入挖掘知识的脉络体系，挖掘纸质图书无法揭示的知识内在联系，利用数据库技术和计算机技术重构学科结构框架，使用户更加直观清晰地获取知识。同时也将知识相对碎片化，力求条分缕析、简明扼要。与此同时，中南大学出版社在知识库建设的同时，强化服务意识，提升用户体验。一方面通过学科标准化编辑标引规范、数字化加工流程规范等保障专业用户使用时获取便利，如在知识检索时提供用户个性化定制内容，还可以推送用户需要的知识；另一方面在内容载体上力求制作跨媒体跨平台的多层次产品。中南大学出版社在总结"中国有色金属知识库"建设时认为其在内容服务融合上有两个亮点：其一是提供了新型的出版服务模式，不仅可以在海量数据库进行知识检索，还可以基于知识库提供行业后续服务，如技术培训、企业数字图书馆等；其二是数字出版与纸质出版同步，体现了复合出版的优势，使得数字内容资源和纸质图书的互动，充分挖掘、利用了内容资源，做到了"一次制作，多种发布"（见图 5-2）。①

图 5-2　中南大学出版社"中国有色金属在线"页面图

除以上两个典型案例外，还有像中国人民大学出版社的"书香缘"、上海外语教育出版社的"有声资源网"等大学出版社构建的内

① 汪宜晔，谢谐，罗小培. 专业出版社数字化建设探索——以中南大学出版社"中国有色金属知识库"为例[J]. 科技与出版，2015(7)：91-96.

容服务平台也已初具规模，且在专业用户领域具有很好的口碑①。这些内容服务平台依托所在高校的学术资源和学科优势，经过出版社数字化出版开发，通过平台，在满足知识学习需求的同时，提供扩展阅读、网络课程、资源下载、学习评测和互动等一系列学习解决方案。

5.2.2　基于平台的社群营销实践

知识管理理论中的知识转移概念可以用来解释以教育出版和学术出版为特色的大学出版社社群构建。知识管理理论中的知识转移强调促成知识转移成功需要构建良好的运作场景。互联网技术和通信技术改变了大学出版产业系统内各主体之间的关系和关系发生的存在场景。移动互联网背景下的大学出版社群关系变得更加融合，与以学生为中心的教学理念一样，大学出版中作者和用户的概念界限变得模糊。虚拟社区成员知识分享需要得到环境和文化的支持，成员共同的兴趣是在线社区发展的关键，共同话题有利于知识的分享，社区只有在强烈的知识共享文化下，才存在开放的对话和高度的信任②，才可以主动积极地分享知识，提升知识转移的效率。同时在教学社群中，教师和学生的区分不再泾渭分明，网络时代的知识生产和传播方式出现了碎片化和去中心化的趋势。一对多的单向传播方式同样发生了改变，教师和学生互相分享和传播知识，通过社群活动，创造新的知识，这时候的知识生产和传播是多对多的交互方式。由于出版社、作者、教师和学生的融合和互动，消除了知识转移主体间的隔阂，双方都会换位思考知识的提供以及接收的方式。

175

---

① 王卫权. 我国大学出版社数字出版运营平台建设现状调查[J]. 出版发行研究，2013(8)：16-19.

② Hamel C, Benyoucef M, Kuziemsky C. Determinants of Participation in an Inuit online Community of Practice[J]. Knowledge Management Research and Practice，2011，10(1)：41-54.

美国营销管理学者罗伯特·劳特朋于 1990 年提出 4Cs 理论,理论认为新的商业环境下,应当提倡从 4Ps 向 4Cs 营销组合的转变,具体为从产品向顾客,从价格向成本,从分销渠道向方便,从促销到沟通等四个方面的转变①。向顾客(Consumer)转变强调根据顾客需求提供产品和服务,并由此产生价值;向成本(Cost)转变则强调不仅要考虑购买产品和服务的货币成本,更要关注受众的时间、精力和风险成本;向方便(Convenience)转变是指要最大限度地便利受众;而向沟通(Communication)转变则是强调营销主体与顾客进行有效、良好的互动沟通,吸引顾客参与企业营销过程②。这些转变实现了传统的单项营销向以消费者需求为导向的互动营销的变革,契合社群营销的基本原则。

(1) 大学出版社群营销模式的特色

近年来大学出版社已经成为我国出版社社群营销的主力军,这得益于大学出版得天独厚的教育出版和专业出版特性,也受益于大学出版社拥有相对较高学历的员工。由于出版社规模和实力各异,108 家大学出版社在社群营销开展深度上也相差较大。本书通过不同的文献整理归纳了发展程度不一的大学出版社的社群营销建设的特点。

第一,大学出版社群营销更加强调互动。由于以学习者为中心的教育理念深入人心,随之带来的教学课程和教育评价体系改革,使得学校和教师更加关注学生的学习体验和效果。大学出版社在设计营销方案时,不再仅仅依靠针对教师的样书推送、教材巡展和宣讲等方式,而针对学生旨在提升学习体验和效果所设计的营销活动也已成为教材推广的重要内容,如结合教材举办各种比赛,提升客户对所学教材的黏性。如外教社为提升跨文化英语教学设计了高校学生跨文化能力大赛。在线上平台构建中,一方面在内容设置上突

---

① 李晏墅. 市场营销学[M]. 北京:高等教育出版社,2008.

② 张岩,吴聪. 基于社群经济的图书营销效果提升策略[J]. 出版发行研究,2017(8):55-58.

出学生在学习时遇到的问题解决方案，同时在功能设计上，提供方便快捷的检索、测试等功能，另一方面还利用大数据技术跟踪学生个性化学习轨迹，结合线上线下教学提供有针对性的学习方案。

出版社除了社群构建中关注了针对教师和学生的内容建设，还加强了自身与教师、学习者之间的互动，鼓励用户参与社群内涵和形式建设。如上海外语教育出版社利用 WE 平台，鼓励在线下参加外教社杯全国高校外语教师教学大赛的老师将针对外教社版教材的优秀电子教案和教学设计分享到社群平台，用一次性购买或者下载分成的方式鼓励教师参与，把使用平台资源的用户变成提供资源的作者。教师和学生之间的互动关系也因为平台设计发生了变化，学生作为学习问题的提出者，分享自己在学习中的成果，照样可以成为平台内容资源的共同建设者。教师和学生围绕着出版社提供的教学资源而进行教学内容知识再创造，乐于分享共享，崇尚学习共同体概念。以学生为中心的社群营销还可以为出版社带来长期的收益，在知识更新速度越来越快的将来，学习需求将是终身的需要。

第二，大学出版社群营销更加注重内容建设。出版业说到底是一项内容产业，无论是传统出版还是数字出版，内容的重要性不言而喻。在知识容量或者获取途径相对受限的条件下，出版社提供的教学资源就可以基本满足教学需求。如今随着教师和学生自身获取学科知识的途径不断扩展，出版社只有便捷地提供质量更高的内容才可以满足应对教师与学生教学需求挑战。内容建设包括两方面：高质量教学资源库的构建和便于个性化学习的内容整合功能设计，内容建设还需要注意时效性，提供最新的教学资源是非常重要的。作为以教育和学习为最重要功能的社群，内容建设始终是保持社群健康发展，增加用户黏性最基础的工作。

第三，大学出版社群营销重在平台建设。传统大学出版教材营销重点在线下：教材推荐会、培训会、教材巡展等，这些线下的活动往往是间断的，活动结束后出版社和教师就很少有面对面交流各种信息的机会。同时由于学生用户数量过于庞大，出版社与学生的大规模互动几乎是不可能的。而依托移动互联网平台的社群营销会很大程度上解决这些问题，目前出版社社群营销平台建设按照构建

177

平台的主体分，有两种方式：依托微信公众号、钉钉等公众平台运营建设社群和出版社自建社群平台。按照功能可以分成门户网站、学习阅读平台、营销平台等。大学出版社利用微信公众号、钉钉平台建设成为主流的社群营销平台，争取粉丝关注数量是社群营销的基础工作，推送图书信息、发布活动信息、传递专业领域信息等成为大部分出版社参与微信社群的主要内容。尽管存在着栏目设置不全、互动不足①、学术价值不明显、文案类型风格单调等问题②，但微信平台在传递出版社产品和服务信息、传播大学出版社品牌形象、加强与用户沟通互动等方面发挥着越来越明显的作用③。而出版社自建的出版社群营销平台则是收入规模较大、在某一专业领域具有领先地位的大学出版社会选择的模式。微信、钉钉等公众平台无法满足更精细化服务要求。这类社群平台具有非常明确的用户群体以及需要解决的问题，平台建设融合多种信息技术和媒体技术，以用户需求为导向将内容资源、教学管理、师生互动、教学评估、合作分享等栏目和功能集成设置，满足学生学习和教师获取学术发展的要求。这类平台建设尽管需要更大的技术投入和运维成本，但对数据的掌控和运用更加具有主动权。

（2）以微信公众号为平台的社群营销案例——清华大学出版社案例分析

互联网时代，社会化媒体已经渗透到出版业的整个过程。而微博和微信则是社会化媒体的典型代表。微博是具有社交属性的媒体工具，微信是具有媒体属性的社交工具，微博的本质是媒体，微信的本质是社交。微信是社会化关系网络，讲求的是深度，重在用户与用户之间的互动。微博是社会化信息网络，讲求的是广度，重在

---

① 俞金鑫，张志强. 大学出版社微信公众平台建设现状及发展策略研究[J]. 科技与出版，2016（9）：107-111.

② 李菲菲. 大学出版社微信文案特色分析[J]. 科技与出版，2016（9）：91-94.

③ 段淳林，李倩文. 基于微信5.0的大学出版社品牌形象塑造与传播[J]. 中国出版，2014（7）：51-54.

用户对信息的接收①。

截至 2016 年底，微博月活跃用户达到 3.13 亿，微信月活跃用户达到了 8.89 亿，微博、微信已然成为信息传播的重要窗口②。微博在新媒体社交上的发展势头在 2012 年腾讯微信面世后逐渐减弱。代幸梅、张志强按照"出版社"关键词搜索统计出目前出版社官方认证的微信有 209 个，王海燕通过官方认证的微信有 149 家出版企业中，发现大学出版社拥有微信数量明显偏多，也说明了不同出版社对微信营销的重视程度不平衡③。出版社以公众号为主订阅号为辅开设微信平台，但出现了与微博一样的问题——日常运营表现不活跃，据统计，一个月内微信内容更新频率在 10 次以内的出版社官方微信公众号有 90 多家。除此以外，公众号发布内容单一，主要是图书推荐，形式缺乏新意，很少有语音、视频、动画或者 HTML5 等多样化形式，整体缺乏吸引力，在互动性方面也缺乏创意，评论功能没有开放，或者不重视评论，缺乏与读者之间的交流互动④。王海燕认为目前的出版社公众号运营存在着管理不规范、对微信传播特征研究不足、随意性较大，优质账号比较少、缺乏原创和特色内容等问题⑤。

而实际工作中真正实现强互动的平台是根据共同的爱好和兴趣建立起来的微信群或者 QQ 群，在图书信息的发布、市场反馈、读者出版社互动等方面都比微信公众号和微博的效率要高，当然如何经营好微信群或者 QQ 群与运营好微信微博一样，增强用户的内容共鸣、避免过于直接的商业宣传、设计丰富的互动内容等，是避免

---

① http://www.sohu.com/a/223194154_100096201[EB/OL].

② 覃凡. 大学出版社两微一端平台运营现状调查分析[J]. 出版科学, 2018(1)：76-81.

③ 李婷，杨海平. 图书出版单位微信公众号研究[J]. 科技与出版, 2016(9)：98-101.

④ 刘蒙之. 新媒体时代出版社微信公众号运营现状、问题和对策研究[J]. 出版科学, 2016(4)：88-92.

⑤ 王海燕. 出版社微信公众平台发展现状与对策研究[J]. 科技与出版, 2015(1)：52-55.

与微信公众号订阅号类似的"订而不阅"的情况，导致用户退群的方法。

清华大学出版社(以下简称清华社)是我国最早开展数字化转型和融合出版工作的大学出版社之一，在 2010 年就开始运行数字阅读平台"文泉书局"，之后开发了"智学苑"线上教学平台、"智语苑"在线英语教学平台、"书问"在线阅读服务平台等融合出版平台，经过几年的努力，清华社构建了较为完整的数字教育和阅读服务平台矩阵，成为大学出版社融合发展的典型代表①。其中"书圈"公众号平台成为具有典型社群营销概念的平台。

为解决出版社微信公众号社群平台仅作为产品展示窗口且营销模式单一的情况，清华社将丰富的作者和读者资源通过"书圈"公众号连接起来，实现从产品到渠道再到终端的贯通。其主要思路为以"书圈"公众号为平台，围绕着用户、内容、活动、电商四大运营模式，为核心成员(读者和渠道)开发个性化的功能和服务，建立起以计算机教师为核心用户的垂直领域社群。

"书圈"微信公众号平台具体分为五个部分：一是，用户运营方面采用会员注册获取计算机教师相关信息，如个人基本信息、院校和学院信息、个人研究领域信息等，通过大数据分类管理，将同一研究领域的教师进行归类，并让同一研究领域或者授课课程的教师建立相互联系，清华社利用这些研究和课程社群进行有针对性的教学资源推广和服务。二是，服务运营方面平台通过用户画像的二次开发，实现了微信公众号的智能交互服务功能，教师回复"课程"可以自动检索到课程相关的教学资源并提供下载功能，教师回复"样书"，则可以自动申请样书，平台还提供了新闻、天气、翻译等服务。三是，清华社非常重视"书圈"平台的内容运营，平台专门给作者建立专栏，注册教师们可以和作者进行互动，沟通教材使用情况，出版社就可以通过评论留言的情况获取用户最新需求和作者研究最新动态。同时"书圈"还不定期组织不同计算机研究主

---

①　庄红权，温辐辉. 以内容为体以技术创新和体制创新为翼[J]. 出版广角，2018(1)：38-40.

题文章进行精准推送，由于内容丰富专业性强而且时效性强等特点，深受关注者好评转发。四是，利用多媒体技术开展丰富的活动运营方式。"书圈"于 2016 年推出了"清华科技大讲堂"直播栏目，由于主题新颖、作者权威、讲授内容专业等特点广受计算机专业教师关注和好评，类似"如何成为数据科学家"等时尚话题的直播，吸引了上千名用户关注收看，清华社把直播内容转化成文字稿，通过微信公众号进行二次传播，同时这些演讲者本身就是清华社此类图书的作者，宣传了图书和教材。五是，电商营销在社群平台上不再是一种被读者抵触的行为，而是提供给用户的便利服务。注册教师会员通过二维码与社群电商进行连接实现购买。"书圈"还开发了会员积分功能，所获得的积分可以兑换图书、纪念品等，电商社区还举办图书首发活动、优惠促销活动等，同时为促进社群成员互动，还用积分方式奖励帮助社群成员解决问题的成员，通过这些激励措施，调动注册教师参与的积极性。上线不到一年的时间里，"书圈"微信公众平台就吸纳了 3 万多用户，获得了全国书业年度"最受欢迎公众号"称号①。

"书圈"微信公众号社群营销平台的成功很好地诠释了 4Cs 理论、目标明确的用户群体，高质量多形态的平台内容建设，精准和专业的信息服务，从用户需求调研到便捷购买的全过程营销，促成了"书圈"社群良性发展，实现了精准营销。当然本书也注意到"书圈"社群的服务触角仍然停留在教师群体，如上文所述，随着高校课程和教学改革的深化，学生在教材选择的自主性越来越凸显，如何在平台中引入学生这一关键的群体，并利用媒介技术有效地融入社群互动中来，应该是"书圈"微信公众社群平台建设发展需要考虑的问题。

(3) 以出版社自建出版平台的社群营销模式

与微信公众号平台构建出版社群相比，出版社建设网站形式的

---

① 魏江江. 基于社群思维的微信公众号运营——以清华大学出版社书圈公众号为例[J]. 现代出版, 2017(3): 46-47.

社群平台具有资源规模大、建设周期长、投入费用大等特点，同时也具有数据自我掌控、设计自主开发、运维自主操作等特点，因此只有相当经营规模的出版社才有能力和值得开发运营。

不同于官方网站的品牌宣传目的，针对某一特点群体和产品类型建立独立运营的社群平台更有利于出版物的营销，尤其是数字类产品的推广，而事实上，这些平台已经成为实力雄厚的大学出版社数字化出版平台开发的选择。清华大学出版社数字出版门户网站——文泉书局，与以广西师范大学出版社、北京航空航天大学出版社为代表的 28 家在人文社科、文学艺术等领域有一定出版品牌的出版社进行资源整合，实现了数字资源公众服务平台的价值①。华东师范大学出版社的"智慧树"书法教育全媒体平台则是利用纸质图书内容资源自主开发建设的社群平台，平台提供了关于书法知识的文本、图片、音视频等各种全媒体出版形式，提供书法爱好者（主要是中小学生）交流学习展示作品的平台②。

技术融合带来了出版全功能的融合，选题开发、封装、宣传推广、销售和服务都可以在一个平台上完成，出版社群平台的构建正在朝着全流程全功能的"双全"功能方向努力。构建"双全"的社群平台对于大学出版社在教育出版营销上显得尤其重要，教育出版营销的三个基本要求是：广泛密切地联系教师、迅速快捷地传递信息和服务、根据教师信息开展精准营销和深度营销③。平台建设要坚持系统观点，系统地考虑出版业务逻辑，实现内外部资源和主体的整合和互动；功能设计目标明确，配置合理高效；平台有自身的弱点，功能设计时要与线下出版营销工作有机结合，坚持融合发

① 郑晓晋. 媒介融合时代我国大学出版社数字化转型策略研究[D]. 郑州大学，2016：21.

② 张亚运. 华东师范大学出版社全媒体出版现状研究[D]. 上海师范大学，2017：56-58.

③ 蔡葵，王羽佳. 高等教育教材营销环境研究[J]. 科技与出版，2012（7）：76-78.

展①。服务和互动是社群平台建设的原则要求之一，这也是大学出版社实现从内容出版商到内容服务商转变的要求和机会，以用户为中心的全方位互动和服务是大学出版社依托社群平台建设实现角色转变的切入点②。

外语教育是我国所有纳入国民教育的学科中学习时间最长，最受学生和家长重视的学科之一，以英语为代表的外语学习也是高校学生最为看重的学科，大学英语课程是每一所大学必开的公共课程，至今仍然有一部分高校把四级考试作为毕业的一个重要条件。但近年来以减学分和分级分类教学为特点的高校大学英语课程教学改革如火如荼，高等教育信息化也要求外语教学充分利用现代教育技术解决语言输入不足的问题，这正好与出版产业数字化转型升级和融合发展的步骤不谋而合，作为国内数字出版领先的大学出版社——外语教学与研究出版社在 2014 年推出了具有社群营销功能的全功能平台——以 Unipus 平台为核心的 Unicomm。

Unicomm 是高校外语数字化教学共同体的英文简称，是在数字化信息技术推动教学模式转型的大环境下，外研社与全国高校外语院系共同探索建设的基于混合式教学模式在高校教学中的应用行动计划，在教学内容建设、教学模式改革、测评体系建设与实施、教师能力发展等方面密切合作、共同探索的外语专业教学和科研发展的专业社区。社区由两大部分组成，一个是以学、教、评、研为核心内容的外研在线 Unipus 的资源服务，另一个是利用平台的资源共建和分享平台。

Unipus 资源系统主要由 6U（Ucampus，UMoocs，Utalk，Ucourse，Ucreate，Uchallenge）和 5i（iTEST，iWrite，iSpeak，iLearning，iResearch）组成，在设计每一个板块功能时都将高校外语教学的参与者通过平台融合在一起，形成从学生到老师，从外语院校到学校教务管理部

183

① 曾斌，税梦玲. 教育出版营销支撑与服务的信息化思考与应用[J]. 科技与出版，2017（9）：16-19.

② 余瑞新. 大学出版社数字出版发展对策研究[D]. 山东大学，2015：53.

门的外语教学社区。正如设计 U 校园时，外研社提供立体化的教学资源、互动式的教学环境，以及多维度的评价支撑，为高校外语教学提供一站式混合教学解决方案。资源平台分为语言学习、移动应用、测试评估、科研支持、教师研修、资源中心、赛事活动和图书产品等九大板块栏目，内容涵盖精品数字课程、教学管理系统、测试评价工具和院校共建项目等，通过高效、智能、精确的数字技术手段创建一个学习者、教学者、研究者、管理者、教育资源与服务提供者等多方参与的全新外语教育生态。

除了提供资源外，外研社还充分利用平台构建高校外语教学共同体平台。通过各种产品和竞赛平台将出版社、专家作者、学校、教师、学生联结起来，实现了专家作者与教师互动、师生互动、学校与师生管理互动，出版社参与这些互动和服务中去，不仅能够了解用户对产品的反馈和有可能的需求，而且可以充分利用教师和学习者在学习和互动中留下来的信息数据进行整理分析，实现精准营销。在此平台上，外研社鼓励教师从使用者变成内容的创作者，并开设专区给愿意分享的教师提供展示的平台，教师们可以围绕新教材提供自己的教学设计，可以制作慕课微课上传到资源共建平台，外研社可以根据质量情况决定是否正式出版。通过数字教学资源的形式让使用者参与教学内容的生产传播中来，可以增加教学内容的多样化和个性化，还可以增加用户的黏性。同时平台还把外研社的教学大赛、演讲比赛、写作大赛等赛事的报名、宣传、直播等工作资讯放在上面，为平台汇聚人气，提升活跃度，发挥了巨大的作用，并不定期发送后期比赛的精彩视频，让教师和学生保持活跃的关注。社群整体呈现出外研社发送信息内容多元，教师学生积极参与分享互动的良性发展局面。

截至 2018 年 6 月，外研社 Unicomm 外语教育和学习社区平台目前注册并使用资源的用户数量达到 532 万人，近 5000 名外语教师认证注册进行教学和科研工作，教师和学生覆盖 400 多所高等院校，累计 520 小时的学生学习记录，取得了不错的成绩，也是目前较成功的外语学习社群平台(见图 5-3)。

184

图 5-3 外研社 Unicomm 产品与功能组合图

5.2.3 基于网络书店的渠道创新实践

大学出版社所面临着渠道策略的变化主要来自渠道形态、渠道合作和管理方式、渠道促销方式的变化。大学出版社主要的三种出版种类有着不同的渠道策略：以教材为代表的教育出版物一般通过教材经销商以招投标的形式供应学校教材；以学术专著为代表的学术出版则一般通过馆配商进入学校图书馆系统或者通过线上线下书店实现个人购买；大众图书的出版则在实体书店式微的情况下，被网络书店占据了主导地位。目前大学出版社采用网络书店分为三种形式：第一种形式是与京东、当当、亚马逊等网络书店平台以经销商的形式开展合作，其功能类似于实体书店，但渠道合作和管理方式有很大的差别；第二种形式是在天猫等平台上开通官方旗舰店，由出版社自己运行维护；第三种形式是一部分实力雄厚的出版社自建集推广、销售功能于一体的网上出版综合服务平台。三种不同的

185

出版品种、三种不同的网络书店形态，根据用户和销售渠道匹配性，实现互相融合。在融合的过程中，网络书店除了在完成出版社出版物的宣传和销售功能外，还承担了更为广泛的出版服务功能。网络书店从单纯的图书销售平台发展转变为开放的数字内容服务平台，读者从网络书店上获取更多的知识和更好的体验。①

　　融合发展背景下的渠道融合主要体现在三个方面：第一是实体渠道和网络书店之间的营销管理创新。早在十年之前，国外亚马逊和国内当当网为代表的网络书店大有消灭实体书店的势头，但经过十年的市场检验，实体书店并没有被挤出出版市场，相反在竞争过程中，实体书店融合了互联网营销的思路、丰富了实体书店的内涵，开展了多元化和特色化经营，呈现出新的成长活力②。实体书店作为阅读消费体验模式和网络书店作为购买消费模式优势互补，提升读者阅读和消费体验，促进出版产业发展。四川文轩、浙江省新华书店的博库书城等都是积极探索实体书店和网络书店融合的成功案例，近年来上海地区大学出版社纷纷重新启动出版社所属校园书店，打造阅读文化空间步伐也逐渐加快，华东理工大学出版社的陇上书店、同济大学出版社的建筑书店等都在 2018 年年中开张，正是说明了实体书店在网络营销的时代依旧具有发展的空间。③第二是自建网络书店平台和他营网络书店的管理融合。网络书店的服务优势使得大学出版社更加倚重专业类图书销售。在经营过程中出版社意识到专业读者大数据的重要性和专业读者服务的专业性，一些实力稍强的大学出版社开始自建具有销售功能的网站，如上海外语教育出版社的"尚外网"等，高校电子商务平台的主要业务不是销售其产品，而是为专业读者提供知识服务和出版服务，因此需要

---

　　①　李娜. 数字出版环境下网络书店的发展趋势研究[D]. 上海外国语大学，2013.

　　②　王志标. 网络书店与实体书店未来竞争的猜想[J]. 中国出版，2012（4）：40-43.

　　③　祝安祺. 实体书店和网络书店的比较分析和融合对策[D]. 黑龙江大学，2016.

注重特色化和差异化①。第三是基于网络书店的营销策略融合。网络书店的营销需要关注用户读者体验。未来网络书店将在保持良好的购买体验的前提下，参与内容平台和数字内容的建设供应，在内容、商业模式、阅读模式上体现更好的效果。无论是第三方平台的网络书店还是自建的网络平台都将利用网络的便捷性、互动性、低成本性、超时空性，与读者互动交流，实现低成本的精准营销。一些规模较大的大学出版社设立了网络营销部，除了负责三大网上书店外，还负责不同规模的网络书店的管理，如折扣、促销活动和品种管理等。网络书店营销模式和策略研究成为当前以至未来一段时间内重要的课题。

周建存和刘益提出了应该按照渠道的资金实力、促销能力、诚信度和服务能力进行评价，进而对各类网络渠道经营的品种、政策和合作进行区分，构建不同层次和重点的网络营销渠道格局。② 毛润政认为大学出版社如果仅仅依靠大型网上书店渠道，对未来实现数字化营销转型升级有限制性，应该加大大学出版社网络营销渠道的完善工作，他提出三个方面有意义的工作要点：首先是从单一的宣传功能上升到互动式的产销结合；其次是加大网站、微信公众号等平台的营销功能模块，完善配送系统；最后提供在线阅读和下载等服务，加大数字化产品在自建营销平台上的上架和服务，与其他营销网站形成差异化经营。③

线上线下销售渠道协同经营成为大学出版社渠道管理的重要内容。促使这种协同经营的原因主要有两个方面，一方面是随着高等教育课程改革的进一步深化，专业课程越来越细化，任课老师只负责教材版本的确定，不负责教材的征订采购；另一方面是高校教材征订采购制度改革允许学生自购教材，原先统一征订统

187

① 章毅，张岩，付继娟. 面向出版服务的高校出版社电子商务平台构建探讨[J]. 科技与出版，2014(7)：74-77.

② 方卿，徐丽芳. 出版学研究进展[M]. 武汉：武汉大学出版社，2017(12)：476.

③ 毛润政. 大学出版社的网络营销渠道研究[J]. 出版科学，2013(4)：65-68.

一采购的方式正在受到严峻的挑战，二手书和网上购买成为替代方式。大学出版社可以自建或者与经销商合建实体书店，采用多种经营提升空间多元化，多媒体展示提供阅读体验、采用实体店体验、网络书店消费、实体书店社群分享等形式。亚马逊网站利用网络技术将部分实体书店的体验转移到网络世界中去，经过多年实践摸索建立的"阅读+社交+推荐+售书"模式为亚马逊带来了忠实的用户，通过阅读社群的交流分享体验文化，将网络书店的商业价值和文化意义有机地结合在一起①。这是网络书店未来发展的方向，也是大学出版社今后构建网络书店或者网络服务营销平台可借鉴的思路。

📚 5.3　融合发展背景下大学出版社营销创新现状与问题

面对着互联网环境下知识生产和传播方式的变化，以及用户（读者）接收信息和知识思维与方式的变化，大学出版社如何将知识更有效地传递给读者与知识内容的创作一样的重要，这也是大学出版社营销管理创新发展的目标。同时无论是传统营销理论还是互联网思维的出版营销理念，营销策略和内容创作是无法分割的整体，因此营销管理创新以内容为核心，以服务为关键，通过出版主体互动达到知识生产和传播的目的，让读者接受知识。

为了更好地研究大学出版社营销管理创新发展的现状，本研究设计了针对用户的出版社营销管理创新情况调查和针对出版社的营销管理创新情况调查，旨在对目前数字出版和互联网环境下的营销管理创新进行较为全面的观察分析。

---

① 安小兰. 亚马逊"阅读+社交+推荐+售书"新经营模式分析[J]. 编辑之友，2014（2）：46-48.

5.3.1　用户对出版营销创新的评价调查

(1)调查设计与实施

本调查旨在了解作为教材和教学资源选订的决定者和影响者是如何看待大学出版社的营销模式和途径的。调查对象是高校各专业任课教师，调查的内容主要涉及两个方面，一个是教师与出版社构建的社群平台的关系，另一个是教师应用出版社教学应用和平台的体验。整个问卷共设计了八个问题。

调查问卷设计完成后，通过高校教师微信转发，问卷于 2018 年 8 月 1 日发放，8 月 15 日截止，共回收有效问卷 449 份，被调查者分别来自湖南、河南、山西、江苏、辽宁、福建、浙江、北京、四川、陕西等 15 个省、直辖市。调查样本所涉及的学科专业分布、地域分布和样本数量均达到本次调查的预定要求。

(2)调查结果和分析

一是被调查者基本情况。关于填写问卷者的专业学科分布情况，图 5-4 显示文科学科教师比例较大，占比为 70.6%，这和本人或者本人高校教师朋友的转发范围有关，因此不同学科的样本均衡分布上在未来的研究中有待进一步提升合理性。但无论哪个学科，受访教师面对着相同的教学环境和社会环境，也有一定的相似性，因此本研究认为调查样本的数量和范围符合研究目的，应该有一定的代表性。

二是关于受访者对大学出版社推广渠道的偏好。调查结果如图 5-5 显示，有 73.27% 的受访教师关注教材配套学习网站或者课程平台，说明教师们以获取教材授课资源为主要目的，其次会关注出版社组织的教材推荐会或培训会，有 53.23% 的受访教师选择了此项，48.11% 的受访教师通过出版社微信公众号了解出版社各类信息，而官方网站则只有 46.55% 的受访教师关注。

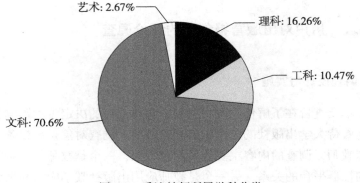

图 5-4　受访教师所属学科分类

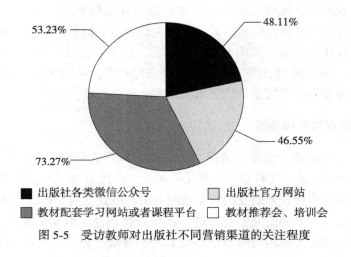

出版社各类微信公众号　　　出版社官方网站

教材配套学习网站或者课程平台　　　教材推荐会、培训会

图 5-5　受访教师对出版社不同营销渠道的关注程度

三是关于大学出版社不同信息渠道对教师获取教学信息的影响程度。

第一个是大学出版社微信公众号。调查结果如图 5-6 所示，9.13%的受访教师认为非常有影响，加上认为"有影响"的46.55%，共有 55.68%的比例认可出版社公众号的正面作用，相反认为影响一般或者没有影响的比例也不小，有 44.32%。

第二个是关于受访教师对出版社官方网站影响的评价（见图5-7）。57.69%的曾经访问出版社官网的受访者认为对他们获取教学信息有正面的影响，而8.9%的受访者确定没有影响。

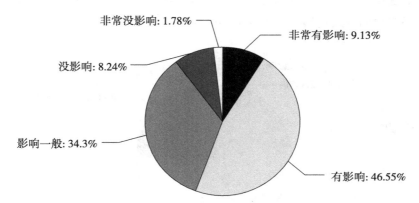

图 5-6　出版社微信公众号平台对受访教师信息获取的影响程度

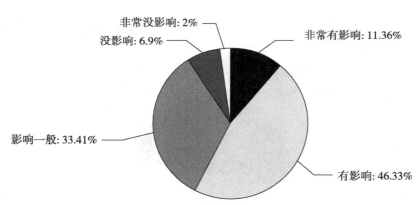

图 5-7　出版社官方网站对受访教师信息获取的影响程度

　　第三个则是对教材配套学习网站或者课程平台的调查。图 5-8 显示有接近 1/4 的受访教师认为对他们获取出版社信息和服务"非常有影响"，也有 53.01% 的比例认为"有影响"，两者相加比例达到 77.95%，可见教师们对教材配套学习网站和课程平台给予了一致的关注。

　　第四个是关于线下线上的教材推荐会或者培训会对受访教师获取教学服务信息的影响程度，图 5-9 显示有 22.94% 的受访教师认

为"非常有影响"，47.44%认为"有影响"，两者相加共有 70.38%
的受访教师给予了积极的肯定，选择"没有影响"的只有 6.68%。
面对面的沟通仍然受到了老师们的欢迎。

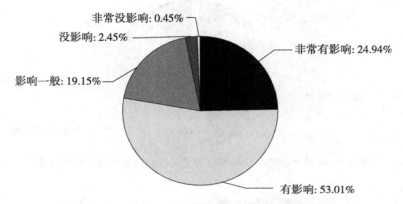

图 5-8　教材配套学习网站(平台)对信息获取的影响程度

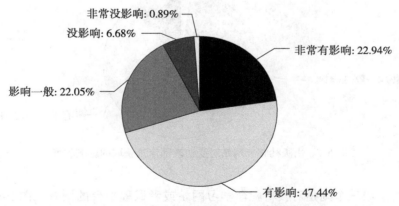

图 5-9　教材推荐会培训会对受访教师信息获取的影响程度

　　四是受访教师对各类学习资源的应用工具的态度。首先是对于
移动应用学习的调查，图 5-10 显示，情况似乎不容乐观，有近
10%的人选择了"不满意"或者"非常不满意"，而"满意"的比例也
不高，只有 41.43%，稍多的受访教师选择了"一般满意"，也表明

有值得改进的空间。

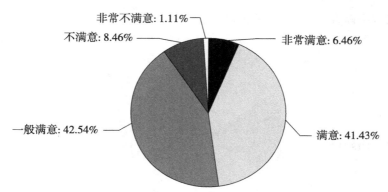

非常不满意: 1.11%
不满意: 8.46%
非常满意: 6.46%
一般满意: 42.54%
满意: 41.43%

图 5-10　受访老师对移动应用学习工作的满意程度

　　五是受访者对与教材配套的学习平台建设的反馈。图 5-11 显示情况仍然不是很乐观，只有 41.65%的受访教师选择了"满意"，选择"非常满意"的比例为 7.35%，相对地，8.46%的选择了"不满意"，而"一般满意"的选择比例最高，为 41.87%。这是教学最重要的资源，也是最需要改进和提升的地方。

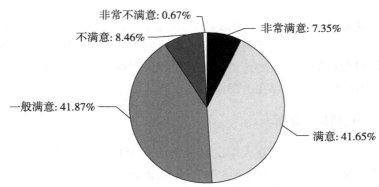

非常不满意: 0.67%
不满意: 8.46%
非常满意: 7.35%
一般满意: 41.87%
满意: 41.65%

图 5-11　受访教师对教材配套学习平台的满意程度

　　六是了解受访者对数字教学资源的偏好。调查结果如图 5-12 显示 43.43%的受访教师选择了"与教材配套的教学资源网站"，第二多的选择项是"与教材配套的移动学习应用"，第三位是"与教学配套的学习平台"，比例是 18.71%；14.92%的受访教师认为"在线数字课程"更适合未来的教学。

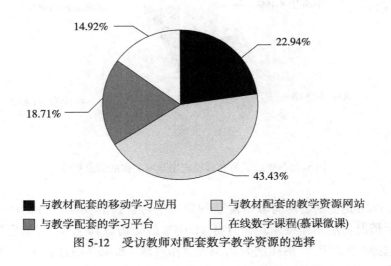

图 5-12　受访教师对配套数字教学资源的选择

5.3.2　出版社员工对营销创新现状的评价调查

　　这部分调查是"大学出版社融合发展状况调查"的第三部分内容。调查的具体实施不再赘述。调查目的是更好地了解大学出版社内部对营销创新现状的评价，与用户评价相结合，分析融合发展背景下营销管理创新存在的问题。

（1）调查结果与分析

　　第一，受访者所在大学出版社出版营销媒介平台的应用状况。表 5-1 显示 75.29%的受访者所在单位继续使用传统的"教材推广会/新书发布会等线下活动"用于出版营销，"订阅号/公众号"和"教学网站/平台"则受到了 51.76%的受访者重视，关注"出版社官方网站"和"网络书店"的受访者则比较少。

表 5-1　　　　　　受访出版社应用不同社交媒体的情况

选项	小计	比例
教材推广会/新书发布会等线下活动	64	〉75.29%
订阅号/公众号	44	〉51.76%
教学网站/平台	44	〉51.76%
出版社官方网站	30	〉35.29%
网络书店	26	〉30.59%

　　第二，关于营销创新活动的有效性状况。在社交融合工具应用的有效性调查中，表 5-2 显示有 57.65% 的受访者认为在"教材推广会/新书发布会等线下活动"最为有效，这与针对教师的调查的状况一致。而"订阅号/公众号"却被接近 30% 的受访者认为处于有效性的第二位，选择"网络书店"对出版社整体营销的作用不如销售的功能。

表 5-2　　　　　　受访出版社对不同社交媒体平台的评价

选项	小计	比例
教材推广会/新书发布会等线下活动	49	〉57.65%
教学网站/平台	22	〉25.88%
订阅号/公众号	25	〉29.41%
出版社官方网站	22	〉25.88%
网络书店	12	〉14.12%

195

　　第三，出版社利用不同社交媒体平台的目的。从表 5-3 可见立足于主营业务的需要，把"推荐图书"和"宣传品牌"作为开展传统出版社群营销和互联网出版社群营销的两个主要目的的受访者比例，分别占到了 62.35% 和 52.94%，这与出版企业在传统社交媒介如报纸期刊上做广告的目的一致。当十点读书、豆瓣图书等新媒体把作者的挖掘和培养当成重要的工作时，出版企业并没有打算从这些新媒介中获取作者，所以在五个选项中，选择"挖掘作者"的人数最少，当然目前出版社所应用的订阅号、微博等渠道，并不能吸引具有作者潜力的优质读者。

表 5-3　　　　　受访出版社利用营销创新应用的目的

选项	小计	比例
推荐图书	53	62.35%
了解读者反馈	37	43.53%
宣传品牌	45	52.94%
挖掘作者	25	29.41%
争取粉丝和流量	31	36.47%

第四，关于大学出版社营销管理创新的效果调查。多样化的营销管理创新工具和形式促成了读者、出版社、书店和作者等出版主体的联系，其作用得到普遍的认可。表 5-4 显示 38.82%的调查者认为"作者、出版社、读者之间的关系更加密切"，除了加强主体之间的关系外，"出版物内容推荐方式更加多样化"和"出版物信息发布更加及时精准"两个选项分别占了 23.53%和 17.65%，出版社仍然关注于媒介在宣传产品上的功效是重要的考量依据。

表 5-4　　　　　受访出版社对不同营销创新方式的效果评价

选项	小计	比例
作者、出版社、读者之间关系更加紧密	33	38.82%
出版物信息发布更加及时精准	15	17.65%
出版社与读者互动更频繁有效	12	14.12%
出版物内容推荐方式更加多样化	20	23.53%
没什么明显帮助	5	5.88%

第五，影响营销管理创新有效实施的因素分析。表 5-5 显示调查者认为影响出版社社交媒介融合发展的最重要因素是"新媒体营销人才"，比例达到 54.12%，这也反映了目前出版社在融合发展最需要解决的问题以及未来出版社发展的关键因素是人。选择比例为 48.24% 的"合适的产品"也是影响社交媒介融合成败的关键，不同的产品要以不同的社交融合工具和形式进行社群营销。而"技术"在四个选项中被认为最不重要。

表 5-5　　　受访出版社对影响营销创新因素的选择

选项	小计	比例
合适的产品	41	48.24%
资金	23	27.06%
新媒体营销人才	46	54.12%
新媒体技术人才	16	18.82%

第六，关于用户数据管理的满意程度。用户数据是融合出版实现精准营销的前提。站在出版社的角度审视营销管理创新的目的是维系和发展读者与出版社产品和服务的关系，增强客户忠诚度和消费黏性，与之前的传统营销不同，在信息技术，尤其是大数据技术的帮助下，加强用户数据的管理成为提升出版社品牌读者忠诚度，并为今后用户价值衍生的重要工作。从表 5-6 看，43.53% 的受访者认为"基本满意"，"满意"和"非常满意"的合计比例为 36.47%，因此 80% 的受访者对所在出版社的用户数据管理给予了基本认可以上的满意程度。

197

表 5-6　　　受访出版社对用户数据管理的满意程度

选项	小计	比例
非常满意	15	17.65%
满意	16	18.82%

选项	小计	比例
基本满意	37	43.53%
不满意	15	17.65%
非常不满意	2	2.35%

5.3.3 融合发展背景下的大学出版社营销创新的问题

互联网时代知识传播方式发生了巨变，它影响了出版内容的同时也改变了出版营销模式。建立在多元化平台上的营销模式遵循着以用户为中心和快速精准的营销服务理念。本研究从大学出版社教育出版的用户——教师和出版社自身对正在体验和实践的营销方式两个视角切入，力求全面地反映大学出版社营销管理创新的效果。

(1) 大学出版社营销创新需要注意的问题

从大学出版社营销创新实践和从用户和出版者两个角度的调查情况看，面对融合发展的产业背景和时代发展要求，依据市场变化和用户需求转型，大学出版社做了非常多有意义的尝试，在教育出版物的营销创新上取得了良好的效果，推动了大学出版社的销售和品牌建设。在这些营销创新中也存在着一些共性的问题，主要有以下三个方面：

1) 不同形式和途径的营销手段需要关注用户的需求和消费特性

大学出版社高等教育出版和高校教师的教学都是为了更好地向学生提供高质量的知识内容，教学和科研是高校教师工作的两个主要内容，尤其是教学，它是几乎所有的教师都需要承担主要工作，因此教师对于出版社的服务具有明确的指向，就是希望出版社提供适合教学的高质量教学资源和配套服务，调查中显示的受访教师对"与教材配套的教学网站和学习平台"表现出最大比例的关注，正是说明了用户需求就是出版社的营销重点。线下的"教材推广会和培训会"也得到了较高的关注。而出版社微信公众号和官方网站并不得到重视的原因,一方面是因为过于泛滥的公众号会让用户取消关注和产生逆反心理,另一方面公众号和官方网站的信息过于宽泛,如果跟自己的教学科研无关的信息过多,高校教师就会不再关注。这一点与第二次调查中反映的出版社对"教材推广会/新书发布会"等线下形式和"配套教学网站/平台"的评价基本一致,尽管用户和出版社选择这两种形式的次序有所差异。需要强调的一点是最新的营销手段不一定是最有效的手段。

尽管本书没有展开对高等教育出版资源使用者——大学生的调查,但针对高校学生的专业学习需求开展的精准营销是同样的道理。影响学生购买教学资源的因素很多,但教师和学长尤其是学习成绩突出的学生是其选择教学资源的重要影响因素,因此出版社加强对教师的推荐,通过教师影响学生的购买行为一定是非常有效的。而对学生的影响则需要通过内容质量(更重要的是给学生带去的成就感)来得以实现。出版社不可能像服务教师一样做好产品和服务的宣传,只能借助互联网社交媒体工作得以传播,因此利用好微信公众号等社交媒体开展宣传推广和策划活动已成为出版社重要的出版营销手段,既懂出版工作,又谙熟互联网运作的出版营销人才成为目前出版社最需要的营销人才。

针对学术专业图书,出版社更应该掌握其需求和消费的独特性,从而在定价策略、渠道策略、促销策略上实现价值增值。在一家出版社里学术专业图书由于受众少,销量低,往往需要其他出版板块来弥补其运营。而实际上,随着网络书店的发展,学术专业图书可以实现单品种利润率的增加而维持保本的状况,而这就需要建立针对学术专业机构、专业学者和专业图书馆的精准推广和销售,因为互联网的技术应用,学术图书的销售价值得到了扩大。

2)要兼顾好线上社群建设和线下会议活动的效果

以上调查显示,受访教师对出版社基于教材教学网站(平台)进行的宣传活动与传统的出版社开展的教材推广推荐会保持了同样的兴趣和关注。这就需要大学出版社在推广教材时,首先要分析推

199

广教材的内容和用户特性，在此基础上，要充分了解和利用这两个模式的特点进行有效的融合。一般来说，线上平台社群把内容资源的供应和服务作为重点，线下会议则把出版社和教师的互动关系作为重点，线上社群营销重点在长期关系的维护，线下会议活动推广重在攻关关系营销。第一个调查中的教师受访者选择的最关注的出版社营销宣传渠道和受访出版社认为最有效的两种营销策略不谋而合：教材推广培训活动、新书发布会等线下活动和基于教材的配套教学资源网站与平台。

教学是一个体验的过程，体验就需要互动，在互联网时代，互动可以分为面对面互动和虚拟互动，面对面互动突出情感交流，体验更正式，线下活动可以建立起情感、产品服务相融合的体验效果，这种效果的稳定性和持久性更强更久。

但线下会议活动往往是短时的，活动结束后，以产品为中介的服务并没有中止，因此线上的沟通和及时服务弥补了线下活动时间和空间上缺陷，通过即时通信工具、社交媒体和综合功能的社群平台实现更为便捷的服务，便捷及时的沟通同样会创造良好的消费体验，从而增加消费者对产品和服务的认可，提升对品牌的忠诚度。

当然，不同内容的出版物采取的营销方式有所不同，对线上线下活动的选择和侧重也不一样，如何选择则需要进一步研究。如内容专业和用户专业性很强的学术图书，是不是采用有试读、推荐和分享功能的线上营销更为有效？如教育类图书则需要采取面对面讲解的方式才能达成协议？

3）大学出版社必须重视用户数据管理的重要性

第二项调查中特别列出了对"用户数据"使用情况的调查，调查结果显示"基本满意"占43%左右，"不满意"和"满意"的选择比例相当，结合笔者在实践工作中了解到的情况，对大部分大学出版社来说，用户数据的管理仍然有待进一步改进。

融合发展强调以用户为中心，除了提供产品和服务满足用户需求外，特别需要强调的是研究用户消费特性，发现用户需求，挖掘用户价值。而要实现这一目的，用户数据管理是至关重要的。用户数据管理首先需要设计用户数据结构和分析模式，然后再通过各种途径收集数据，整理和更新数据，最后根据营销目的通过数据技术分析、利用数据。作为专业出版为主的大学出版社更需要用户数据管理。而目前大学出版社用户数据管理普遍问题是：用户数据管理意识不强，数据结构没有统一的标准，数据分散在不同的部门，数据管理没有形成出版社战略层面，仅用于简单的推广宣传之用，用户数据更新缓慢等。以用户为中心是营销管理创新的神经中枢，用户数据就是神经元，凌乱的神经元无法形成统一的行动，所以对出版大数据管理工作需要引起足够的重视。

基于内容的营销策略并不是所谓新兴出版的新事物，这一直是营销理论和实践的精髓。有区别的是，在传统出版业态中，内容和营销策略往往是时空分离的，有了内容，才可以据此制定营销计划，内容管内容，营销归营销。而在融合发展的出版背景下，互联网技术把内容和营销策略有效地融合在一起，它们没有先后之分，内容成为营销策略的一部分，营销思维则体现在产品内容和服务中。除了技术以外，还必须建立以用户为中心的融合意识，在技术应用设计时保持强烈的用户意识，用户为中心的意识不仅仅是满足用户现有的需求，同时要利用用户数据发掘用户需求，创造用户需求。而将线下活动和线上平台相结合的社群营销可以将出版作为文化活动的体验式消费和精准及时的互联网营销结合在一起，提升营销效果。

(2)融合发展下大学出版社营销创新的不足

与此同时，本书认为出现这些问题往往是从理念到操作层面的系统问题，理念和操作是一个很广泛的概念，但基于融合发展战略概念，大学出版社出版营销创新出现问题也反映了以下三点不足之处：

1)产品思维禁锢营销创新

产品是市场营销的最重要和最基本的因素。广义上来说，产品是指任何一种能被提供来满足市场欲望或者需要的东西，包括有形物品和无形服务。产品思维可以分为产品的概念和产品的生产方式，传统出版营销往往把产品定义为物化的图书或者其他出版物，

201

故而把出版的概念单纯地理解为图书出版，数字出版转型升级的理念和实践正在打破这过时的概念，但大部分大学出版社，目前仍然围绕着图书以及传统的图书编辑出版发行流程开展出版营销工作。以大学出版社最重要的高等教育教材出版为例，大学出版社把教材产品概念定义为纸质教材，以此产品思维为引导，产生了一系列的连锁反应，在确定教材选题时无法为教师和学习者提供多元化的学习内容，教师和学生只能被动地使用形式单一内容受限的教材，这种以产品为中心的营销模式显然不符合互联网时代的知识服务要求，单一的知识内容资源很容易通过互联网获取，以产品为中心的同一资源很难适应个性化的学习需求。与此同时，营销创新也就无从谈起，只能因循守旧采用传统的营销模式，如寄送样书、电话营销和会议营销，产品内容形态的单一性也无法利用新媒体技术的强大功能，最多就是一个广告宣传的渠道。融合发展强调内容的融合发展的重要性，不改变产品思维，融合发展也就无从谈起，更无须谈及营销创新。

2）用户思维不全面影响营销创新

建立用户思维是营销管理的重要内容，用户思维影响着从产品研发到产品销售的整个营销过程。用户思维的核心是在出版价值链的各个环节中都要以"以用户为中心"来考虑问题，用户不等于顾客，用户更多的是指最终使用产品和服务的人或者组织，互联网环境下的用户思维强调体验至上的理念，要构建具有价值认同和信任感的社群来维系用户关系，增值用户价值。近年来，用户思维在出版营销工作中逐步被接受并应用到实践工作中，但仍然存在着很多不全面的认识。以大学出版社的教材出版为例，大部分大学出版社在进行教材编写和营销时把关注点放在教师身上，而把教材最重要的用户——学生放在一边，这就会导致在产品设计中关注教师的教学体验而忽视了学生的学习体验。另外许多出版社本着为用户提供高质量的教学素材的理念编写设计的教学素材或者数字资源，却出现叫好不叫卖的局面，则是忽视了教师在使用教学素材时的体验感受。有些出版社通过召开教材推荐会和培训会收集了大量的用户数据，但结束后这些数据被束之高阁，没有开展后续的数据库建设。

以上这些情况都是对用户思维理解不到位导致的，由此也带来了营销工作的偏差和缺失。

3）技术应用能力不足制约营销创新

出版融合发展是信息技术、互联网技术等新兴技术推动的新型出版范式，技术创新和应用不仅影响着出版产品和服务的形态，也推动着营销策略和手段的创新，指导意见中提出了利用互联网平台、微信微博等社交网络平台、网络书店等手段推进营销创新，但对于大部分大学出版社来说，缺乏掌握互联网应用和分析技术的人才是限制出版内容有效传播的根本原因。利用微信等社交平台发布图书信息和软文宣传是大学出版社普遍应用的营销手段，但这只是浅层次的应用，即使如此，如何让微信公众号的发布更具时效性和吸引力是需要多媒体编辑技术支持的，单纯的图片和文字宣传效果越来越差。通过不同平台建立的社群如果不进行数据挖掘和分析，其社群带来的效益则会大打折扣，而大学出版社在这方面的专业技术人员是极少的。大学出版社营销人员对于技术应用能力的不足和缺失也经常会在产品推广中无法全面展示融合产品的优势而失去其竞争力。融合发展背景下的营销创新建立在思想创意和技术应用两个基础之上，出版社在出版营销上对新媒体技术应用的能力不足毫无疑问影响了营销工作的创新。

6 基于融合发展的大学出版社机制创新研究

关于出版机制创新方面，指导意见指出：出版企业应积极主动探索出版单位内部组织的重构再造，逐步建立顺畅高效、适应市场竞争和一体化发展的内部运行机制；探索和推进出版业务流程数字化改造，建立选题策划、协同编辑、结构化加工、全媒体资源管理等一体化内容生产平台，推动内容生产向实时化生产、数据化生产、用户参与和生产转变，实现内容生产模式的升级和创新；建立健全绩效考核体系，创新项目用人机制，探索出版融合发展条件下吸引人才、留住人才、用好人才的有效途径。

大学出版社内容融合和营销管理创新需要技术融合提供保障，也离不开大学出版社的机制保障。本书第二章中对出版机制的概念和内涵进行了阐释，有着不同角度的理解，并将本研究的出版机制定义为保证出版环节顺利进行的组织制度和流程运行两个方面。大学出版社与其他类型出版社相比，最大的区别在于其主管主办机构为高校大学，前面已经论述过，高校母体的特殊性质决定了大学出版社的出版方向，也决定了大学出版社的性质和体制，而体制则会影响机制。因此研究大学出版机制脱离不了体制背景。

6.1 大学出版社机制创新的特点和内容

2012 年前后，我国大学出版社基本完成转企改制，改制前的大学出版社由于"事业单位、企业经营"的特殊性质造成出版社现代企业管理意识薄弱，市场能力不强，竞争力相对较弱等问题。转型改制政策旨在让大学出版社脱离高校事业单位管理的束缚，成为"自主经营，自负盈亏，自我发展"的市场竞争主体，建立现代出版企业制度，提升大学出版社经营管理能力和核心竞争力。但事实上，大学出版社在后转型改制时代，除了享受到免税等政策扶持外，仍然面临着新体制下机制设置和运行的诸多问题，如与母体大学千丝万缕的人事管理制度、激励机制不符合数字化转型发展要求等。

由于我国大学出版社建社时间普遍都比较短（差不多40年左右），改制转型的包袱比较轻，经过近五年的适应和调整后，在体制上的改革得到了比较圆满的解决。但随之而来的是面对市场竞争和数字化转型，大学出版社机制该如何创新。而最重要的问题是如何在转企改制后继续承担好大学出版社的双重功能：国有资产增值保值功能和为高校的教学科研服务的功能。从目前看无论是大学出版社所在母体大学的学校管理者和国有资产管理部门把国有资产增值保值功能作为单一的功能，而大学出版社的学术功能则往往被忽视①。尽管宏观体制上对转企改制带来的利与弊还在争议之中，但体制的变革却实实在在地带来了机制的变化，这种变化则主要来自改制后作为独立出版主体所要面对和解决的问题，以及大学出版社为适应融合发展主动调整的机制创新。

出版机制创新就是基于数字化时代对出版工作的新要求而进行的组织融合与重构和流程融合与再造。正如本书第一节所述，与书籍出版时代相比，数字时代的知识生产和传播方式发生了根本性的变革，作为知识生产和传播的重要形式的出版，毫无疑问必须进行改革，这是大的时代背景。从产业变革来看，出版产业最重要的内容资源的生成方式和形式发生变化后，生产关系和生产方式的变化必定是随之而来的。出版机制创新的最终目的是促进出版参与主体

205

---

① 汤定军，周福娟. 大学出版社体制改革和机制改革的反思[J]. 出版广角，2012(9)：71-73.

的互动和交流，数字网络媒介的影响不仅在写作表达的外部环境方面起作用，而且还渗透到表达机制内部，对表达的全过程——包括思维方式、表达形式、承载介质、传播方式、影响范围、文本形态等多方面发生影响。以互联网技术为支撑的自媒体、自出版现象，都表现出极强的双向和多向互动性①。要促成这种双向和多向互动的出版机制主要从组织和流程两个方面进行改革和创新。

6.1.1　大学出版社机制创新的特点

就出版流程和运作机制而言，大学出版社与其他类型出版社并没有根本的区别，其内部组织结构和管理流程可以相互借鉴，内部机制的差异更多的是和出版领域相关。大学出版社擅长于教育出版、学术出版和专业出版，编辑发行等业务流程上与教育出版社、科技出版社大致相仿。大学出版社与其他类型出版社的差异来自其企业管办方式的不同以及与所在大学的外部联系带来的特点，尤其在融合发展背景下，大学出版社的机制创新不仅仅是内部运作模式和方式的调整，而应该将更多的关注点放到内外部资源和运行模式的融合。因此本书认为大学出版社机制创新主要体现在以下两点：

(1)构建与大学教育融合发展相适应的业务流程再造

大学出版社的出版优势和经营理念决定了与大学教育不可分割的关系，从所属关系和合作关系看大学出版社关注的是母体大学的教育和宏观的大学教育。与母体大学的大学教育进行融合，构建将母体大学优势学科和特色专业教学科研成果转化为出版成果的选题营销机制，通过与所在大学专业院系合作，利用研讨会咨询会等形式，了解学科发展，聚集专家队伍，将这些资源参与出版流程全流程，渗透营销，有效融合。与宏观的大学教育相融合，则需要建立对世界或者全国范围内某一学科的发展进行信息获取和分析的工作

---

①　王华生. 媒介形态嬗变与出版方式创新[J]. 河南大学学报(社会科学版)，2016(5)：138-148.

要求，需要更加宏观地把握宏观政策，在选题策划、编辑加工和营销环节利用好大学教育发展动向和政策，从跟随服务教学到引领教学理念和方法转变。融合发展思维下的大学出版社机制创新不再是出版流程环节上改良，而是需要理念和策略上的改变。为保证这种融合在出版工作的体现，需要通过建立制度和办法进行保障，近几年来大学出版社通过建立学科发展基金、教师发展基金、教材发展研究院/中心等形式，与相关部门学术机构联合设立课题项目等形式，将内容开发、作者培养、营销推广等业务环节与活动和制度融合，甚至是把出版流程环节融合在一起，达到一个项目、多个活动、多种收益的效果。

(2) 构建与大学教育融合发展的组织架构

大学出版社组织架构的调整与出版社战略调整、市场竞争状况等诸多因素相关，大学出版社的优势出版方向使得出版工作离不开与大学教育的联系。这种联系有日常性的业务沟通，如作者沟通会、选题讨论会等，也有与大学专业院系开展不同层次的合作项目。而一些领先的大学出版社开始实施出版和科研相辅相成的经营思路，大学出版社利用作者队伍和长年积累的出版品牌成立科研机构，如上海外语教育出版社依托上海外国语大学的学术建立了中国外语教材教法研究中心、教材研究院，专注于外语教材编写和教学实施的研究，进一步加强了高等教育外语教材编写的品牌地位，同时给出版工作提供了智库作用。北京师范大学出版社成立出版研究院，从出版学科角度切入教育出版研究。除了建立科研机构，还有大学出版社依托母体大学成立了培训机构，这样做不仅仅是开拓了多元化收入来源，更重要的是培训机构将信息收集、教材推广等出版工作融合在其中，取得了良好的融合效果。外语教学与研究出版社、上海外语教育出版社两家外语专业出版社在这方面做得非常好。从这些大学出版社新的组织创设，体现了大学出版社与大学教育融合的明显特征，大学出版社正在跳出出版社的单一职能概念，依托母体大学或者长期积累的专业出版品牌，通过开设新业务、创设新机构，将出版、教育、科研融合在一起，走向一体化的教育方案提供商的转型之路。

6.1.2 大学出版社组织重构

融合发展阶段是传统出版方式和新兴出版方式并存共生的阶段，因此出版企业仍然是大学出版社的最主要定位，出版企业的定位不是过时的名称，它肯定了出版社作为内容策划者和把关者的职能和地位，传统出版流程中对内容质量的严格规范仍然是未来数字出版流程管理的范式，传统的出版组织和出版工作者仍然在分工合作的制度下，做好内容质量审核人的角色。与此同时，大学出版社必须面对着新一代习惯于电子屏幕媒介获取信息和知识的新一代学习者的特点，做出职业角色和工作方式的调整，要以数字生存的思维创新出版流程各个环节，并且深刻地认识到数字出版对未来人类学习的意义，由此站在技术发展的角度，所有的大学出版从业者都应该认识到从出版商到知识服务商转型的必然。

出版融合发展给大学出版社带来的组织形式变化主要分为三个方面：第一个是新型数字出版组织在编辑环节如何处理与传统编辑部门之间的关系；第二个是数字销售管理、网络销售渠道与传统销售管理之间的组织设置关系；第三个是出版社职能部门如何在大学出版社融合发展中发挥作用。这三个方面的组织建设创新都非常重要，移动互联时代的融合出版是一个全员营销的出版形态，所以大学出版社的组织建设不仅仅是组织架构的调整，更重要的是企业文化和组织制度的全面更新。在新一轮以互联网技术、信息技术和通信技术为代表的融合出版发展阶段，大学出版社组织融合和重构主要包括以下两个方面的内容：

(1) 大学出版社内部组织融合和重组

技术驱动的数字化转型带来了知识生产和传播跨流程与跨组织的协同合作，出版社内部组织边界变得模糊，融合出版需要打破原先的组织分工界限，为完成一个项目或者任务，将工作内容、人员安排和流程分工等融合在一起。传统出版组织的流水线作业流程已经无法适应全流程出版和全员营销的要求，角色交叉和功能融合是融合出版环境下组织及组织内部个人的普遍状态。大学出版社内部组织融合和重组可以分为横向融合和纵向融合。企业内部的横向融合表现为企业在原有流程下负责不同业务流程的部门在新的发展需要下进行整合，整合的基础是具有相同的业务职能和共同的市场目标，在传统出版组织改革中比较常见的横向融合是市场部和发行部的整合，以及市场部与各事业部的融合，他们三者都有共同的营销职能，整合后重新调整人员安排和业务分工以及业务流程。纵向融合则变现为同一工作环节中不同组织部门的融合和重组，这种融合的动因往往是企业经营策略调整或者外部市场发生变化，融合重组的方式为合并或者撤销部门。传统出版业务中的纵向融合比较典型的例子就是负责不同出版板块的编辑室和事业部进行整合、分拆或者撤销，以及出版营销环节中各部门根据市场状况和管理考核需要进行的部门之间的融合。融合发展背景下需要内部组织结构表现得更加具有灵活性和柔性以满足用户的个性化及多变需求。重新创设新的业务部门则是内部组织结构调整的重要方式，这种情况往往出现在与传统业务内容有明晰的边界，或其盈利模式不是很清楚，需要进行尝试经营，或有资本合作需要的组织创设，大学出版社中设立数字出版部或者与信息技术公司设立数字出版公司就是这种类型。

（2）大学出版社内外部组织融合和重构

基于用户需求和科技创新双驱动的融合发展使得出版社及其组织与外部组织融合的机会越来越多。如前文所述，大学出版社要实现功能的转型，必须与母体大学保证全面的合作关系；技术是大学出版社数字出版转型升级的瓶颈，必须与出版技术服务公司保持紧密的合作；对用户信息的整理和分析需要专业的出版咨询服务，因此保持与出版咨询服务的合作有利于做出科学的产品开发和营销推广决策，所有的这些都是大学出版社打破传统单打独斗的思维，用竞合的战略推进融合发展。

以前大学出版社内外部组织融合和变化往往是依据市场竞争环

境的变化而进行调整，更多地表现为出版生产环节的延伸，如建立书店，建立异地分社等，其主要目的是通过创建组织扩大生产和销售半径，从而获取更多的作者和读者资源。而融合发展背景下的组织融合和变化的根源不仅仅是市场竞争环境的变化，而是整个出版生态系统的变化，所以其带来的影响范围和深度远远大于以前的变化。其核心是需要基于技术变革和用户需求变化开展组织重构，这种重构模式不单是内部的组织形式变化，还应该是基于同一内容体系和服务目的的内外部组织的合作。在内容资源建设上，大学出版社要与高校、科研院所等拥有大量内容资源的单位构建类似于研究院所之类的合作机构；在营销服务上，大学出版社可以与书店、自媒体公司、网络文化公司等单位构建营销合作组织；在融合出版上，大学出版社已经采取了与技术公司合作成立合资公司的方式优势互补开发融合出版物和平台。

6.1.3 大学出版社业务流程再造

对大学出版社来说，构建顺畅的出版流程是为了保证融合出版工作的顺利开展，对市场来说，则是为用户提供更好的服务。根据内外部工作内容区别，大学出版流程的融合创新可以分为两方面内容：一个是出版社内部旨在提升融合出版效率的工作流程融合，另一个是旨在提升融合出版服务效率的服务流程融合。不断发展的信息技术以及出版信息技术服务商保障和加快了大学出版社完成内外部流程融合再造。

内部出版流程融合强调在传统出版和数字出版共存背景下，为应对互联网时代用户对知识的需求，从选题开发到销售的出版全流程融合，其主要内容为立足用户个性化需求，加强选题开发中内容载体和内容应用的融合，利于用户便捷获取知识、突出线上线下传播融合方式，满足用户多元化全过程知识需求，构建出版和教育的融合模式。内部流程融合需要做好多项工作：明确原有流程遇到问题、新流程的重构设计（目标、内容等）、保证新流程实施的制度建设、新流程的贯彻（培训和激励制度）等。

良好的内部出版流程能够保证外部出版服务流程的高质量和高效率。外部出版服务流程是指构建出版社内部出版环节或流程中涉及对外业务联系的工作流程。融合出版背景下外部出版服务流程的创新内容主要包括旨在提升内容创新开发的作者管理机制、旨在提供满意内容的用户沟通机制、旨在提供精准服务的营销机制、旨在保证销售的渠道管理机制等方面。外部出版服务流程再造最重要的工作是建设好作者、用户、分销商数据库，对于大学出版社来说，专业领域专家、青年专家数据库是构建作者队伍的基础，高等院校专业教师数据库是有效开展精准营销的基础，分销商经销的动态信息则是管理经销商的基础工程。科学的数据库将为建设高效的对外服务平台提供基础性的资源。

6.1.4　大学出版社管理制度创新

现代企业制度的基本内容包括产权制度、组织制度和管理制度三个方面，融合发展所需要的制度创新涉及这三个方面。三者互相影响，从宏观上来说，产权制度会影响组织制度和管理制度，产权制度决定了出版企业经营者对企业资源的权限和调配方式，从而决定了企业能做什么和怎么做。

转企改制后的大学出版社已经建立了较为明晰的产权制度，从大学出版社资产为大学所有变为大学所属的独资公司，根据一人独资公司的制度建立了董事会组织结构、职能权限和股东权力。但一人独资公司的制度的缺陷加上原来运行了几十年的行政主办制度惯性，在实际的企业管理中并没有实质性的改变，大学出版社内部管理仍然承袭了行政管理特色，其中典型的就是大学出版社管理者的人事权和社长的任免权仍属所在高校①。本书认为融合发展可以分战略和策略两个方面，出版企业融合发展的战略层面涉及产业融合和资本融合，在面对大传媒产业竞争环境，出版企业需要通

211

①　汪宜晔，刘辉，黄道见. 关于转企改制后大学出版社深化改革的探讨[J].编辑之友，2014(8)：14-17.

过产业融合和资本融合提升现代企业管理水平，通过技术合作与资本合作加快融合速度和融合水平，而目前的产权制度对这两个方面的融合造成了一定的障碍，因此如何深化大学出版社产权制度改革成为战略问题。产权制度的创新主要是产权的多元化和经营的自由度，比如目前大学出版社一人独资公司的形式可否通过股权改革引入其他投资主体，董事会授权可否进行内部股权激励和对外股权投资等，都需要经过探索和思考。

大学出版社组织制度和管理制度则是在策略层面保障融合发展的实施。与其他类型出版社大同小异，大学出版社组织制度分为组织部门设置和组织运营方式，组织结构一般依据业务环节和任务设定特定的部门机构或者组织，如编辑部、出版部和营销部，组织运行方式则通过确定不同组织的责权利来确定出版社组织分工和运营。从传统的职能管理制度到目前比较流行的事业部制，组织制度的改革对外依据出版市场竞争需求，对内则根据企业战略部署。由于大学出版社的组织规模普遍都在几十人到二三百人，因此组织制度相对简单。组织制度和管理制度相辅相成，两者共同服务于企业战略计划开展，出版社管理制度可以分为人力资源制度、财务制度、编辑管理制度、印制管理制度、营销管理制度、行政管理制度等，管理制度依据不同的岗位和工作内容确定，围绕着出版社整体战略需要，以有效和高效为标准，设计科学的管理制度。在管理制度设计中还需要特别注重制度的整体性和连贯性，避免过度注重部门工作利益导致出版社整体利益受损。

出版社的组织制度和管理制度要体现文化企业特性，注重内容导向的组织架构和制度建设，比如加强总编辑内容把关的职责，这一点近几年是有所减弱的，出版社在注重销售额的时候，往往会忽视出版质量的要求。出版行业是知识和人才密集型行业，因此也要充分注意对知识和对人才的尊重，以人为本和鼓励创新是出版社机制创新的重点。而对于大学出版社来说，围绕着大学出版和大学教育融合这个特色，如何在出版机制上进行创新则是走出大学出版社融合发展特色的关键。

6.2 融合发展背景下的大学出版社机制 创新实践

大学出版社机制创新可以分为产权制度、组织制度和管理制度。由于涉及政策制度，关于大学出版社在产权制度创新的研究正在成为热点，如大学出版社产权多元化和对外股权投资改革、融合发展指导意见中提到的管理股试点探索等，但在实践上还没有形成成熟的做法，即使有一些出版社尝试建立资本合作的数字出版公司，但由于与某些政策不符，也逐渐被整顿关闭，变成仅是技术合作的出版社独资的公司。下文将针对大学出版社组织制度和管理制度中组织重构、业务流程再造和管理制度创新三个方面结合大学出版社实践进行阐述分析。

6.2.1 大学出版社数字出版组织重构实践

(1)大学出版社组织重构的背景

21世纪以来，我国大学出版社组织重构受到了出版政策和出版产业转型的影响，出版政策的影响主要是大学出版社转型改制后带来的出版经营管理理念的变化，出版产业转型对大学出版社组织重构则基于数字出版转型升级的要求。

大学出版社业务一般由编辑、出版、销售三大业务模块以及其他行政职能辅助工作组成，到现在仍然有一部分大学出版社沿用的是比较传统的按照分工合作原则采取职能制组织或者叫直线职能制组织结构。其主要形式为：行政组织和业务组织结构设有编辑、印制出版和营销发行等多个相对独立的业务部门以及财务、社办、编务等职能部门，管理上相对独立，业务流程上保持分工合作。出版社各业务部门根据业务规模和需求设置子部门，一般来说编辑部按照出版品种和编辑环节来确定不同的编辑室(部)，营销部门按照

213

营销功能和渠道管理需要设立子部门。直线职能型管理模式特点是：便于管理集中、指挥统一；业务部门专业化分工，职责明确；相对管理成本较低；管理决策权力集中。这种组织架构存在以下一些问题：组织层级过多，沟通效率低下；组织层级间边界僵化，缺乏弹性；部门边界不利于多面手人才的培养①。这种情况在中小型大学出版社组织管理中表现得尤为明显。即使在转企改制后，仍然存在着较强的行政管理色彩，其根源还在于中小型大学出版社尴尬的境地：作为学校二级部门的行政组织依然存在，因此受到事业制度的掣肘；作为独立经营实体却因为缺少资本和足够的市场，无法获得真正的独立发展②。作为二级单位负责人的社领导也经常会三年或者四年一轮岗，经营思路不连续带来规划与实施脱节、企业执行力下降，组织作用无法有效发挥。

　　大学出版社转企改制后，某些销售收入和员工规模属于中大型的大学出版社开始实行具有独立成本核算和盈利指标的事业部制度。其主要运作模式为：根据出版方向、业务特色及人员配备，设立专门的事业部，各事业部具有相对自主的人事支配权和业务管理权，独立负责选题策划、编辑管理和市场营销等业务。各事业部以独立的利润中心形式单独核算，自负盈亏。出版社按照"集中决策，分散经营"的原则管理各事业部发展战略及经营目标的管理和考核。一些功能性部门如人力资源部、财务部、编务部门、出版部门等仍保留全社统一管理的模式。"集中不集权，分权不分散"就是对事业部制最好的概括。这种制度最大的问题就是管理费用高，有些功能重复设置，各事业部有独立的运作体制，社会层面协调难度加大③。

　　20世纪90年代，以中国人民大学出版社和外语教学与研究出

---

　　① 任萍. 数字化时代出版业组织变革趋势浅析[J]. 出版发行研究, 2016(4)：27-30.

　　② 刘晓嘉. 中小型大学出版社组织管理刍议[J]. 中国出版, 2015(10)：58-60.

　　③ 刘俊敏，慈妍妮，丁伟芳. 出版社组织结构的特点——以大学出版社为例[J]. 科技与出版, 2013(6)：37-40.

版社为代表的大学出版社从重点出版项目制的出版运作中得到启示，结合事业部组织制度运行经验，开展了既维持职能事业部的责权利界限又通过项目形式打通职能部门资源整合的矩阵型组织形态。这种组织形态具有较大的弹性，能够有效应对随时变化的市场需求，统分结合，有统有分，有效整合和分配资源。目前很多规模较大的出版社尤其是综合型出版社实现的分社制就是项目制和事业部制结合发展的典型的矩阵组织模式①。

　　以上三种组织形式设计更多的是基于大学出版社资源配置和管理效益作为出发点，除管理学的理论指导对组织重构的影响外，出版产业发展环境和出版业态变革也极大地影响了大学出版社组织制度的建设。如发端于 20 世纪 80 年代的数字出版发展对大学出版社组织制度的影响越来越突出。

（2）大学出版社组织融合和重构实践

　　融合发展概念的提出是基于数字出版在出版产业中的地位越来越突出，由原来的辅助出版形式成为与纸质出版并驾齐驱的新型出版模式，而完成这种新的出版范式需要团队或者组织，因此融合发展背景下的组织创设就是数字出版组织或者部门的创设路径以及传统的组织如何和数字出版的新型业务组织融合重组。

　　1）数字出版业务的组织创设

　　数字出版转型升级需要熟悉和实施数字出版业务的人员和组织，如何设立专业数字出版部门和配备人员成为大学出版社数字出版业务发展的重要研究问题。为了解目前大学出版社面对数字出版转型和出版融合发展工作而进行的出版社组织制度创新状况，本研究选择了六所不同规模、出版领域的大学出版社，通过与社级领导和数字出版部门负责人访谈并结合文献，整理了这六家大学出版社数字出版部门的组织形态、人员规模、业务形态和职能等沿革及现状。

215

　　隶属北京外国语大学的外语教学与研究出版社是我国收入规模最大的大学出版社，2015 年实现销售收入 32 亿元，外研社是我国

---

　　①　黄津津. 改制后大学出版社的挑战与对策［D］. 南京大学，2012.

较早介入数字出版并取得领先优势的大学出版社。外研社成立了负责数字出版管理的数字资源中心和数字化管理部，分别负责内容管理系统、协同编辑平台等内容生产和管理流程管理。而数字教育事业部、下属独立数字公司则与各分社合作负责产品的研发和推广。外研社目前有外研在线、北外在线、外研讯飞、外研通、爱洋葱等独立数字产品公司，专注于不同产品的研发推广，同时还设有专门的数字产品营销中心。各分社也设有数字编辑与数字产品研发的部门和独立公司以项目制的方式开展合作①。

隶属上海外国语大学的上海外语教育出版社与外研社一样是一家大型外语专业出版社，外教社对数字出版保持着很强的敏感性，早在 2004 年就成立了数字出版编辑室，之后升格成数字出版中心，同时成立信息技术公司。信息技术公司在业务上负责数字出版中心管理，数字出版中心负责数字产品的研发编辑，信息技术负责产品开发技术支持、网站和学习平台的运维，2016 年，数字出版中心中的高等教育板块纸数融合产品业务归到高等教育事业部，数字出版中心只负责高等教育独立数字产品的开发。目前数字出版中心的员工规模为 15 人，信息技术公司则大概在 20 位。

华东师范大学出版社近几年数字转型升级和融合发展力度大，发展迅猛，2013 年凭借成熟的 ERP 内部管理系统和内容管理系统的数字化转型双引擎，成为全国首批数字出版转型示范单位之一，2017 年华东师范大学出版社成为上海地区唯一一家获批建立融合发展实验室的大学出版社。华东师大出版社围绕着中小学教材教辅和教育科学专业出版的强项，2009 年设立新媒体总监一职，成立数字出版部，协调信息中心、电子音像出版社的数字出版业务。信息中心负责全社数字化出版的基础工程建设。信息中心、数字出版部和电子音像分社配合各分社共同开发全媒体形式产品，承担全社重大数字化转型项目的开发研制和推广。目前信息中心人数为 4 人，数字出版部共有 11 人，音像出版社则有 8 个人，各部门人手

---

① 刘云霞. 外语教学与研究出版社出版融合研究［D］. 华中师范大学，2013：19.

配备整齐①。

上海交通大学出版社于 2009 年将音像出版社改制为数字出版部，根据纸质图书选题特征开发数字产品，近几年上海交通大学出版社在主题出版上屡获佳绩，如大飞机项目、东京审判文献等，数字出版也成为主题出版的一个亮点。2013 年出版社成立数字营销部主要负责独立数字产品的营销推广，以及营销发行的网络书店管理。目前数字出版部有 5 位员工，数字营销部有专职人员 3 名。

华中科技大学出版社 2014 年成立数字出版分社，由于实行分社制，数字出版根据分社选题内容和要求联合开发纸数融合产品，同时负责出版社网站微信等运维工作，除了数字出版分社固定的机构外，还成立了数字生产小组，数字出版分社派出人员与各分社合作开发实施数字产品的设计和制作。数字出版分社目前人员为 5 位。

华东理工大学出版社近几年在小语种尤其是日语图书出版上取得了令同行瞩目的成绩，据了解，该社 2017 年仅通过自营天猫店就实现日语图书销售近 3000 万元。华东理工大学出版社 2012 年成立数字出版编辑部，运营两年后，撤销了该部门，将数字出版的选题开发编辑以及营销职能融入各编辑部，通过融合发展领导小组以项目制的形式协调数字出版工作。

从上述六家大学出版社数字出版部门设置状况可以看到数字出版机构创设基本上有三种：信息技术公司、数字出版部（中心）、融入数字编辑业务的编辑部。这三种组织方式在出现的时间上有所不同，出现的先后顺序为数字出版部（室），然后是各种资本结构的信息技术公司，传统编辑和数字编辑融合的编辑部则是最后出现的形式，这也说明了出版社对数字出版的探索认识过程。在组织重构方式上，一种是通过创设新的具有相对独立的业务组织实现数字出版业务扩展，另一种则是在传统出版社组织架构中融入数字出版的工作内容和岗位设置。这两种不同模式的组织形式各有利弊，从创建难度上来说，由于数字出版与纸质出版的差异，创建具有独立

217

---

①　张亚运. 华东师范大学出版社全媒体出版状况与特点分析［D］. 上海师范大学，2017：36-38.

业务范围的新组织相对简单，而在传统出版组织中加入数字出版工作内容，在还没有完全理顺数字出版商业模式的情况下，则可能会出现一定的管理冲突过程。而之后一些大学出版社对数字出版业务进行组织结构的调整，也体现了在探索数字出版运营模式过程中对管理思维和方式的调整。从调查和访谈中也发现不同规模的大学出版社采取了不同的方式，如上海外语教育出版社采用信息技术公司、数字出版中心和高等教育融合出版编辑部三种形式共存的模式，承担不同的业务范围，在数字出版的策划、设计、生产和运维等不同流程上承担不同的职责，而华东理工大学出版社则采用编辑部的融合组织，把技术支持和运维交给第三方技术公司，出版社专注于内容生产。在数字出版产品形态上，不同的大学出版社也采取了不同的方式，如以大学英语教材出版为主要业务的外研社和上海外语教育出版社把数字产品开发重心放在英语教学资源和教学服务的积累和完善上，通过平台聚合资源提供服务，从而满足高校外语教学需要，而以大众读者为主要目标的华中科技大学出版社和华东理工大学出版社则把重心放在纸数融合出版以及建立在 APP 应用上的有声书出版。除了不同的出版品种外，企业的人力资本和资金也是重要的决定因素。而在组织功能上，不同定位和规模的数字组织承担不同的功能，除了必须具备的数字产品研发功能外，有些数字出版部也承担了营销功能。同时在调查中发现，有不少的出版社的数字出版工作组织形式自成立后也在不断调整中①。

把视线放到国内其他类型的出版社考察数字化转型或者融合发展，不难发现中央部委的专业出版社在这方面走得相对领先，除了对数字化产品商业模式的探索外，对于融合发展机制创新的大胆探索也取得了一定的成就，可以作为大学出版社管理机制参考学习的对象。作为国内第一批数字出版转型示范单位的中国地质出版社则采取了更为大胆的组织架构改革，2016 年 6 月以股份制的形式成立了市场化的中地数媒公司。对此，中央文资办综合处处长湛志伟

---

①　伊静波. 出版社数字出版组织"模块化"重构路径研究[J]. 现代出版，2018(5)：21-24.

认为由部门制向公司制、股权制的演进，是数字出版发展模式的创新和迭代：部门制实现了专业化的生产，公司制解决了以激励和创新管理为特征的数字出版管理组织保障，股份制则利用股份激励的办法调动数字出版从业者的积极性和主动性①。中地数媒成立运作两年来，无论在数字出版内容生产、数字出版队伍建设还是数字出版机制革新等方面都取得了丰硕的成果。在不影响大的体制政策下，这种通过公司股份制改造来提升融合发展能力的组织方式也值得大学出版社借鉴。

2) 营销组织架构的创新

如果说第一种形式偏重于编辑环节的组织重构，那么与传统出版一样，适应数字出版的营销组织重构则是融合发展的另一个重要内容。出版社的营销功能分为宣传推广和销售两个部分，传统出版营销模式下，宣传推广功能一般由市场部或者编辑事业部负责，销售功能则由营销部门负责。

新媒体环境下，图书宣传推广更加讲求时效性和针对性，这需要发布信息的人或者组织必须非常了解出版物的内容特色、形态组合和编辑出版进程，而这个工作最合适的就是事业部或者分社，如果按照原有模式，把所有的出版信息集中到一个部门实施则会影响到宣传推广的效果。因此大学出版社营销宣传推广工作的重要的趋势是，大中型出版社的事业部和分社内部功能设置和人员配置越来越齐全，一般由专人负责微博和微信公众号等社交媒体的运行维护，承担了主要产品宣传功能。除了利用新媒体宣传推广外，传统线下的会议、新书发布等活动仍是大学出版社重要的宣传推广方式，其职能的承担者也都转到了编辑部门。

随着网络书店在图书销售环节尤其是一般图书销售上的作用越来越重要，很多大学出版社营销部门专门设立网络营销部，主要负责三个方面的销售管理工作：当当、京东、亚马逊等全国性网站的管理，协调管理统一策划分布在各省市的网络书店销售管理工作，

219

① 任晓宁. 数字出版转型升级亟待模式创新[N]. 中国新闻出版广电报，2016-07-04.

管理在天猫、京东等第三方网络销售平台开设的直营店，以及实力较强的大学出版社自己建设的集图书宣传、推广、销售于一体的营销服务平台，可以预见网络营销部的重要性将越来越突出。目前网络营销渠道和线下实体书店渠道的管理融合和冲突共存，融合的作用在于发挥各自销售优势，共同促进图书销售，冲突之处则表现在销售考核制度导致线下工作的成果经常会转移到网络书店，对线下推广宣传工作的积极性有一定的影响。

　　数字出版品种和销售收入有一定规模的大学出版社则成立了专门的数字产品销售部。由于数字出版物与传统出版物在销售形式（一般通过学校招标采购）、定价方式、后续服务方式等诸多方面的差异，成立数字产品销售部，并与数字产品技术服务部门配合，这对于出版社出版融合发展战略来说是非常必要的。

6.2.2　基于平台的大学出版社业务流程再造实践

　　不同于之前信息化技术对出版业务流程的改造，媒介融合背景下的数字出版转型对出版业务流程的影响更为深刻和广泛。在数字传媒语境下，出版产业链呈现出许多新的特征：第一，数字出版产业链更多地表现出电子商务的共性特征，改变了出版社单方向将产品推向读者的商业模式，读者不再满足于购买成型产品，他们希望自己的理念和个性能够在产品和服务上有所体现。由于跨媒介融合，技术的重要性越发凸显，技术供应商在新一轮出版业务流程改造中发挥了更大的作用，如在编辑加工中的数字技术、在市场推广和销售中的大数据技术等；第二，出版业务流程要适应媒介融合的趋势，实现跨媒介深度整合，主要在内容生产上实现多途径和多平台服务，在业务结构上开拓多元化市场，利用技术开发内容资源的附加值，出版流程出现业务领域纵横交织同步发展的态势①；第三，数字技术创造了不同形态的知识，媒介技术构建了多元化知识

---

　　①　王鹏涛. 基于流程再造视角的数字出版产业链创新研究[J]. 科技与出版，2009(4)：51-54.

传播路径，传统出版的编辑、印刷（复制）、发行三大出版流程环节不会改变，但由于知识形态和传播路径的变化，印制与发行两个流程的环节和工作方式将发生根本性的变化。由此大学出版社在数字化转型实践中探索从内部管理与外部服务两个方面进行业务流程的调整和创新。

（1）基于内部管理的出版业务流程再造

内部业务流程再造一般是指大学出版社为了适应传统出版和数字出版融合发展而对出版社内部原有的资源管理、部门沟通和业务管理等流程进行改造。大学出版社内部业务流程的改造借助信息化技术建设管理运营平台得以实现，主要在出版工作数字化管理系统、内部资源管理系统和协同编辑平台等三个方面进行了探索。

1）出版数字化管理系统的建设

大学出版社出版数字化管理系统的建设不仅是适应数字出版转型的需要，也是大学出版社提升现代化管理水平的要求。大约在十年前，我国出版社尤其是一些大型出版社开始利用 ERP 系统提升出版社业务管理流程，这些管理系统主要集中在发行、财务、编务、办公自动化等方面。近几年，这些有一定信息化管理经验的出版社正在对原有的数字化管理系统进行升级改造，其目的就是将业务管理系统、内容资源系统、市场分析系统、客户资源系统进行对接，实现从单一环节管理到多环节统筹管理。

作为全球商业化大学出版社的领头羊，2010 年剑桥大学出版社的数字化产品占到了其总收入的 22%，出版社首席执行官 Stephen Bourne 在一次演讲会上说，预计到 2020 年，这个比例将达到 66%，剑桥大学出版社在原来的电子出版 ERP 系统和制作流程管理系统的基础上，扩展了网络系统、剑桥网上文献系统等在内的197 种信息管理系统，实现了英国总部和全球 40 多个代表处的信息共享和资源增值①。

221

---

① 陈凤兰. 剑桥大学出版社期刊运营特色研究［J］. 科技与出版，2013（4）：23-26.

华东师范大学出版社 2009 年到 2012 年在办公信息化的基础上通过三年的不断开发完善，建立了较为完善的 ERP 管理系统，2013 年，华东师范大学出版社将 ERP 管理系统和内容管理系统关联在一起促成了出版社各事业部之间信息流和业务流的互联互通，全社形成了互补互生的内容组织生产新模式。整合后的管理系统共分为十一个模块，其中包括版权贸易、办公自动化系统、人力资源管理、学校客户关系管理系统等子系统，与原来的编务系统、发行系统、印务系统、电子商务系统实现了信息和数据互通，而财务决策信息汇总到财务管理模块，而社领导在制定决策时都可以调用拥有数据和信息的不同业务模块。通过这套数字化管理系统，华东师范大学出版社基本实现了无纸化办公、对印数的精准控制、标准化管理等效果①。

　　厦门大学出版社 2007 年研发了基于 B/S 结构的数字化管理系统——南强系统，系统以编印发业务流程为主线，将出版编务管理、出版印制管理、档案管理、样书管理、发行管理、办公管理等模块整合在一起形成完整的数字化管理系统②。数字化管理系统是企业数字化转型的保障，为数字化融合发展的内容和要素提供了规范性的管理框架，有利于内容资源和业务要素的有效管理。

　　2）内容资源管理系统的建设

　　实现融合出版的基础工作是多模态化内容资源的制作、存储和应用，内容资源管理系统 CMS（Content Management System）成为数字出版和融合出版的基础性工程。内容资源管理系统是构建和支撑内容管理的一系列工具的组合，它首先以结构化和非结构化的数据开发层次化的内容资料库，然后针对不同的用途提供个性化的实现路径和方式，从而为内容资源采集、管理、传递和利用提供有效解

　　①　张亚运. 华东师范大学出版社全媒体出版现状研究［D］. 上海师范大学，2017：39-40.

　　②　余瑞新. 大学出版社数字出版发展对策研究［D］. 山东大学，2015：47.

决方案①。因此完备的内容资源管理系统一方面可以统一管理出版社各种数字资源，如图书文档、图片、音视频等，另外一个重要作用就是为编辑业务提供编辑工作所需的各种内容资源服务，在融合发展要求下，还必须为后端数字产品的开发提供完整的内容资源储备。电子工业出版社李弘提出了一个形象的说法，完善的内容资源管理系统应该具备作为开展数字产品策划和制作的基础的"进可攻"功能，为传统编辑业务提供支撑服务的"退可守"作用②。

出版社构建内容资源管理系统需要系统考虑内容、用户、运营这三个方面的标签体系：第一是基础内容资源分类，根据内容自身特点对内容进行划分的标签体系；第二是用户定义的准则，根据用户的特点对内容进行划分的标签体系；第三是差异化的应用与运营，根据具有差异化的应用特点对内容进行划分的标签体系。通过对标签的调整和创新，可完成对产品结构、功能结构、业务流程的调整和创新③。

华东师范大学出版社于 2010 年 11 月成功验收通过了华东师范大学出版社内容资源管理系统平台项目，实现了一种内容进行多种形式的储存，分别建立了图书库、图片库、音频库、视频库、课件库等多种资源库。音频库由音效、音效素材、独立音频产品、出版物音频产品等素材组成，视频库由视频素材、独立视频产品、出版物配套视频产品等资源组成，课件库则由课件产品和课件素材组成。编辑人员、营销人员授权调取相关资源为编辑、营销推广等工作所用。

广西师范大学出版社研发了适应本社业务发展的资源管理系统，数字协同编辑系统通过电子文档的结构化处理对文档中的章、节、图片和表格等小素材的数据价值进行再利用。这样有利于利用

---

① 肖琬蓉，等. 数字资源统一内容管理系统设计与实现[J]. 计算机应用与软件，2010(11)：114-116.

② 李弘. 如何建设数字资源管理系统[J]. 出版参考，2014(4)：9-10.

③ 窦林卿. 内容资源管理系统的 2.0 时代（下）[J]. 出版参考，2011(4)：14-15.

内容资源管理系统对数据资源进行符合个性化服务的创造提供便利①。

内容资源管理系统解决了编辑和作者花费大量时间寻找出版内容资源的问题，避免了由于版权问题产生的纠纷，编辑和作者可以在内容资源管理系统中通过海量的出版资源和智能化的检索组合功能，实现作者创作、编辑出版等业务流程的高效率。

3）协同编辑应用系统的构建

数字出版不同于传统纸质出版，出版内容资源以数据的形式存在于具有储存和运算功能的系统中，这些数据不仅是数字出版的内容资源，也是编辑加工的素材资源。国家新闻出版管理部门高瞻远瞩地认识到在数字出版转型中基础技术装备的重要性，委托开发了资源标识管理及关联建构工作系统、数字化编辑出版工具系统、数据采集管理工具等，为出版企业省去了很多设计研发的时间和财力成本。而在数据内容的构建上，数字转型领先的大学出版社根据出版特色开发编辑应用系统。

清华大学出版社经过近些年的探索和实践，在数字资源管理和发布平台建设上取得了很大的突破，前端已初步实现了全媒体的数字化资源管理、加工，后端实现了全媒体的数字产品发布，并实现了资源库和发布平台的无缝链接。在中端则尝试采取了协同编辑系统数字化加工先行，对初审—复审—终审—校对—审读—出版等一系列环节进行了数字化加工工作，重点分解对公式、图片、表格数字化加工方式和工作量，重点解决编辑工作中计算机辅助智能化加工工作，发挥计算机检索、查找、替换方便的优势，辅助编辑完成繁重的文字图片公式加工工作。同时协同编辑系统与排版合作单位进行远程对接，实现了远程协同排版，保证了图书质量，提高了排版工作效率②。

---

① 余瑞新. 大学出版社数字出版发展对策研究［D］. 山东大学，2015：47.

② 魏枫. 如何实现数字出版转型的跨越式发展——以清华大学出版社为例［J］. 出版参考，2014(10下旬)：21-22.

外语教学与研究出版社的协同编辑平台使得在教材编写时原来要花上 80% 的时间用于与作者编者的日常沟通，协同编辑平台上有完备的功能：在线消息、在线人员分配系统、章节结构模板、实时进度、在线编校等①。

从上可知，协同编辑应用系统是进行两个方面的协同：一个是编辑过程中的人机协同，尽管编辑过程是一个智力创造过程，但一些标准化的编辑规范可以交给智能化的机器来完成，编辑人员负责更为复杂的工作；另一个协同是利用系统平台实现编辑环节或者跨部门流程的协调和统筹，保证图书信息的一致性和编辑工作的高效率。

（2）基于平台的营销服务流程再造

客户关系管理理论推动了市场价值的转变，使之由以产品为中心转为以客户为中心，基于客户价值和满意度来确定企业战略和盈利能力，并基于客户为中心的价值与战略来实施流程再造和组织变革，实现与客户服务关系的最优化和无缝化②。尽管营销管理处于出版流程的末端，但它是实现出版效益的一个极为重要的环节，互联网时代的出版营销管理，需要借助信息传播的强大力量，建立读者与出版者的双向互动机制③。实现内部工作流程与对外营销流程对接的是以用户为中心，内容为核心，社群互动为关键的出版营销平台，借助对外出版营销平台，实现传统出版营销业务流程的转变。

目前大学出版社负责对外营销服务的主要是编辑部门和营销部门，落实到人员就是编辑和营销经理，编辑部门的组织形态已经转化为相对独立运营，人员和功能配置较为齐全的事业部或者分社，

---

① 刘云霞. 外语教学与研究出版社出版融合研究[D]. 华中师范大学，2015：18.

② Soumitra Dutta Jean，Francois. Manzoni，焦书斌. 过程再造、组织变革与绩效改进[M]. 北京：中国人民大学出版社，2015.

③ 秦艳华. 数字时代出版流程管理创新的思考[J]. 出版发行研究，2012(5)：59-61.

营销部门也由于网络书店渠道的发展以及新社交媒体的发展在渠道管理和推广宣传上实现了更为专业的分工配置。这两个部门的对外营销服务的重点是不同的，编辑部门更多是围绕着产品与读者需求的对接而设计营销服务，营销部门则围绕着产品、渠道和终端用户服务开展工作，而实现营销服务功能则主要依靠社交媒体和自建出版营销平台。

上海外语教育出版社在 2015 年将高等教育教材教辅数字出版业务由数字出版中心归到高等教育事业部后，高等教育事业部承担了上海外语教育出版社教学服务综合平台——中国外语教育网中关于高等教育教材的教师互动工作。2017 年初，出版社市场部被撤销，原来的产品宣传和活动组织功能也归到各个事业部。为此高等教育事业部新设置了产品宣传专职编辑和活动策划项目小组。事业部在策划重点教材时，都会利用问卷星软件设计调查问卷，通过中国外语教学网和微信公众号发送给教师了解对教材内容、体例、选文难度、版式设计等要求，教材样张和目录出来后会在网站的试读栏目听取教师们的试读意见，做好及时的修正。出版后通过出版社微信公众号、微博发送教材宣传文案，有时还会制作短视频，这些都需要策划编辑和文字编辑参与其中。编辑营销流程的增设和变化不仅是事业部制管理的要求，也是新媒体环境下，对编辑部门和编辑提出的新要求，因为在出版社没有人可以比策划编辑更适合承担相应角色，而承担起这些工作对教材和资源的销售是有利的，同时也可以提升编辑的市场意识和工作能力。

而新媒体环境下，北京师范大学出版社营销部门的工作内容的变化也正好说明了出版营销服务流程再造。在新书推广环节，营销部需要利用渠道进行前期推广，官方微信订阅号信息发布，转发到各分社教师 QQ 群及官方微博；转发赠送样书，新书印刷入库后将在微信微博进行文章转发赠送样书活动；官方微博的日常维护更新行业资讯等相关内容，日常更新维护微信订阅号，主要内容为新书推广、选题征集、教育资讯、最新政策等公司信息和行业资讯以及邮件推广和样书寄送。营销部还和新媒体营销服务平台——百道网开展出版营销项目合作，与书问公司合作利用其营销服务平台向用户读者提供搜索、试读、推送样书等服务，需要为书问公司提供图书目录信息和样张节选；联系编辑部门撰写商业软文。微信公众号信息与自建微店进行关联，将新媒体宣传推广和网络销售连接起来，实现读者从搜索、试读到购买的行为。新媒体环境下的营销部门不再是单纯依靠地面书店的订货回款来完成任务，不再是长途跋涉面对面传递信息，不再是单纯的口头宣讲教材和图书内容，而是利用多元化新媒体构建营销服务平台实现产品宣传、客户服务、销售等营销全过程。而这个工作和功能带来就是营销业务流程的变化①。

6.2.3 大学出版社管理制度创新实践

要使得机制发挥作用，很大程度上需要系统内部各组成要素间的联系与协调。大学出版社出版工作系统内部的生产资料、生产力等要素，需要通过组织、流程和制度建设来进行统筹协调，各种管理制度在机制建设中往往发挥润滑油的作用，保证出版这台机器平顺地运作。

大学出版社管理制度大概可以分为图书质量管理制度、印刷管理制度、发行管理制度、人力资源管理制度、财务管理制度等内容，这些涉及出版工作流程和行政保障的内部管理制度是否科学，执行是否到位，决定了出版社运营管理的效率②。在这些制度中，人力资源管理制度具有特别的重要性，根本上的一点是，作为知识密集型和人才密集型的出版工作，需要通过制度作用将每位员工的隐性知识变成显性内容，大学出版社的每一位员工无论是编辑还是营销人员的知识创造力直接决定了出版物的质量以及出版营销能力。在组织重构和流程再造的设计和实施的时候，如果没有很好的人才资源和人力资源制度保障，机制创新的成功率也会很低。

227

① 李红芳. 新媒体时代北师大出版社教材的营销策略研究［D］. 北京林业大学，2016：30-32.

② 兰月. 出版社内部管理制度研究［D］. 北京印刷学院，2006.

融合发展的目标是更好地满足互联网时代用户的需求，大学出版社要完成这一目标最重要的是人才，因此围绕着融合发展人才建设的人力资源管理制度创新成为融合发展机制创新的重要工作。人力资源管理制度可以分为人力资源战略管理和策略管理，战略管理需要根据大学出版社整体发展要求确定人才规模规格、企业人才架构、人才标准和培养目标；人力资源策略管理则更多地以制度形式明确，一般分为用人制度、薪酬制度和激励制度等方面内容。用人制度则包括人才招聘制度、培训制度、职业发展制度等，薪酬制度则包括工资制度和福利制度等，激励制度主要为绩效考核制度。

在制度融合和创新过程中，需要考虑两个方面的因素：一个是大学出版社由于母体大学管理制度导致的人员性质和结构状况，另一个是传统纸质图书出版方式和数字出版方式的共存和融合。在制度融合创新中需要坚持"以人为本"的思想，"以人为本"强调公平公正，奖优罚劣，扬善惩恶，充分调动员工的主观能动性和创造性，强调关注员工的学习型成长和职业素养提升相结合的全面发展机制，通过每个员工的创造性营造出版社的学习型和创新型企业文化。

(1) 融合发展对现有大学出版社人力资源管理制度的挑战

融合发展环境下出版管理人才面临着巨大的机遇和挑战，机遇主要来自融合扩展了产业边界，因此需要更多的人才和更多样化的管理者，尤其是掌握技术和熟悉出版的复合型人才。挑战则是传统出版社管理思维不适应技术人才的使用，管理制度不适应融合发展要求下的创新，同时对融合出版人才的培养周期长，培训难度大。① 贺小桐和刘雨萌认为融合发展背景下出版社在人力资源管理上具有三个主要特征：人才结构多元化和复杂性并存、人才能力专识研究与通识应用并举、创新思维从类别化到融合化转型，基于这三个特征，目前出版企业人力资源管理上存在着五个比较明显的问

---

① 宋嘉庚，郝振省. 融合出版背景下的出版业管理人才培养[J]. 出版广角，2016(8)：9-11.

题：①顶层制度设计不足，人力资源管理战略思维落后；②薪酬和绩效激励不佳，知识型人才需求得不到满足；③缺乏公正的人力资源管理评价体系，导向性不明确；④缺乏宽松自由的制度环境保障创新能力发挥；⑤人才培训和培养机制不健全，缺乏有效的评价体系导致培训价值被低估。① 除以上一些问题和挑战外，尽管完成了转企改制，但由于隶属高校管理，大学出版社在人力资源管理上还存在着对母体大学的行政依赖和思维定式，造成了一定程度上的经营惰性和管理僵化；另外由于事业单位企业管理的传统机制，导致目前大学出版社的员工编制存在着差异，一般分为事业编制、企业编制和临时编制等，这种差异带来了内部公平性问题，一定程度上也会成为推进出版社管理机制创新的障碍隐患。

(2)融合发展背景下大学出版社人力资源管理创新实践

近年来，大学出版社完成转企改制后一定程度上减少了体制上的束缚，同时也带来了新的挑战：经营管理要求提升，力求脱离学校的行政政策依赖，需要提升自身经营能力维持运营和发展。转企改制后的改革中人力资源管理改革是重中之重。管理体制的改革带来人力资源管理制度的改革，新的产业发展模式同样需要人力资源管理制度和策略的同步跟进。《关于推动传统出版与新兴出版融合发展的指导意见》中指出了"融合发展人才培养规划，……加大新兴出版内容生产人才、技术研发人才、资本运作人才和经营管理人才培养引进力度，进一步优化人才结构。……建立健全绩效考核体系，创新项目用人机制，探索出版融合发展条件下吸引人才、留住人才、用好人才的有效途径。"可见国家在制定融合发展战略时已经充分考虑到了融合发展人才建设的重要作用。

229

作为数字出版转型升级和融合发展领先的大学出版社，清华大学出版社针对基于互联网的产品和教学服务，一方面大胆引进人才，另一方面加大社内员工的培养，启动有能力、有担当、思维活

---

① 贺小桐，刘雨萌. 融合发展背景下出版企业人力资源管理的创新对策研究[J]. 出版科学，2017(5)：5-8.

跃的中青年骨干到新业务核心岗位。全资的两个子公司书问和兆泰源利用管理灵活的优势，制定适合互联网行业的薪酬标准，采用互联网行业岗位分工执行业务技术方案和产品分工构架，使得子公司在较短时间内达到了互联网公司的主流水平，在员工培养上，清华大学出版社一方面用自身企业文化影响引进人才的价值观，认识出版工作社会意义以及其独特的商业属性，另一方面加强内部分享交流和学习，构建学习型企业。① 大学出版社投资成立数字出版和信息技术公司，利用相对灵活的人力资源管理制度，留住人才，培养人才，对推进数字化转型和加快融合发展而言，是一条行之有效的路径。

首批完成转企改制的大学出版社之一，也是首批数字转型升级示范单位的华东师范大学出版社认识到人才对于数字转型升级的重要性，从 2009 年开始就启动了人才"蓄水池计划"，从校园招聘适合数字出版发展要求的高精尖人才，打造既懂出版又懂数字出版技术的复合型人才队伍。② 在加强人才建设的同时，人才制度尤其是薪酬制度和激励制度的建设重要性也受到了大学出版社管理层的重视。由于人员规模较小，中小型大学出版社在这方面进行积极的探索。

武汉理工大学出版社在 2010 年完成转企改制后，面对着外部市场竞争和内部运行机制不畅的现状，经过广泛调研，启动了薪酬制度改革，改革的目的是构建"反应快速、管理高效、运行顺畅的组织机构"，在全员聘任的基础上，按照"同工同酬、按劳分配、逐步趋同、兼顾公平、注重积累"的总体原则，建立"以岗位绩效工资为主要内容"的薪酬制度，经过两年多的调整实施，员工逐渐形成了强化岗位、淡化身份、注重岗位价值和工作态度的观念，建立了经济效益指标、社会效益指标和职业道德规范考核评价指标为

---

① 庄红权，温韫辉. 以内容为体以技术创新和体制创新为翼——清华大学出版社出版融合初探[J]. 出版广角，2018(1)：38-40.

② 孙莹. 数字时代出版社战略及经营转型与创新——以华东师范大学出版社为例[J]. 传播与版权，2015(4)：130-132.

核心的评价体系，以目标任务和绩效考核为核心的绩效工资体系，鼓励团队合作。①

　　东北大学出版社则通过构建全过程绩效管理体系解决大学出版社普遍存在的有考核无管理、有指标无体系、有目标无战略、有结果无过程的通病②。全过程绩效管理体系首先将绩效管理流程划分为8种岗位和工作内容——策划组稿、项目研发、编辑加工、排版印刷、发行营销、储运管理、财务管理、社务管理，然后确定每个工作板块的关键业务指标体系，如发行营销的销售收入、退货率等，将关键业务指标进行量化和定性赋值，并设定不同的分值和加权系数，加上工作流程绩效权重，综合考评计分。东北大学出版社实施这种全过程绩效体系以来，主要取得了三个方面的成绩：员工全面发展、绩效多元交叉，绩效考评贯穿流程体现工作融合特征③。

　　大学出版社面对新的政策环境和出版竞争环境所进行的组织管理和用人机制改革有效地提高了大学出版社的工作效率，通过管理提升了效益。但融合发展环境下对人力资源管理的挑战是由于技术发展带来的出版业务形态变化，出版社需要对人力资源管理进行转型条件下及时的调整，以适应不断变化的用户需求和产业发展，所以人力资源管理的重要性会贯穿整个大学出版社融合发展的过程。

6.3　融合发展背景下的大学出版社机制创新的现状和问题

　　此部分调查内容为"关于大学出版社融合发展状况调查"中的一部分，调查问题的目的是了解大学出版社融合发展现状。调查的

　　① 余海燕. 武汉理工大学出版社的薪酬制度改革探索[J]. 现代出版，2013(6)：45-47.

　　② 李开龙. 试论出版社战略性绩效管理体系的构建[J]. 出版发行研究，2014(5)：49.

　　③ 赵丽芹，向阳. 论大学出版社全过程绩效管理体系的构建[J]. 现代出版，2015(5)：28-31.

设计和实施不再赘述。具体调查结果和情况如下。

6.3.1 大学出版社机制创新现状调查

对于大学出版社来说，融合发展不仅是出版工作的方式，更是出版社战略发展方向。无论是战略领导机构还是融合发展实施部门都是出版融合发展得以推进的组织保障，而业务流程和管理制度是创造融合发展工作机制的重要组成部分，调查围绕着这三个部分展开。

(1) 对融合发展组织的调查

大学出版社在原先数字出版工作基础上推进组织改革和职能深化。调查显示受访出版社一般都设立了社级领导机构和业务职能部门。只有 3 个受访者(从 IP 地址显示为三个不同地方)所在出版社没有成立社级层面指导融合发展的组织，由此可以肯定绝大部分大学出版社对出版融合发展给予了充分重视，见表 6-1。但在融合发展实施部门的设置上略有不同，表 6-2 显示 54.12%的受访者所在出版社由"数字出版中心"承担融合出版工作，"信息技术公司"成为第二选择，数字出版中心和信息技术公司具有不同的经营运作性质，也体现出出版社不同的经营思路。31.76%的受访者所在出版社都成立了网络营销部，可见越来越多的出版社对网络销售的重视。

表 6-1　　　　受访出版社融合发展战略组织情况

选项	小计	比例
数字转型领导小组	40	47.06%
融合发展研究机构	18	21.18%
融合发展专家委员会	11	12.94%
专设数字出版社领导	13	15.29%
无	3	3.53%

表6-2　　　　　　　受访出版社数字出版机构设置情况

选项	小计	比例
信息技术公司	38	44.71%
数字出版中心	46	54.12%
编辑部中新增数字编辑	26	30.59%
网络营销部	27	31.76%
数字产品营销部	11	12.94%

(2)融合发展战略下出版业务流程再造的调查

融合出版带来业务管理流程和业务操作流程的变化。作为业务管理流程的重要措施，ERP 管理系统成为出版社重要的业务流程改造措施，表 6-3 显示有 49.41% 的受访者所在出版社实现了 ERP系统。在业务操作流程改造上，44.71% 的受访者所在出版社实施了"数字出版编辑全流程化"改造，营销环节的业务流程也是重要的一环，因此出版社也给予了一定的重视，接近 33% 的受访者所在出版社重视"营销环节数字化多媒介推广"策略。

表6-3　　　　　　　受访出版社业务流程再造措施

选项	小计	比例
建立 ERP 管理系统	42	49.41%
数字出版编辑全流程化	38	44.71%
纸数融合项目制	23	27.06%
出版环节数字化封装	19	22.35%
营销环节数字化多媒介推广	28	32.94%

(3)融合发展下出版模式的探索

新型的业务出版流程同时产生了新的出版模式，新的出版模式需要新的出版流程。数字出版平台的建设和发展是传统出版与数字出版相融合的主要实现途径之一，表 6-4 显示，数字平台出版成为最被广泛应用的新型出版方式，达到 50.59% 的比例，利用何种平台，出版何种形态的产品，有待进一步调查。有42.35% 的调查者选择了"按需出版"一项，与数字出版平台建设构成呼应，说明了自助出版正在被出版社认可和实践。选择"数字优先出版"和"数据库出版"的人数比较少，这或许与出版社的出版内容特征相关。

表 6-4　　　　　受访者所在出版社开展的数字出版模式

选项	小计	比例
按需出版	36	42.35%
众筹出版	26	30.59%
数字平台出版	43	50.59%
数字优先出版	14	16.47%
数据库出版	12	14.12%
独立数字产品	21	24.71%

（4）大学出版社机制创新发展的影响因素调查

在我国大学出版社管理体制背景下，融合发展的影响因素较多。调查结果如表 6-5 显示，有 60% 的受访者选择出版社的"管理机制"对机制创新影响最大，其次传统出版的"工作思维"也会影响出版机制尤其是出版流程的革新，54.12% 的被调查者选择了此项。"盈利模式"则不被看重，这或许也说明了出版社对融合发展的期望值不高。

表 6-5 影响机制创新发展的因素

选项	小计	比例
管理制度	51	60%
人员素质	23	27.06%
工作思维	46	54.12%
盈利模式	16	18.82%

（5）机制创新发展对出版社内部管理的作用

出版机制创新发展的效果首先表现在出版社内部业务流程中组织与组织、员工个人和个人之间的沟通。表 6-6 显示 30.59% 的被调查者认为新的组织形态和业务流程再造使得"任务流程更加清晰"，25.88% 的被调查者认为数字出版"工作能力稳步提升"，而有 19 位调查者认为所在出版社在进行机制创新后"业务沟通更加顺畅"。

表 6-6 机制创新对出版社内部管理的作用

选项	小计	比例
业务沟通更加顺畅	19	22.35%
任务流程更加明晰	26	30.59%
工作能力稳步提升	22	25.88%
文化认同逐渐增强	11	12.94%
没有改变	7	8.24%

（6）机制创新发展对出版社营销管理创新的影响

内部机制的调整影响大学出版社的营销行为，最终目的是提升市场竞争力。表 6-7 显示 37.65% 的被调查者认为出版机制创新使得"针对用户的产品信息发布更及时更准确"，"与作者沟通协调更顺畅""用户信息反馈更快""组织和执行知识转型的工作效率更高"等三个选项的比例不相上下，分别是 20%、17.65% 和 20%，说明也得到了一定的认可。只有 4 位选择了"没有改变"。

表 6-7　　　　　机制创新对出版营销服务的影响

选项	小计	比例
针对用户的产品信息发布更及时更准确	32	37.65%
与作者沟通协调更顺畅	17	20%
用户信息反馈更快	15	17.65%
组织和执行营销服务的工作效率更高	17	20%
没有改变	4	4.71%

(7) 大学出版社对出版融合发展未来的态度

态度决定行动。从目前看，出版融合发展仍然处于探索发展阶段，未来还有很多工作要做。如表 6-8 所示，62.35% 的受访者将在今后出版实践中保持"乐观，积极推动各项工作"，也说明了出版实业界对出版融合发展的认同。保持"谨慎，走一步看一步"的选项为 30.59%，从一个角度印证了数字化转型过程中由于多种因素导致的困境，或是机制，或是资金投入，抑或是商业模式。当然也有极少数的 6 位调查者选择了"不看好，继续传统出版"的态度。

236

表 6-8　　　　　受访出版社对融合发展未来的态度

选项	小计	比例
乐观，积极推进各项工作	53	62.35%
谨慎，走一步看一步	26	30.59%
不看好，继续传统出版	6	7.06%

(8) 关于影响大学出版社出版融合发展因素

而影响大学出版社出版融合发展的因素方面，表 6-9 显示 52.94%的受访者认为是"人才队伍"，34.12%选择了"技术发展"，32.94%选择了"宏观政策"，这正印证了人才和技术是大学出版社融合发展的制约因素，也说明了其重要性。"宏观政策"的选择比例，一定程度上说明了来自政府的政策扶持和资本扶持对出版融合发展具有非常大的推动力。对"资本"这一项选择最少，说明大学出版社对资本的需求不那么急迫。

表 6-9　　　　　受访出版社认为融合发展的影响因素

选项	小计	比例
宏观政策	28	32.94%
技术发展	29	34.12%
人才队伍	45	52.94%
管理能力	14	16.47%
资本	9	10.59%
盈利模式	16	18.82%

(9) 关于出版融合发展最重要的工作

出版融合发展是一个系统工程，由诸多的具体工作组成，这些工作互相影响构成一个整体。但就这些工作的轻重缓急和主次之分，表 6-10 显示"内容融合"排在第一位，有 27.06%的人选择此项，出版产业是内容产业，内容是出版社的核心竞争力，选择第一位是可以理解的。而"组织重构和流程再造"排在第二位，有 25.88%的人选择，则说明出版机制已经成为影响出版融合发展的重要因素。"技术融合"和"融合发展理念"各由 15 位被调查者选择。而营销管理创新的工作相对不被重视（和参与调查的营销经理人数较少有关系）。

237

表 6-10 受访出版社认为未来融合发展最重要的工作

选项	小计	比例
内容融合	23	27.06%
营销管理创新	10	11.76%
组织重构和流程再造	22	25.88%
技术融合	15	17.65%
融合发展理念	15	17.65%

6.3.2 基于融合发展的大学出版社机制创新的问题

为了适应和加快出版融合发展，对出版管理机制的创新是所有出版社都需要面对的重要工作。大学出版社与其他出版社在出版机制上有相同之处，也有不同的地方，比较明显的相同之处在于出版业务流程上并没有本质上的区别，出版品种的差异对流程的影响不构成大学出版社和其他类型出版社的差异。有所不同的地方在于大学出版社的职能定位和管理模式。因此大学出版社出版管理机制创新的问题也主要表现在以下三个方面：

(1) 大学出版社的管办机制造成了机制创新的模糊

尽管大学出版社完成了转企改制，但至今存在着管办分离的局面，110 家大学出版社的管理部门分别属于教育部、相关省市教育厅、相关部委和军队，主办部门为相关大学的国资委，管理部门负责出版社政策性管理，主办部门则负责大学出版社的企业宏观管理，转企改制后，大学出版社成为一人独资的法人公司，而唯一的出资方就是母体大学。不同类型的大学出版社依据自身经营特点开创了很多新的运营模式，如大中型出版社的分社制度，中小型出版社的合资公司制度，转企改制确实给我国大学出版社提供了很多种发展路径。但同时母体大学对大学出版社的影响仍然在一定程度上限制着这些发展转型的速度，当然一方面是由于某些大学出版社急

238

功近利的发展方式违背了我国大学出版社的办社宗旨和方向，但另一方面也凸显了原来事业单位制度遗留下来的管理机制的缺陷，其中主要的问题是人事管理制度以及与之相匹配的激励制度。某些大学出版社仍然保持着与学校二级院系一样的管理制度，在重大投资和用人制度上仍然需要按照学校的行政管理机制处理相关事务，面对瞬息万变的出版市场时，这种决策机制会影响到市场应对速度和效率。用人制度上的问题也是如此，尤其是对于改制转型前后不同性质的员工所采用的不同人事管理制度也会造成内部管理矛盾。

(2) 忽视与大学教育融合的机制创新

本书多次强调大学出版社融合发展的核心是大学出版与大学教育的融合，这种融合从内容到管理，从人员到政策，是全方面全过程的融合。保证这种融合得以顺利高效进行的是机制创新，而目前大学出版社在这些方面还没有真正得到重视，一个比较明显的外在现象就是作者资源不断流失。前面也谈及了这个问题，从出版产业整体性来看，这种市场性流动是正常的现象。但站在大学出版社的角度来考虑自身的融合发展经营管理，那一定是个问题。大学出版社与主办大学具有天然的优势，与之相对应，对母体大学所产生的内容资源和作者资源的管理和把控也应该是具有优势的。然而很多大学出版社并没有主动出击，即使有，也往往表现为表层的、短暂和无机制的行为，比如校领导要求出版社支持学校专业学科发展建设等，这种合作并不能为融合发展带来可持续的资源支持。

导致忽视与大学教育融合的原因主要是两个方面：一方面是因为母体大学领导以及院校对大学出版社的认知问题，尤其是对于中小型大学出版社而言，它们受到的压力比较大，一个非常明显的现实是，学校规定教师评职称的专著需要在国家一级出版社出版，另外从教材或者图书编写者的写作收入来说，品牌出版社更能给他们带来高额的收入。另一方面则是因为大学出版社对于大学教育融合的模式不清晰，融合的投入力度不足。即使有一些已经有一定积累的大学出版社也往往习惯性地按照原来的商业模式运作而不会去思考这种融合机制。因此未来大学出版社融合发展的重点一定是在学校支持下的大学出版与学校课程建设、学科建设和学术发展融合机制创新工作。

（3）机制创新模式仍然处于不断试错中

在机制创新的组织重构上，数字出版转型领导小组和数字出版部门成为战略机构和执行部门，对于大学出版社来说，目前融合发展的重点仍然是数字出版的价值挖掘，这一点也在数字出版模式上得到了体现，上文提到的调查中大部分受访者选择了数字平台出版、按需出版等比较成熟的数字出版模式。出版社数字出版工作和融合发展由谁来执行和如何执行决定了出版社融合发展机制创新的基础和方向，某些问题或许没有所谓的正确答案，每家出版社都会依据各自规模、资金实力和业务发展方向确定融合发展组织和流程。调查显现了受访者认为机制创新所能带来的最大益处是业务流程更加明晰，而在业务流程再造的内容上，受访出版社都把重点放在 ERP 管理系统、数字出版的编辑全流程化，这些基础性的工作的确是融合发展顺利进行的保证。但本书认为内部业务流程再造最终目的是提升内容生产和对外服务水平的提升，需要思考的是，融合发展要求下的内部业务流程再造是否可以提升内容生产的质量和快速反应能力？内部业务流程如何支持对外营销服务业务流程？如何将内外部的业务流程进行有效融合？这些问题都是需要进一步研究和探索的。

7 大学出版社出版融合发展对策

  无论对《关于推进传统出版和新兴出版融合发展的意见》持有何种态度，都无法否定媒介融合带来的出版产业环境、产业链和出版工作的巨大变化。同样不可否定的是，以技术驱动的媒介融合革命将继续更加深刻地影响未来的人类社会。在融合和创新的社会发展主旋律下，出版产业的未来是什么样子的呢？出版企业又该如何转变工作思维和方式应对自媒体和互联网出版企业的挑战？这都是出版产业需要思考的问题。先行者以先锋者的胆魄勇于尝试，跟随者小心谨慎浅尝辄止。

  范军在"持之以恒地推进出版业高质量发展"一文中指出，融合出版作为高质量发展的一个重要方面必须特别予以重视，它是一个新的时代命题，一个新的发展方向。因此出版产业管理部门和大学出版社管理部门应该大力推进与融合发展相关的科学研究成果孵化和市场转化，创新内容生产模式和知识信息服务方式，努力培育出版新业态，拓展出版行业新的出版产业链，通过开发新平台和新渠道创建线上线下一体化融合发展的内容传播体系，最终提升出版内容产品的传播力和影响力。①

  作为我国出版产业的重要力量，大学出版社依托母体大学具有内容生产和知识信息服务的先天优势，应该为我国出版融合发展工

---

  ① 范军. 持之以恒地推进出版业的高质量发展[J]. 出版科学，2018（5）：1-2.

作进行有意的积极尝试。融合发展不仅仅是大型大学出版社要考虑的事情，不同规模的大学出版社都可以依托母体大学的优势学科找到融合出版的内容和专业。本书结合上述对融合发展概念的构建，以及分别对内容融合、营销管理创新与机制创新具体内容和案例，结合基于用户和出版社的调查，综合分析后的结果，为今后大学出版社融合发展提出以下对策和建议。

7.1 用融合发展理念推进大学出版工作

何谓出版融合发展观？应该从三个角度来认识出版融合发展，第一个角度是从社会学和传播学角度来看待出版融合发展。纵观人类知识生产和传播的历史，科学技术发展作为人类文明发展的重要成果，不仅自身成为知识的一部分，同时也推动着知识的生产，而知识的生产一定是建立在广泛高效的传播基础上的。因此出版融合发展是人类文明发展的一个过程，这个过程在之前的每一次媒介革命发生时都曾经出现过。第二个是出版产业的视角下的出版融合发展观。出版作为人类文明传承的一种重要形式，至今仍然有其重要的现实意义。得益于造纸技术和印刷技术的发展，现代出版业经历了四百多年的发展，同样在以数字技术和互联网技术为代表的数字时代，面临着出版产业全要素调整，从内容生产的资源形式到知识的封装再到知识的传播，整个出版产业链都在进行传统思维和新型思维、传统方式和新型方式、传统资源和新型资源的融合。第三个是出版企业视角的出版融合发展。出版企业直接面对着市场和用户，用户消费需求和购买方式的转型直接影响着出版企业的经营思路。出版企业需要重新认识和定义作者和读者，基于用户需求调整编辑出版流程，面对新型社交媒体的冲击重新审视知识传播的渠道方式，同时面对着剧烈转型过程中出版产业的诸多问题，出版企业不可能一步到位进行调整，更何况社会转型也是循序渐进的过程，所以新旧出版思维、流程和管理模式在具体出版工作中的融合要稳步推进。

本书认为出版融合发展观便是在人类知识生产和传播方式发生大变革的背景下，出版产业重新配置出版资源，基于用户需求和方式转型，通过出版企业的经营管理和市场行为，将新旧两种出版思维和出版规范有机融合在一起，保证出版产业升级换代，促进出版企业顺利转型。

　　本研究在调查中发现，除了一名艺术类图书的编辑不认同出版融合发展理念以外，其余的受访者皆基本认同或者非常认同目前提出的出版融合发展理念。在"非常认同"的40位调查者中，社级领导占了14位，编辑部主任、营销部主任或者数字出版负责人等出版社中层领导有17位，另有9位编辑或营销经理选择了"非常认同"。整体看来出版界已经接受了出版融合发展理念，尤其是出版社社级领导和中层干部对其认同度比较高。在对所在出版社融合发展工作满意程度调查项中，85%的调查者至少"基本满意"所在出版社的融合出版工作。在"非常满意"的选项中，有11位社级领导、4位中层干部和2位编辑选择了此项，由此看来，社级领导对所在出版社融合出版工作的评价比较乐观。

表7-1　　　　　　　　对出版融合发展理念认同度

选项	小计	比例
非常认同	40	47.06%
认同	26	30.59%
基本认同	18	21.18%
不认同	1	1.18%

表7-2　　　　　　　对所在出版社融合出版工作的满意程度

选项	小计	比例
非常满意	17	20%
满意	20	23.53%
基本满意	36	42.35%

续表

选项	小计	比例
不满意	11	12.94%
非常不满意	1	1.18%

　　基于以上关于出版融合发展观的认识，根据目前大学出版社融合发展的现状，本书认为还需要在以下三个方面的认识上有一些新的举措和办法。

7.1.1　洞悉知识生产新趋势，把握融合发展的方向

　　经典的知识概念来自哲学家弗兰西斯·培根，他认为知识是人类认识经验的结果，知识就是力量。之后不同学科的学者们提出过不同的解释，但都定位在"经验"和"认识"上。而随着计算机技术的迅猛发展，知识是人类创造未来世界的呈现"流溢着"的信息和强大的工具。"①当前乃至未来的知识的状态是"四处流溢"的，更突出了知识的"创新"功能。未来的知识以光电声色为载体，高度数字化符号化，便于被技术有效地编码和解码，提高其流动的速度和频率②。

　　随着互联网的普及与发展，越来越多的内容正在以天生数字化（digital born）的形式被生产和传播，在专业和学术领域出版领域，科学知识的语义化、网络化、模块化特征尤其显著，人类知识的编码化程度越来越高，将来越有利于人工智能的学习和理解③。未来的知识将呈现以下主要特征：本质上来说知识是人类的经验与发现，知识的存在并没有脱离人类的认知能力；由于计算机技术将知识编码，因此知识的符号意义变得越来越明显；知识的传播仍然依

---

　　①　张福学. 知识管理导论[M]. 长春：吉林人民出版社，2002.

　　②　姚国宏. 论国家/科学复合体下的当代知识生产与传播[J]. 徐州工程学院学报（社会科学版），2013（5）：74-78.

　　③　王晓光. 人工智能与出版的未来[J]. 科技与出版，2017（11）：4-6.

靠一定的载体，但由于媒介技术的发展，知识的传播更加广泛和迅速；知识的加工整理正在被算法替代，创新的速度加快，人类知识总量急剧扩大；知识变得更加民主，即知识应该并有条件成为每个人的身份标志。凯文·凯利在其著《必然》一书中写道："新兴技术会潜移默化且持续坚定地改变我们的文化，下述力量将得到凸显：形成、知化、流动、屏读、使用、共享、过滤、重混、互动、追踪、提问等①。"显然未来的出版也会被这些力量影响。

被高度编码化并在互联网世界快速流动的知识改变了出版的生产资料性质和状态，进而改变了出版的内容和工作方式。知识经济对出版的影响将是未来出版发展的重要因素，这是人类知识生产与传播方式变化给予出版的压力和挑战，也是技术发展给出版的赋能。未来的出版将脱离单一的知识生产功能，转化成适应新型知识生产传播本身和满足人类发展知识要求的自主功能。未来的出版将构建一套行之有效的知识管理系统，它具有有机整合分散的信息的能力，从而从纷繁冗余信息中提取有价值的信息，从无序的信息堆积到有序的知识系统，推进知识生产和传播的理性化成长②，这应该是出版未来将要承担的功能。媒介形态的变革与发展带来出版方式的创新，以"强互动"为特征的自媒体和自出版是未来出版方式创新的主要方向③。快速发展的知识图谱技术正推动专业出版商的业务向知识服务商转型④。互联网时代的出版融合发展通过平台建设，将读者、内容供应商、技术供应商聚拢在一起，优化内容生产并扩大销售，扩大内容服务功能提高盈利水平，为读者提供知识服务，通过文化选择实现文化传承⑤。未来的出版产品中，移动阅

---

① 凯文·凯利. 必然[M]. 北京：电子工业出版社，2016.

② 赵涛. 网络时代知识生产、出版与管理的体制重建[J]. 中州学刊，2014(12)：172-176.

③ 王华生. 媒介形态嬗变与出版方式创新[J]. 河南大学学报(社会科学版)，2016(5)：138-148.

④ 王晓光. 人工智能与出版的未来[J]. 科技与出版，2017(11)：4-6.

⑤ 王勇安，成云. 融合出版环境下对出版概念表示的再思考[J]. 出版发行研究，2017(1)：13-17.

读、远程阅读等新型阅读模式将在社会普及，内容的移动性、交互性等特征快速增强，在出版模式上，自出版模式将走向成熟，大数据等新型技术催生个性化出版，出版营销模式将从广告和口碑营销等形式转向全民营销①。当知识呈现专业化、体系化、场景化的趋势，出版不再是封闭的知识孤岛，而是具有了及时性、场景化和流动性特征，"互动""融入""聚拢""分享""共享"这些词汇在出版研究者的成果中出现，正说明了出版的边界在变得模糊、在扩大，它不再是工业分工时代的出版商专有的"王国"，而是与整个人类社会发展一起构建的生态系统，而构成生态的作用方式就是"融合"。

因此融合是出版业走向未来的"关键词"。大学出版社要从数字出版转型策略到融合发展战略，首先要从用户需求和消费方式出发，去设计内容产品的消费场景，利用信息技术与出版业的融合应用实现出版业内部融合，最后实现出版业与外部产业的融合，实现更长远更广阔的发展前景②。

7.1.2 坚定以内容为核心，技术服务内容的融合发展理念

"内容为王"和"技术为王"是目前在内容产业学界和业界颇有争论的两个针锋相对的观点。两者的争论发端于新闻报纸产业，李晓林认为："内容为王"和"技术为王"的关系既是矛盾的，又是辩证的。新闻竞争，此时已经转化为媒介竞争，更是媒介技术之争。谁掌握了内容，谁就掌握了"生死"；谁掌握了媒体技术，谁就掌握了"生死速"。这不仅是融合的问题，更是行业的存亡问题，此时，只有"技术为王"才可以"内容为王"③。媒介文化正在逐渐

---

① 何勇. 中国出版业未来发展趋势研究与预测[J]. 出版发行研究，2016(2)：20-25.

② 冯宏声. 融合是出版业走向未来的关键词[J]. 出版参考，2015(3下)：7-8.

③ 李晓林. 技术为王，还是内容为王——报业亟待建立数字化发展战略刍议[J]. 新闻记者，2006(11)：49-52.

从"人文理性"走向了批量化生产的"技术理性"①。事实上，新闻报业的数字化转型中，技术确实成为解决报业的关键，从"中央厨房"式的新闻内容生产方式，到以今日头条、澎湃新闻等新媒介平台，报业才得以绝处逢生。

新闻报业的争论也影响了同为传媒产业的出版业，"内容为王"一直是传统出版企业的核心观念，这一点可以从编辑在出版社的地位得到体现，选题是出版社的生命线。可互联网时代的数字出版转型一度冲击了这一观念，面对海量的信息和知识，数字产品优秀的内容需要借助媒介技术快速地让读者获取，才能被接受和传播，某种意义上说，内容的获取变得比内容本身更为重要②。因此众多出版社开始加大对技术的投入，政府主管部门也加大了政策的配套，但事实上，技术并没有给出版业务收入带来明显的效益。

出版融合发展已经很好地解释了出版内容和出版技术的关系。与新闻报纸的内容不同，出版物的内容具有较强的稳定性和系统性，因此对传播的时效要求并不强烈，更何况出版物内容的生产也需要一定的周期。面对着技术出身的新型数字出版企业，传统出版企业的核心竞争力是内容资源，因此出版融合发展要求传统出版企业：①坚持内容为核心，技术为内容服务。麦克卢汉说：媒介即信息，技术本身就可以是内容，同时利用媒介技术开发内容的多元化形态，通过不同媒介，实现内容的增值。②坚持技术创新驱动内容增值。出版融合发展中的内容生产和技术进步犹如 DNA 一样呈现出"双螺旋结构"③。技术和内容融合发展共同推动出版效率提高和出版价值提升。

7.1.3 坚持大学出版与大学教育融合的融合发展特色

与其他类型出版社相比，大学出版社有不一样的行政管理方

---

① 王爱玲. 媒介技术：赋权与重新赋权[J]. 文化学刊，2011(5)：70-73.

② 管兆宁. 内容为王抑或技术至上——数字出版产业链二元结构分析[J]. 传播与版权，2014(6)：81-82.

③ 王勇安，张雅君. 论出版产业融合发展的战略思维[J]. 出版发行研究，2016(4)：14-18.

式、办社定位、出版方向等，同时由于其与母体大学的天然联系，其融合主体尤其是内容资源融合表现出很强的优势。因此大学出版社在融合发展过程中要正确处理好以下几点：

(1) 依托所属大学母体学术优势，加快内容融合发展

大学出版社的核心出版方向是教育出版和学术出版，而教育出版和学术出版的核心资源所在是高校及研究院所的学术成果。大学出版社获取最新成果的作者资源和内容资源具有关系优势和信息优势。大学出版社在数字出版上可以紧扣高校学科优势，结合科研最新成果，研发和出版精品图书和资源，服务教学[①]。大学出版社应该坚持为母体大学服务和"以大学为本"的中心意识，强化自身特色和优势，积累品牌资源和作者资源，形成特色化、差异化的竞争优势，如四川大学出版社以儒教为代表的古籍图书，清华大学出版社的计算机教材、河海大学出版社的水文类图书、外研社和上海外教社的外语类图书等均是依托母体大学的办学特色和优势学科得以发展壮大的[②]。大学出版社在融合出版中利用母体大学的学科优势和资源优势，加快构建高校产学研平台，用大学的资源和学科优势，通过大学出版社构建的出版和知识服务平台为广大的高校师生服务，这才是大学出版社数字出版转型的方向[③]。大学是信息技术创新和实践基地，教育出版的数字化转型和融合是伴随着高等教育信息化发展而前进的，大学教学中的信息化手段和资源就是出版社数字产品开发的源泉。

(2) 利用大学母体学科优势，加快营销管理创新发展

融合发展背景下，大学出版社的营销服务工作也需要与母体大

---

① 刘军. 大学出版社数字出版战略分析[J]. 编辑学刊，2015(1)：24-27.

② 刘坚，代江滨. 融合时代大学出版社资源整合的重点及路径[J]. 科技与出版，2017(12)：47-51.

③ 郭发仔. 大学出版社内容资源的数字化开发[J]. 现代出版，2014(5)：47-48.

学保持密切的联系。参加中央电视台"百家讲坛""中国诗词大会"等热播节目的都是大学的名师，他们不仅是出版社的作者资源，同时也是最有力的推广者和品牌形象，因此大学出版社要充分运用这两种资源进行新媒体营销渠道的架构，以图书或者数字化产品的媒介，通过微信微博等新媒介平台，邀请这些教材的作者、名师参与知识传播、分享和互动，不仅可以宣传教材和资源，还可以提供基于教材的增值服务①。近年来"产学研""学术共同体""学科生态圈"等新名词不断出现，反映了教育和学术发展出现了各主体为学科发展而互相融合的趋势，一些在某一学科处于领先地位的大学出版社介入到了这些融合组织，通过与教育主管部门、教学指导委员会、学术研究会或者协会等机构部门以参与、组建等形式参与学科发展建设，一方面了解到了最新的学科发展动向，掌握了学科领军人物的信息，另一方面也利用这些融合平台宣传出版物信息和品牌②。

(3) 充分认识大学出版社人才优势和机制问题，为融合发展建立更好的保障机制

大学出版社向来不缺乏掌握文字能力和学科知识的编辑人才，但出版专业人才和职业化的高级管理队伍的缺乏则一直是制约大学出版社发展的短板。所有的大学出版社都完成了出版社转企改制，但作为董事会投资管理方的母体大学仍然没有完全按照专业化和职业化的标准来配置领导班子。仍有很多大学出版社的社长退休卸任或者届满换岗后，其他院校或者部门的人员"空降"到出版社，担任社级领导，可以看出这种职业化机制的不健全③。同样大学出版社在组织管理机制上不可避免也形成了对大学母体的各种行政依赖

249

① 刘坚. 代江滨 融合时代大学出版社资源整合的重点及路径[J]. 科技与出版，2017(12)：47-51.

② 赵玉山，栾学东. 大学出版 3.0 时代：发展逻辑与转型路径[J]. 出版广角，2018(4)：12-15.

③ 周蔚华，杨石华. 大学出版社在出版业的地位及当前面临的主要问题[J]. 现代出版，2018(1)：31-42.

和思维定式，围绕着学校固有的优势和资源故步自封，在战略性人才引进、融合背景下的薪酬体系和人才培养体系、管理思维和岗位设计等方面都无法为融合发展提供大量既认同互联网理念和战略又有传统出版积淀、既有传统出版情怀又能熟悉新媒体技术的人才①。数字出版转型升级领先的华东师范大学出版社、外语教学与研究出版社等大学出版社都注意到了这些问题，如华东师范大学出版社 2009 年就启动了数字出版人才"蓄水池"计划，培养既了解出版专业知识，又掌握新兴数字技术的复合型人才②。

7.2 提升技术应用能力弥补融合发展短板

传统出版企业的优势在于内容生产和加工，但在数字时代，仅靠内容的优势不足以提升核心竞争力。唯有在出版融合发展战略的指导下，实现内容生产和技术创新融合，才可以让内容增值，给出版企业赋能。在技术思维指导下技术和内容出版营销流程的融合是大学出版社未来发展过程中需要重点解决的问题。上文调查所反映出来的一些问题跟大学出版社对技术与内容关系的认识和技术应用能力有很大的关系。新型互联网出版企业就是利用技术优势"夺取"出版社优质资源，"占领"传统出版社的优势市场。因此培养员工的技术思维，提升技术应用能力成为促进融合发展的重要组织管理内容。

大学出版社进行技术融合可以通过两种方式实现：一种是与出版技术服务商合作开发拥有自主专利权的技术；另一种是购买融合出版技术装备。由于技术投入需要资金投入大，开发研制时间长，因此对于绝大部分大学出版社来说，推动出版融合发展的资金问题

---

① 李开龙. 大学出版和战略性人才资源管理体系的构建路径分析[J]. 出版发行研究，2016(10)：37-40.

② 王健，孙婷. 依托专业不断创新积极推进传统出版数字化转型[J]. 编辑学刊，2014(6)：11-16.

也是面临的一个困境。

本研究第三份调查是针对受访出版社对技术投入和技术配置情况的调查内容。从 2015 年颁布融合发展意见以来，甚至更早，国家和地方各级出版管理部门联合政府相关部门对出版企业数字转型和融合发展提供了各种财政支持，如数字出版基金、融合发展实验室、知识服务示范点等项目。从表 7-3 显示的投入来源来看，主要还是本社自主投入为主，也有 61 位调查者认为所在出版社在利用各种基金和项目扶持中获得一定的投入。

表 7-3　　　受访者所在出版社对融合出版的投入状况

选项	小计	比例
本社投入，无财政投入	24	28.24%
本社投入为主，财政投入为辅	47	55.29%
财政投入为主，本社投入为辅	14	16.47%

在融合技术装备配置上，原国家新闻出版广电总局为推动新闻出版业数字化转型升级工作，编制了新闻出版企业数字化转型升级软件系统需求框架，指导出版企业开展数字化转型升级的技术配置和优化工作，引导出版技术企业的研发方向。表 7-4 显示，超过一半的出版社开发配置了"数字化编辑出版工具系统"，"数据采集管理工具"也得到了很多出版社的重视。可见目前出版社仍然把数字出版转型的重点放在基础内容资源和应用工具的建设上。

表 7-4　　　受访出版社对融合技术装备配置状况

选项	小计	比例
资源标识管理及关联建构工作系统	20	23.53%
数字化编辑出版工具系统	44	51.76%
数据采集管理工具	30	35.29%

续表

选项	小计	比例
版权资产管理系统与版权保护工具	16	18.82%
数字印刷工具系统	13	15.29%
运营服务支撑系统	20	23.53%
知识服务支持工具系统	20	23.53%
无	5	5.88%

7.2.1　加强融合技术培训，提升技术意识和应用能力

目前我国大学出版社的员工无论编辑还是营销人员，其知识结构中学科知识、出版实践知识等相对比较扎实，企业的内部知识管理相对比较完善，知识库资源丰富，通过员工手册、ERP 等可供下载学习材料让新员工学习，在管理机制上采取师徒制、*mentor-mentee* 导师制等方式保证工作规则和办法顺利传授。而面对着出版融合发展的要求，绝大部分大学出版社员工，从员工到社级领导，在融合出版相关技术知识上存在一定的不足：主要表现为对新技术知识概况不了解、对新技术与出版工作如何融合不了解等两个主要方面。没有融合技术知识，就无法在出版融合实践过程中推进出版融合工作的开展。为此需要培养出版工作中的技术思维来鼓励员工对技术的敏感和学习热情，可以从以下五点做好员工出版融合技术培训工作，掌握融合技术知识，提升融合技术应用能力。

1) 很多大学出版社都有数字化转型或者出版融合发展领导机构，应该把全员出版融合技术的培训工作作为推进融合发展的基础工作和重中之重，充分认识到内容产业就是智慧产业，发展智慧产业的根本在于人。出版企业人力资源部应该建立针对每个出版企业融合发展特色要求的培训机制，促进全员融合技术的提升。

2) 积极邀请互联网数字出版企业、融合出版示范出版企业的各类管理专家、技术专家到出版社组织融合出版实务讲座培训，培

252

训可以是全员范围的，也可以是分工作环节的培训。也可以邀请高等院校出版专业或者传媒专业的专家进行融合技术出版理论性培训，从学理上对融合出版技术有所认识。

3）积极组织员工参加各种融合出版研讨会和培训班。目前各出版行业协会组织、高等院校传媒或者出版专业都会组织不同形式与内容的研讨会和培训班，通过聚焦融合出版技术应用的专题研讨，学理和实务相结合的系统培训，提升参加学习的员工对融合技术的认知和操作能力。

4）构建基于融合出版技术的学习型组织，除了出版企业层面的出版融合发展领导小组等机构，还需要建立部门的融合技术应用组织，如编辑部需要建立内容融合出版研究小组、营销部门则应该建立移动互联社群营销研究小组等，针对实际工作加强融合出版技术的应用。

5）建立旨在鼓励出版融合发展的各种机制，设立出版融合发展奖励基金，鼓励在数字化转型和融合出版工作上有突出成绩的项目，组织开展融合出版技术应用大赛，通过融合出版项目设计、社交融合创新营销项目等形式，奖励技术应用得当、出版收益良好的创意和项目，推动出版企业全体员工对融合技术的重视和应用能力。

7.2.2　多途径采纳技术，提升融合发展效率

出版融合发展首先是出版文化与科技的融合①。原国家新闻出版广电总局把数字化转型升级工作的基础工作和任务放在了数字出版标准开发以及围绕这些标准研制和推广应用数字出版技术与装备上。这些技术装备用来支持出版企业开展数字化资源管理、产品生产与服务运营。传统出版企业被新型互联网出版企业超越的最大可能就是出版融合技术的研发与应用，大学出版社认识到自己在技术上的短板，主要在两方面加大技术投入：一个是在技术人才队伍建

253

---

① 冯宏生. 融合是出版业走向未来的关键词——从转型升级到融合发展[J]. 出版参考，2015(3 下)：7-9.

设上，一方面在组织上新设专门的数字出版部门，引进技术人才，另一方面加大原有员工的技术培训力度，这在上面已经有了阐述。另一个是在技术装备的投入上，大学出版社应该通过三个途径加大技术投入：

1）立足大学出版社特色和发展规划，通过自主研发和联合开发的形式，构建本企业的集成化出版业务平台和产品核心技术。大学出版社要加大新技术在出版各环节的应用，更应该加大具有业务集成功能的出版平台的建设。数字出版的本质就是平台化和规模化①。目前已经有很多大学出版社构建了集成型的出版平台，尤其是一些专业出版社，但细致分析，实际上是一个数据库平台或者资源服务平台，与用户（读者）的交互性不强，最后往往成为内容传播发布平台。未来的出版平台建设一定是在交互性功能上加大技术投入，主要是两个方面的互动功能构建：一个是与出版平台现有产品的消费体验互动，另一个是基于 UGC 和 CGD 理念创新互动出版，重视对平台数据的回收利用，结合大数据分析和数据挖掘技术，总结分析资源使用特征，提升平台内容资源运营效率。在提供优质服务的同时，出版平台需要重点做好知识问答和社交分享，最终建立以知识服务为核心业务的平台增值服务②。

2）向出版技术服务商购置现有出版融合技术装备，进行适合大学出版社个性化发展需要的定制功能开发。随着数字出版产业的发展，越来越多的信息技术公司设计研发了不同类型的融合技术软件，如上文提及的武理数传的 RAYS 数字融合编辑系统、江苏睿泰提供的数字出版系统和知识服务平台等。出版平台建设不仅要面向出版企业内部流程管理，更要考虑对外的连接和互联，因此内容底层数据的标准化和结构化成为出版平台建设的基础，这一点必须有政府或者行业协会来牵头制定标准，为此原国家新闻出版广电总局

---

①　丁立琼. 数字出版平台应把握的三个关联[J]. 现代商业，2012（31）：83-84.

②　黄新华. 传统出版社向复合型出版社转化的数字出版平台建设[J]. 北京印刷学院学报，2016（2）：5-8.

编制的新闻出版企业数字化转型升级软件系统需求框架对新闻出版企业开展数字化转型升级和融合发展提供了参考依据，更重要的是提供了现存的全行业可对接的技术装备配置。对于大部分在资金和技术上力量不足的中小型出版企业来说，根据业务需要购买现有的技术服务商提供的融合技术无疑是最为合理的技术投入办法。

3) 在政策允许的范围与技术公司通过资本合作成立合资公司的方式采纳引入技术。改革开放初期，很多工业产业通过市场换技术的方式与欧美日本等发达国家的企业成立合资公司并引进新技术，取得了快速长足的发展。由于新技术采纳和应用是一个系统的工程，需要人才、资金等配套政策，因此对于企业来说独资完成引进、吸收和创新是一个缓慢的过程，技术的变革速度越来越快，花了长时间掌握的技术会在短时间内被淘汰，因此拥有一定市场占有率的大学出版社可以与技术公司合作加快技术的采纳速度和效率，实际上，像北京师范大学出版社(集团)、外语教学与研究出版社与全球领先的智能语音技术提供商科大讯飞合作成立京师讯飞和外研讯飞两家合资公司加快了技术的引进。除了解决融合出版技术上的问题，也通过独立的技术公司运作制度探索了全媒体生产管理模式，通过将传统出版工作的编辑和营销人员加入合资公司工作，学习技术应用，培养技术思维，有利于打造既懂出版业务又懂新型技术思维和应用的复合型出版人才。对于中型规模的大学出版社来说，与学校国资委控股的计算机或者教育信息化技术公司合作成立新型出版公司也是比较可行的方式，利用目前国家大力提倡的产学研融合政策，将学校的学科建设和相关产业融合是一条加快出版数字化转型的有效途径。

255

📚 7.3   以提升内容价值为核心，推进大学出版社内容融合发展

除了来自政府在政策上的扶持，对于我国大部分大学出版社来说，其核心竞争力是与母体大学的关系、长期积累的内容资源以及

因出版权而获得的知识优先发表权。但随着资本市场放开和技术对传统出版的挑战，大学出版社的这种优势正在逐渐丧失。作为内容的创造者——作者资源被更大的出版利益从原有出版社的名单中被夺走，因此我国出版企业在按照党和国家的要求履行好社会主义出版企业的职责和任务的前提下，要加快内容融合发展水平，提升知识使用效率，主要需要从以下三个方面做好工作：

7.3.1　深化与大学的内容合作机制，争取内容优势

大学出版社与母体大学的内容合作具有天然的优势，我国所有大学出版社的壮大发展离不开母体大学学者教授编写的教材、学术专著，也正是因为一位位专家学者的著书立说才成就了大学出版社的职责和宗旨。在融合发展背景下谈及大学出版社与大学的内容合作机制则有新的现实背景，一方面大学出版社是否很好地服务了本学校的学科发展，大学出版社是否很好地掌握了本学校作者资源，在激烈的市场竞争背景下，母体大学专家教授编写的教材并没有放在所在高校的大学出版社出版的现象成为常态，这是需要引起重视的。另一方面融合发展以数字出版技术为核心的出版战略思维，而数字出版与高校信息化发展和信息化教学要求有着密切的联系，尤其是教育出版领域的数字出版物与教学中教学资源开发在内容和形式上都是相似的。因此在融合发展背景下，大学出版社要从两个方面深化与大学在内容资源建设上的合作机制：①依托学校政策与学科建设构建更为紧密的教学与科研学术共同体，把好的资源留在大学出版社。要留住母体大学的作者，一方面靠学校的政策，需要学校给予扶持政策，对于一些中小型大学出版社或者尚不是国家一级出版社或者百佳出版单位的出版社，大学出版社需要学校支持在出版内容资源上给予倾斜，对于已经有一定规模和专业特色的大学出版社则要在争取学校政策扶持的同时，建立出版基金，通过激励措施获取所在大学优势学科高质量的内容。②建立类似于学校内容资源建设办公室之类的组织机构，并建立常规性的业务流程，其职能为了解学校各学科发展动向，了解各学科的领军人物和重点学者，

建立学科发展与内容出版沟通机制，建立以共同建设数字教学资源为目的的融合出版发展基金，与各学科优秀教学骨干建立常规沟通机制，不定期地讨论教学和出版融合的可能性及方式。③围绕着重点学科和精品课程群两个重点资源进行融合开发。大学出版社应该构建重点学科内容资源为基础的学科平台，重点学科集中了全国一流的作者和成果，同时还会获得更多的资金资源，利用好这些资源开发数字出版，可以起到事半功倍的效果。精品课程群为支撑开发集教材、教案、在线课程等教学出版资源在内的平台，既能促进纸质教材的销售，还可以通过数字化教学内容增值服务①。

7.3.2 加大内容多元开发力度，提升内容价值

不断发展的出版技术不仅提供内容多元化的选择，而且还赋予存量内容新的"生命"。我国大部分大学出版社成立于 20 世纪 50 年代到 80 年代，成立至今少则三四十年，多则六十多年，积累了大量的内容资源，如果不用就是一堆废纸或者符号"垃圾"，如果利用数据技术加以编码和开发，则可以让它复活。

复活的首要条件是大学出版社需要根据出版内容的知识特征进行标识编码，然后根据编码标准对存量内容资源进行知识的可用性和时效性筛选，将有价值的内容进行标识编码。为推进全行业的信息标准化建设，政府管理部门和相关行业研究组织研制开发了出版物知识标识编码技术，比如 2013 年发布的《中国出版物在线信息交换行业标准》(CNONIX 标准)，旨在建立统一规范的图书产品信息描述和交换标准；2016 年原新闻出版广电总局发布的转型升级相关软件系统清单中提及了 ISLI 国际标准(ISLI/MPR 国家标准)、ISNI 国际标准(ISNI 新闻出版行业标准)、DOI 国际标准(PDRI 新闻出版行业标准)等资源标识的注册、登记、管理、解析工具与系统。基于标准的数据收集、编码和挖掘是出版产业链全面融合发展

257

① 刘坚，代江滨. 融合时代大学出版社资源整合的重点及路径[J]. 科技与出版，2017(12)：47-50.

实现内容增值的重点。而本书认为语义出版技术和大数据出版技术在出版内容标识编码的应用将是未来融合发展的基础性应用。

(1)语义出版技术及应用

2009 年，David Shotton 等人首次提出了语义出版概念，语义出版是指将某类知识进行语义标注，利用计算机技术促进自动化获取，使其能够连接至语义相关的内容，并提供获取内容里数据的可行性途径，使文献之间的数据整合变得更加容易的出版形式[1][2]。它的具体形式为：自动识别文章内的本体，生成携带语义数据的原始文档；自动识别文献内的实体，建立与外部资源的链接；识别文章主题，勾勒文章结构；借助 XML 语言提供可操作性原始数据；用开放应用程序接口，开展数据混合；以用户为中心，开展个性化推荐服务；借助浏览器插件对客户端文本进行语义增强；借助专业阅读终端进行智能化阅读[3]。与传统出版和数字出版不同，语义出版以内容和用户需求为核心，先生产采集数据化的内容，再对这些数据进行加工重组，最后基于用户需求进行销售和服务。而完成语义出版需要的四项关键技术是本体构造技术、语义标注技术、语义推荐技术和信息可视化技术[4]，利用语义出版的理念和技术对于盘活拥有海量内容资源的大学出版社来说是未来需要重点关注的。

(2)大数据出版及应用

海量数据深度挖掘和服务为核心概念的大数据技术给出版产业的内容价值发现和增值提供了新的途径。大数据出版的内涵就是通

① Shotton D, Pottwin K, Graham K, Alistair M. Adventures in Semantic Publishing：Exemplar Semantic Enhancements of a research Article［C］. PLoS Computational Biology，2009.

② Shotton D. Semantic publishing：The coming revolution in scientific journal publishing［J］. Learned Publishing，2009(22)：85-94.

③ 王晓光，陈孝禹. 语义出版的概念和形式［J］. 出版发行研究，2011(11)：54-58.

④ 苏静. 语义出版及其服务研究［D］. 武汉大学，2017(5).

过大数据技术将传统出版业的内容资源进行数字化编码和整合，构建多模态的数字化出版阅读资源库，并利用与读者联结的互联网平台对读者的数字化阅读行为进行分析、挖掘、预测、共享相关的精准数据，实现出版的流程再造和资源的重新整合。拥有文字、图片、音视频等内容版权的传统出版机构首先对出版内容资源进行数字化加工，继而进行更有深度的数据挖掘，则能够为用户提供从简单的数据服务和信息文献服务，到相对复杂的资源数据库服务和知识服务等不同层级、不同性质方式的内容数据服务。大数据技术通过收集和挖掘网络中用户生成的内容，经过标注编辑加工形成高质量的内容库，利用数据挖掘技术，针对用户需求细分产品形式，并实现动态更新机制，扩展知识体系。在内容生产环节，大数据技术渗透到出版社内容资源系统构建和编辑工作的核心内容，如选题策划、市场分析、营销方案等，使以业务和技术为驱动的传统出版模式向用户和数据驱动型出版生产模式转变[①]。数据出版对于专业出版为强项的大学出版社来说，无论是内容组织还是服务模式都有非常强的应用价值和前景，尤其对学术内容的融合开发和应用有相对成熟的商业模式。

本书认为将突出内容组织生产的语义出版技术和强调用户服务的大数据出版技术融合起来，不仅可以激活存量内容资源，还可以为大学出版社专业出版提供新的出版模式。

7.3.3 建立全流程的融合机制，保障内容融合发展

经过近十年的数字化转型探索，大学出版社根据自身经营特色形成了一套内容融合业务的流程机制，但本人通过访谈、调查等途径了解到，与传统的编印发出版流程一样，大学出版社在内容融合中存在着业务流程的断层，导致内容融合效率不高，究其原因，仍然是传统出版业务流程思维在从中作祟。为此，大学出版社要从两

259

---

① 徐曼. 出版行业对大数据的应用思路探析[J]. 出版广角，2019(9)：45-47.

个方面改革创新内容融合方式和流程。

(1) 建立"强互动"的内外部内容生产融合机制，保证内容从创意到 成品的高质量，以及过程的高效率

目前来看专业生产+用户参与(PGC+UGC)的互补互生模式是比较符合当前我国出版企业内容融合生产方式的。强互动的要求体现在出版企业外部和内部的内容生产融合，外部的生产融合要从选题创意开始就关注用户和行业权威专家的意见，借助媒介平台和数字出版平台实现互动；内容的生产融合则强调利用内部 ERP 管理系统和线下管理协调机制建立部门间的互动交流。还需要建立保证互动效率的机制，如互动管理的量化指标考核、流程控制管理等，保证每一次生产都建立在内外部主体经验和思维的充分融合之上。

(2) 加大内容载体与内容应用融合的商业模式研究和探索

出版融合发展强调"一种内容，多种形态"，大学出版社利用语音技术、大数据技术、语义技术、VR/AR 技术在新形态出版物的开发速度明显比这些出版物的应用商业模式发展要快。电子书、有声书、游戏动漫、慕课微课、数据库等数字出版物已成为主流的出版形态，这些主流的数字出版形态与传统纸质图书相融合展示多途径的知识输入，但无论是在大学出版社的商业模式，还是用户的消费体验和习惯上，仍然以纸质图书为主，数字出版物更多地起到丰富资源和增值服务作用。美国是数字出版产业比较发达的国家，其数字出版的商业模式主要是网络营销模式、按需出版模式、互动教育出版模式、网络出版和网络营销一体化模式、专业学术期刊和图书的数据库盈利模式等，并形成了大型数据库、在线编辑平台、在线教育平台等集成应用平台①。从美国数字出版产品和应用平台所构建的商业模式来看，我国未来的应用融合的发展方向是坚持以用户为中心，而不应该以短期盈利为目的，要利用大数据技术将不

---

① 陈净卉，肖叶飞. 美国数字出版的产业形态和商业模式[J]. 编辑之友，2012(11)：126-128.

同内容的资源通过不同应用途径与平台制定个性化和创新的知识服务模式。这是非常符合大学出版社成立的宗旨和未来发展的定位。

大学出版社数字出版平台必须聚焦内容开发，把内容价值看成平台的生命力，通过平台开发多模态的产品形态，通过作者和用户的数据分析深度开发内容，保持出版内容的"制高点"。通过优化架构和流程提升内容生产效率，利用技术和智力两个因素加强平台内容管理，通过构建在多元化内容基础上的精准个性化推送推动内容营销①。

7.4 以提升用户价值为核心，加快大学出版社营销服务创新

读者是出版企业赖以生存和发展的最重要资源，长期以来出版企业在各种宣传中把读者称为出版企业经营运作中的核心，而事实上，我国的出版企业由于受到管理体制和传统出版思维影响，在实际出版经营中并没有真正去发现和开发用户的价值，以至于出版的图书无法满足读者的需求，造成大量的库存，也让很多读者放弃用书籍获取知识的方式，转而借助自媒体等新型媒介。未来的出版融合发展要把用户的价值提升到新的高度，时刻记住"无用户，无融合"。要利用信息技术建立旨在聚拢用户资源，增加用户黏性，发掘客户价值，实现内容价值的出版社群营销平台和运行机制。而保证实现平台价值的途径就是利用大数据技术挖掘价值，利用便捷的移动互联实现价值。

261

7.4.1 实施大数据精准营销，发现用户价值

大数据并没有统一的定义，一般指的是所涉及的数据量规模巨大到无法通过人工统计，要在合理时间内截取、管理、处理，并整

---

① 程继忠. 平台竞争背景下出版社数字化转型研究[D]. 湖南大学，2013.

理成为人类所能解读的信息。大数据有四个主要特点，归纳为 4 个 V：Volume（数据体量大）、Variety（数据类型繁多）、Velocity（处理速度快）、Value（价值密度低）。在大数据时代，如何挖掘和深入利用海量的数据，就涉及大数据技术的运用，主要包括大数据采集、大数据预处理、大数据存储及管理、大数据分析、大数据应用、大数据安全等几个方面，其中最重要的是大数据分析，准确的数据分析是应用的前提，也是大数据实现价值的保证，只有如此才能为使用者带来利益。涉及的技术主要为云技术、分布式文件系统和并行计算框架。大数据与云计算是相辅相成、息息相关的，大数据为云计算提供可分析的信息内容，云计算为大数据提供基础架构，以实现数据的分析。

数字化随即带来的重大影响是海量信息以数据形式爆炸式增长，网络化的飞速发展则打破本地存储和时空的局限，以 Facebook 为代表的社交平台产生了大量非结构化数据。随着技术的升级，数据的外延被不断放大，涂子沛指出，数据是对信息的客观记录，将数据放到特定场景中，它就成为具有意义的信息。因此在数字化和网络化的双重驱动下所创建的数字网络场景使得数据成为信息的代名词。计算机科学利用数据化技术量化一切，舍恩伯格指出，通过从信息到数字化+网络化量化到数据化再到大数据的演进逻辑，将人类赖以生存的信息通过数字化和网络化加工处理，不断将信息量化成数据集，最后形成大数据①。

出版业最重要的资产便是数据，出版在把信息筛选、加工、复制和传播的过程中，产生了大量数据，因此大数据技术与出版业发展有着天然的联系。自从大数据技术在社会经济领域成为重点热门话题后，出版产业学界和实业界也在思考大数据技术与出版融合发展的关系和应用。2013 年左右学者们提出了大数据出版概念②。近年来，传统出版业由于较出版融合发展而言具备更多挖掘数据的能

---

① 涂子沛. 大数据［M］. 南宁：广西师范大学出版社，2012：33-37.

② 李德团，雷晓艳. 大数据出版：内涵及其实践运用［J］. 编辑之友，2016(4).

力，更加便于获得出版机构与其上下游合作单位、作者和读者在各项出版活动中所产生的各类结构化数据，以及文本、图片、音视频、关系网络和空间轨迹等非结构化数据。

大数据技术在传统出版社出版融合发展中的应用可以包含受众行为分析、出版决策支持、出版流程转变、精准营销等，主要在内容生产环节、营销服务环节、出版组织重构和流程再造等方面进行应用。其中在营销服务环节，对用户信息和消费习惯进行大数据分析，可以实现产品广告和使用体验的精准投放，使精准营销和服务成为可能。同时将这些信息数据进行二次分析，实现数据增值。

过去，许多出版企业对这些数据视而不见，或者是见了也不知做何用和怎么用，不可否认的是大部分出版业在洞悉消费者需求上是有缺陷的，这不仅造成了出版社与互联网出版企业竞争时的尴尬境况，而且可能对出版业长远发展更为不利，除了转变思维和商业模式外，大数据技术给了出版业改变局面的机会，这种基于用户需求的科学化、结构化的思维和技术应用对于出版业在降低市场风险，提升经营绩效上提供了很大的想象空间，这对出版业来说无疑是一个极好的转型契机。① 未来，出版企业应该视这些数据为企业最重要的资产，并利用大数据技术转化和提升其价值，主要有以下有两个途径：

1）根据用户特性，出版企业需要制定用户信息标准格式，通过不同融合出版物客户端获取用户数据，编码加工后建立用户数据库，利用大数据技术挖掘用户价值。目前出版企业利用用户数据的普遍方式是推送产品和信息，而且还不是个性化的精准传播，把内容和信息筛选的工作交由用户处理，用户体验不佳，继而产生厌恶情绪而不再与出版企业互动。未来的出版用户数据管理一定是基于用户需求的个性化内容生产和供应。利用移动融合出版物，出版企业可以获取用户地理社交数据，从而提取读者地理位置以及在那个区域的阅读消费行为，构建用户特征模型，通过匹配来给读者推荐

263

---

① 吴赟. 产业重构时代的出版与阅读——大数据背景下出版业应深度思考的五个关键命题[J]. 出版广角，2013(23)：33.

与其阅读学习特征相符的个性化服务。① 利用各类出版社交平台将互动和沟通变为数据，通过大数据驱动来分析用户喜好并绘制用户画像，满足用户个性化知识需求，精准、高效和便捷地提供定制化的知识和有效解决方案②。在基于大数据分析和挖掘的前提下进行的知识生产和推送，不仅可以提高知识的使用效率，还可以提升客户在知识转移中的舒适度，有利于更好地吸收知识，增强对出版企业的客户黏性。

2) 利用大数据技术还可以对用户在出版社交平台留下的信息（如评论、留言等）进行分析，提取有价值的信息改进出版物内容，改进出版企业服务质量，这些阅读衍生数据还可以为出版选题提供参考依据。而最终需要达到的目的是利用出版社交平台实现用户生产内容融合。互联网社交媒介中个人就是信息的消费者，也是信息的生产者和传播者，尽管出版物不同于一般信息，需要一定专业能力和写作能力，但仍然会有很多用户愿意在互联网上分享，因此出版企业完全可以基于出版社交平台中用户生成的内容进行内容挖掘分析，形成新的出版作品。国外著名少儿故事平台 Storybird 鼓励家长和用户在线进行故事创作，利用网站已有的图片素材添加文本，就可以生成故事在平台内发表，高人气故事就可以生成纸质图书③。实际上在豆瓣阅读等阅读分享社区，这种模式越来越成熟。但出版企业在用户生成内容的建设上并没有很深地介入，从而造成了潜在作者的流失。

7.4.2 构建有效的社群营销，提升用户价值

近年来随着移动互联网技术的迅猛发展，社群经济成为重要的

---

① 张继东，李鹏程. 基于移动融合的社交网络用户个性化信息服务研究[J]. 情报理论与实践，2017(9)：33-36.

② 张淑雅，杜恩龙. 关于出版企业知识服务模式的思考[J]. 出版广角，2017(15)：13-15.

③ 张博，乔欢，李武. 基于大数据的出版内容价值发现与应用[J]. 出版发行研究，2014(3)：5-8.

商业模式，社群营销也随之发生了质的变化，具体体现为从产品思维到市场思维、再到用户思维的转变，从企业单向传播到受众深度参与的互动模式，从生产者宣传导向到社群意见领袖导向的转变。基于共同消费需求和共同文化精神的互联网社群营销越来越具有人文精神的倾向，这一点与自带文化属性的出版物社群营销有着天然的联系。如第五章介绍的一样，无论是自媒体还是出版企业自建社交媒介，出版企业社群营销正在形成独特的商业模式。

使得社群营销越来越被重视，发展也越来越快的一个重要原因是移动互联技术的发展，它促使社群互动更加便捷有效。移动互联网是以移动网络作为接入网络的互联网及服务，它包括三个要素：移动终端、移动网络和应用服务。移动互联网的技术具有便携性、多样性、移动性、开放性、融合性、个性化等特征。由于移动互联技术的地理定位功能、消费绑定功能，可以通过社会网络和社交工具了解不同的需求和消费特征，从而使得移动互联网终端、网络和应用服务个性化。还有一个是隐私性：在移动互联网大行其道的时候，如何在提供的内容和服务中保护个人的隐私是紧迫需要解决的问题①。

移动互联产业是电信网络、传统互联网、电视等行业融合的产物，其技术是计算机技术、移动通信技术和互联网技术的综合体，移动互联技术在未来呈现出多样化发展趋势，其主要体现在：第一是由于移动性和宽带化方向发展的网络技术发展，网络接入技术呈现多样化；第二是兼顾功能集成性与应用便携式平衡发展的移动终端提供了多样化的解决方案；第三是操作系统更加开放和多样化；第四是以增强用户体验满意度为目标的内容制作方式多样化；第五是业务模式多样化②。未来移动互联技术将不断融合新的技术，从而从深层次改变人类的生存状态，这也是出版企业最应该关注的技

265

---

① 文军，张思峰，李涛柱. 移动互联网技术发展现状及趋势综述[J].通信技术，2014(9)：977-984.

② 文军，张思峰，李涛柱. 移动互联网技术发展现状及趋势综述[J].通信技术，2014(9).

术内容，它将继续深刻地影响到内容融合和出版营销各个方面。未来 5G 通信技术的应用将进一步推动移动互联技术的发展，社群营销的未来值得期待，出版企业应该从以下几个方面做好出版融合的社群营销工作：

(1)内容建设是社群营销成功的关键

社群内容建设主要有三类：第一种是用户生产内容(UGC)，常见于微博、微信、网络书店等留言评论，为读者自行表达的碎片内容；第二种是品牌生产内容(OGC)，常见于企业自媒体平台，如公众号、订阅号等；第三种是专业生产内容(PGC)，常见于个人自媒体的变现转化。① 对于第一种内容生产方式，出版企业可以通过对内容进行选择分析，发挥其不同的作用，往往处于被动的情况。大学出版社可以主动掌握的是第二、三种内容生产方式。在内容设计时，需要关注两点：第一是社群里的读者不仅仅是消费者，更是生活者。在商品丰富、选择多元的时代，盯着消费者而开展社群营销，往往是事倍功半。而将读者看成生活者并与内容连接，则可以做到事半功倍。第二是通过内容建设构建身份认同和个性表达的融合。无论是针对出版企业还是出版物的社群营销内容，都需要按照用户的关注点组织，需要做到你的内容是读者需要的，你的表达是读者认同的，你的发布正好符合读者的需求时间点。第三是故事、视频、漫画等内容表达方式可以让信息更好地被理解、接受和传播，这也是出版企业在制作社群营销内容时需要关注。

(2)用自传播和链接的思维创新社群传播方式

社群尤其是出版融合社群是通过强烈的文化认同而构建的，因此精神的共鸣成为社群存在的基础。自传播是图书社群中最为重要的概念，用户在社群中自觉分享传播，其传播效果远胜于有着明显

266

①　唐兴通，方爱华. 走过 2017，看社群营销如何拥抱未来[J]. 出版广角，2018(3)：24-27.

身份识别的机构传播①。同时要引爆社群，抓住社群的脆弱点和连接节点，赋予其传播的动力，可以使内容传播得更快更远。出版企业在设计社群营销方案时，了解传播网络结构，比简单地寻找意见领袖更有效果；同时最好加入线下的关系元素，可以适当打消受众的疑虑，线上线下互动，实现更迅速的传播②。在选择自营社群和他营社群两种不同的方式上，大学出版社应该根据不同出版物所决定的用户社群性质选择不同的社群。教育出版板块自身一般会建有学科教师的社群平台，就会选择在自营平台进行社群营销，而大众社科文艺类出版企业则会选择他营的自媒体社群平台进行产品推广和互动。

(3)建立科学的社群营销效果评估体系

有报告显示《财富》1000强的企业中有50%对于利用社交媒体进行顾客关系管理的项目的回报并无判断的标准③，也没有测量方法，更多的办法是观察容易得到的数据，如粉丝数量、点赞、评论数量和质量、分享次数等。而美国营销专家Josh Bernoff认为要从四个方面综合考量社交媒体的效果：短期财务利益、短期数字利益、长期品牌提升、长期风险规避④。出版社群营销效果的评价也应该将短期效果和长远目标综合起来评价，用投资回报率(ROI)的理念设立参数和评价模型，让社群营销发挥最大的作用。目前评估出版社在微博微信等公共社交媒体平台的社群营销办法是粉丝数，对每个信息的评判标准则注重阅读量和点赞数，基于专业学习平台的社群营销则关注平台注册人数，这些参数指标确实反映了社群营

① 刘佳佳. 思维传播及主体——社会化媒体环境下图书社群营销的三次转向[J]. 中国出版，2016(22)：8-11.

② 唐兴通，方爱华. 走过2017，看社群营销如何拥抱未来[J]. 出版广角，2018(3)：24-27.

③ 菲利普·科特勒. 营销管理(第15版)[M]. 上海：上海人民出版社，2016：106.

④ Josh Bernoff. A Balance Perspective on Social ROI[N]. Marketing News，2011-02-28.

销的效果，但正如以大学出版社群营销为例的调查所反映出来的情况：出版社、教师、学生对出版社采用的营销手段并没有保持一致的看法，这正说明了阅读点赞和注册并没有带来营销目的的同比例效应，社群营销是精准营销的典型，那么自身如何实现更高的精准度则需要更多的指标来考虑，如越来越多的出版集成平台将推广和销售功能放在一起，其评价指标不再是阅读量，而是在一段时间内实现的销售量，指标设定的调整一定会带来社群营销工作内容方式的变化。

7.4.3 构建知识服务体系，加快功能转型

出版融合发展受内外两种力量的影响，来自外部的力量是社会发展变化与出版相关技术发展带来的产业生态变化，如文化、人口结构、教育发展等，而出版产业内部发展的根本动力则是用户需求和知识消费方式的变革。在技术推动下的出版融合发展经历了数字出版和数字化出版两个阶段后，初步实现了数字出版转型，完成数字出版转型后的出版企业以媒介融合、数字化转型等思维为指导，将传统出版存量资源和优势与新兴出版的技术优势融合在一起，形成了融合出版格局，未来随着大数据和人工智能两项热门技术的发展，知识服务成为出版融合发展在未来一段时间内最主要的发展途径。

知识服务来源于知识经济体系，在欧美国家，知识服务的研究和实务集中在知识密集型服务业、知识密集型服务等相关领域，国际经济合作和发展组织定义知识密集型服务业是指那些向社会和用户提供以专门领域专业知识为基础的中间产品或者服务的公司和组织。国内关于知识服务的研究则集中在图书情报领域，其中以张晓林的观点最具代表性，他认为知识服务是以信息知识的搜寻、组织、分析、重组的知识和能力为基础，根据用户的问题和环境，融入用户解决问题的过程中，提供能够有效支持应用和知识创新的服务①。

268

---

① 张晓林. 走向知识服务——寻找新世纪图书情报工作的生长点[J].中国图书馆学报，2000(5)：10-15.

需要特别指出知识服务概念中的"知识"和"服务"两个概念的含义，"知识"不同于信息，知识是结构性经验、价值观念、关联信息及专家见识的流动组合。知识依附于人的大脑，更多地表现为隐性知识，难以显化，需要人与人的交流才能传递。出版语境下的知识就是通过出版等工作让其变成显性知识，再利用信息技术支持其外部存储和快速流通，成为知识服务的有效途径。"服务"就是以用户需求为导向，注重与用户交互，强调知识分享和知识创新，帮助接受服务者提高在知识获取和应用上解决问题能力、预测能力和决策能力①。

知识服务具有以下主要特征：①高度专业化的知识特性，知识提供者具备专业的知识和传授这种知识的专业能力；②需要一定的技术支持，提供服务者要采用各种技术手段充分开发和挖掘服务主体双方的隐性知识；③服务的个性化定制化特性，利用网络信息技术将个人需求和知识内容进行匹配，提供符合其知识接收环境的知识层次和数量；④服务过程的交互性，需要服务主体双方积极参与，通过持续的信息和知识交流，保证最大限度地满足被服务者的需求，提升其知识应用能力②。

大学出版社融合发展与知识服务有着天然的联系。出版是人类知识生产传播的重要方式，出版机构利用其专业的编辑队伍加工知识，通过各种媒介将作者的隐性知识转化为显性知识，并利用多元化的服务将知识传播给用户。随着大数据与人工智能技术的飞速发展和广泛应用，数字出版的智能化知识服务呈现出全方位的变革，使得知识内容更具个性化，并以最具智慧的方式实现用户的知识服务需求。2015年初，原国家新闻出版广电总局下发《关于确定专业数字内容资源知识服务模式试点单位的通知》标志着传统出版企业由数字化转型升级向知识资源服务平台建设的阶段性跨进，标志着

269

---

① 李晓鹏，颜端武，陈祖香. 国内外知识服务研究现状、趋势和主要学术观点[J]. 图书情报工作，2010(6)：107-111.

② 李霞，樊治平，冯博. 知识服务的概念、特征与模式[J]. 情报科学，2007(10)：23-27.

出版社的数字化建设由数字出版系统搭建、资源库建设这两个环节的基础建设，过渡到面向社会提供资源服务的建设阶段。

　　出版企业数字化转型升级工作开展到今天，无论是出版行政主管部门还是转型升级走在前列的出版企业，不约而同地把我国出版产业融合发展的未来指向了知识服务。2015 年 3 月，原国家新闻出版广电总局发布了《关于开展专业数字内容资源知识服务模式试点工作的通知》以来，出版领域知识服务的理论研究和实践探索成为出版热点。通过知网搜索"出版＋知识服务"发现，2015 年和 2016 年的研究文献各为 12 篇，而 2017 年则达到了 31 篇。2018 年 5 月，55 家出版企业、高校科研院所、出版技术公司入选"第三批知识服务模式试点单位"。可以看出，业界充分认可了知识服务是未来出版企业融合发展的重要方向之一。而技术的发展也为出版企业向知识服务商的转型提供了推动力，人工智能技术便是其中最重要的。

　　人工智能是根据对环境的感知，做出合理的行动，并获得最大收益的计算机程序①。人工智能技术在互联网、物联网的基础上将形成人网，在人工智能技术的支持下，未来的沟通是一个以用户数据为核心，以多元化产品为基础，以多个终端为平台，以深度服务为延伸的开放、共享、智能化的系统。数字化是技术革命的代表，融媒介是媒介革命的代表，而人工智能技术则是场景革命的代表。所谓的场景在互联网领域包括三个层次：入口、连接和交互行为发生。伴随社会全网状态的形成，信息的流通性大大增强，信息变得更加立体和透明，而场景是以全媒介与交互为技术基础，保证信息资源配置的市场化和社会化，用户通过主动搜索便能获得更为丰富与真实的信息。因此人工智能技术偏重于场景的产品生产和服务应用。

　　人工智能技术对传播系统具有深刻的影响，主要体现在人工智能技术使传播子系统间的共生现象显著，也就是说信息或者知识可以借助场景赋予的特殊时空的规定性，自由变换浏览、社交与阅读

---

　　① 李开复，王咏刚. 人工智能［M］. 北京：文化发展出版社，2017：35.

等各种行为，自主掌握内容的深度和广度。人工智能推动信息的搜索与提供、内容的延伸与拓展，社群的交流和分享等传播系统整体化发展，共同服务于用户的某一个场景①。由此人工智能技术可以为社群场景下的知识共享和分享提供深层次的综合服务。

同样出版作为传播系统的一部分，人工智能对出版内容和传播方式的改造也是非常显著的。未来出版的基本理念就是对用户的深层理解，构建"人工智能+媒体"的出版传播的基本范式，主要表现为内容生成方面，将用户作为内容的生产者，以动态的整合来实现内容的更新；在呈现方式方面，用户通过语义网络发出申请，能够得到全方位的资讯和服务，随着AR、VR技术的发展，用户的感性认知和理性认知之间的接收层次被进行更精细地划分；在内容推送上，人工智能技术以感知网络的主要内容，结合智能终端的交流方式来拓展人与人的关系，以用户为核心，将用户的偏好作为内容生产的主要依据，个性化定制知识服务成为出版的核心概念②。

在一定程度上，人工智能技术是一项综合集成技术体系，在国务院《新一代人工智能发展规划》中提及未来人工智能的五大发展方向为大数据智能、跨媒体智能、自主智能、人机混合增强智能和群体智能，这些与出版业都有重要关联。人工智能技术在社群营销中的作用是充当出版产业链整体升级的一个环节，没有人工智能技术在知识内容生产和业务流程上的革新，社群营销也无法高效进行。

7.5 依托用户和创新驱动加快大学出版社融合发展机制创新

271

如上述调查反映的情况一样，未来出版融合发展的两个主要工作内容：一个是内容融合的资源和方式，另一个是出版企业组织和

---

① 沈珉. 人工智能技术再造出版生态[J]. 出版广角，2018(1)：20-22.

② 王晓光. 人工智能与未来的出版[J]. 科技与出版，2017(12)：4-6.

业务流程的改革，同时融合出版人才队伍的建设问题也受到了高度的重视，排在影响出版融合发展因素的第一位，可见目前出版企业已经充分地认识到出版企业管理机制对融合发展的影响。为此本书认为可以从以下三个方面进行出版融合发展机制改革。

7.5.1　构建柔性模块化组织，适应融合发展

随着媒介技术对出版产业的深入影响，出版环境、读者需求和阅读方式的改变，新型互联网数字出版企业的介入和利益博弈，使得传统出版企业越来越认识到原有出版企业组织结构对推动出版融合发展工作的阻碍，其主要表现为：组织层级过多，沟通效率不高，信息传递时间久，决策机制迟缓，不利于应对市场变化；组织层级间边界僵化，缺乏弹性；过于强调部门边界，不利于多面手人才的培养等①。

媒介融合和出版融合发展背景下，出版企业的组织架构和建设需要有战略弹性，媒介战略弹性是指媒介企业动态地发挥公司战略与外部环境相适应的功能和能力，可以分为结构弹性、文化弹性和技术弹性，组织结构弹性主要是指企业的组织结构对内外部环境改变的延展性，文化弹性在融合发展中起到黏合剂的作用，技术弹性则是对出版融合技术保持敏感②。中国人民大学的陈卓认为在媒介融合进程中媒介组织重构的权变路径是从过渡性部门的"量变"到全媒体融合平台的"质变"③。因此出版企业组织结构应该保持适度的灵活性，随着出版数字化战略以及产品类型经营方式的变化而变化，而且没有一定固定不变的方式，要依据出版企业治理结构、战略业务单元、经营主体三个层面保持动态调整，甚至在一定程度上

---

① 任萍. 数字化时代出版业组织变革趋势浅析[J]. 出版发行研究，2016(4)：27-30.

② 张红梅. 媒介融合背景下媒介组织战略弹性的构建[J]. 新闻界，2009(2)：63-65.

③ 陈卓. 试论媒介融合进程中媒体组织重构的路径[J]. 国际新闻界，2010(4)：95-98.

把大企业看成由多个更富组织弹性的小团队组成的企业集群，国外不少大型出版企业，如维亚康姆、培生集团等均采用了这种模式①。基于此本书引入模块化组织设计概念构建适应出版融合发展的出版企业组织结构。

(1) 组织模块化的概念

组织模块化是指半自律性的子系统通过和其他同样的子系统按照一定规则相互联系而构成的更加复杂的系统或过程。半自律性的子系统则被看作具有独立业务体系和运行职责的组织或者工作环节。组织模块化具有三个特征：模块本身是一个复杂系统，子系统（子模块）之间的连接规则具有灵活性和可变性，每个模块可单独开发和生产。而最终形成的模块化组织（Modular Organization）是将原本生产纵向一体化的产业组织分割成若干小的模块化组织，它们之间通过契约化关系动态组合，以实现技术、知识等生产要素的收益递增。模块化组织具有以下三个特性：第一，模块化组织是由模块松散耦合而成的企业系统；第二，具有独立运作规则和创新驱动力的模块化组织内部子模块之间有相互连接整合的系统性规则；第三，组织内部存在激烈竞争的子模块带动整体模块化组织的商业创新，提升价值。② 模块化沿着"技术模块化➡产品模块化➡产业模块化➡组织模块化"的发展道路演进，从技术对内容的影响传导到对组织的影响。其演化路径与融合发展的演化路径非常相似，都是从技术到产品再到组织，这也说明了技术对商业的巨大影响。组织管理学者研究证明模块化系统具有三个优势：第一是由于独立设计与生产同步进行的子模块组织可以减少线性流程生产导致的时间耗费；第二是模块化组织可以通过添加、拆分、整合等方式自我完善功能，也可以通过增加子模块延展模块系统功能；第三是通过子模

273

---

① 石姝莉. 媒介融合视域下我国出版企业组织结构变革初探——基于组织趋同化现象[J]. 中国出版，2015(3上)：19-23.

② 吴昀桥，任浩. 模块化组织运行机制探究 中国科技论坛[J]. 2014(1)：47.

块之间的竞争优胜劣汰，优化市场，实现产业升级换代。①

(2) 组织模块化理论在出版社组织重构中的应用途径

经过上几章对大学出版社内容融合、出版营销创新和机制创新的分析，可以看到融合发展需要大学出版社在开展技术融合和内容生产传播营销创新中构建与之相匹配的组织，这类组织需要具有对技术应用、用户需求保持强烈敏感，而模块化组织的特点契合了这个要求，以满足用户需求为导向开展多样化和个性化的内容生产和传播，灵活的组织架构使得与用户的连接更加便捷和密切。依据模块化组织设计理论，出版企业组织重构可以从以下两个方面开展工作。

第一，组织结构的模块化。出版社可以将负责数字出版业务的组织或者部门分为三个模块：主导模块、职能模块和经营模块。主导模块一般为模块化组织架构的设计者，如董事会或者社务委员会，其主要职责是决定数字出版组织的构架和职能定位；职能模块则为满足用户需求而将产品和服务进行多元化和个性化区分，每个业务和服务都有一个专业子模块负责，这种组织的人员规模较小，职能更清晰，定位更明确；经营模块则为职能模块提供支撑保障的组织部门，一般为生产部门、行政人事部门、总编办等。模块化组织要求把关注重点放到数字出版物选题开发和编辑环节，结合大学出版社自身资源、市场状况和用户需求开发数字出版物。同时也要关注与之配套的营销环节，不同的内容和形态的出版物需要有不同的营销模式，比如较为常见的纸数融合出版物、有声书出版物、资源库出版物、平台出版物等，都有不同的定价策略、促销方式、服务需求和渠道，因此按照传统的方式来运作，一般在编辑生产环节，根据不同的产品安排不同的生产组织，比如平台出版物的开发和构建，需要技术部门搭建平台技术框架，编辑部门负责资源建设，营销部门负责客户运维等，但这种传统的方式往往造成低下的

274

---

① 吕尚彬，熊敏. 模块化：传媒组织重构的动因与路径[J]. 编辑之友，2017(5)：5-10.

工作效率和服务质量，出版社应该建立数字平台出版部，将技术、编辑和营销环节整合在一个组织里，而任务环节可以进行柔性化的管理。因此模块化和项目化指导下的大学出版社组织结构会出现小型化和专业化，同时每年会出现新的人员组合形态，组织快速组合，完成项目后又迅速进行重新整合去完成下一项任务。今后大学出版社按照用户需求的知识分类来设置产品开发和营销子模块组织，每一个子模块组织将被主导组织充分授权，子模块组织完成某一项目产品的设计开发，则统一交给上一级模块组织进行跨子模块组织的整合，并将任务二次分配到经营模块中的子模块中进行任务的对接。子模块组织根据主导模块的部署重新接受新的项目。可以想象这种充满不确定性的挑战对于激活出版从业人员的创造能力有很大帮助。

第二，组织职权模块化。上文提到子模块组织具有很强的自主经营权，因此组织职权模块化就是在给模块化组织放权的过程，主导模块将有助于完成项目任务的各种权力分配和下放到各个子模块组织，以期达到调动员工积极性的目的。组织职权模块化建设需要做好两部分工作：一个是确定子模块的职权，也就是给子模块组织配备什么样的权力，承担何种责任，该如何评估其工作绩效和存在价值，确定经营方向和制度后充分授权以保持经营决策独立性；另一个则是确定维护子模块职权的制度建设。为防止融合发展组织在出版系统过程中出现被前端部门和后端部门要挟的可能性，防止由此增加出版企业部门的管理成本，要建立一系列的制度和契约关系来防止系统风险。一般情况下，需要确定出版子模块部门承担的职能，子模块间的资源调用规则，以及子模块行为的标准。内容生产部门（编辑部门）的职权模块化则应该实行基于用户需求的编辑室或者项目组的构建和管理，给予编辑部更大的权力，如人事权、选题开发权、数字合作商选择权等，充分调动编辑部门创造价值的积极性，在各事业部和营销部门职权模块化中，除了给各个部门赋权外，还要创造良好的系统规则保证内容生产各级模块的良性经营以及防范子模块系统之间的内耗带来的效率递减。财务部、印制部门、社办总编办等部门也要在社务会的统筹安排下实现与职能模块组织的对接，参与子模块组织开展的项目任务中去。而作为主导模块的社务委员会和社长则需要通过制定管理办法和考核政策激发职能模块的创新开拓和经营模块的部门支撑作用，并且提防子模块组织的分解造成系统内的消耗。① 职权模块化比组织模块化更为复杂，需要从出版社体制机制、组织架构、管理人员职责与考核等多个角度考虑不同子模块的职权设计和调整，因此机制中的管理制度建设需要考虑这种模块化组织构建。

7.5.2　推进用户导向的业务流程再造，保障融合发展

组织重构和流程再造大部分情况下是同时发生的，组织重构一定会带来流程的变化，而流程再造的前提往往是新组织结构的产生。出版融合发展带来的出版内容、出版方式、营销手段以及组织结构的变化，势必带来业务流程的再造。

出版融合发展背景下的流程再造需要树立以用户需求为导向的执行原则，统一思路，明确重点，厘清职责，形成资源策划、采集、加工管理和出版发布一体化的资源建设业务流程②；需要兼顾传统出版和数字出版，更要强调两者的融合出版，在今后一段时间里，出版流程的再造不仅不能降低纸质图书的出版效率，还应大幅度提高其出版效率；需要做好对内容数据格式标准的规范和统一，从作者写作、编辑加工、排版封装到阅读消费都应该按照统一的数据格式标准操作③。出版融合发展的业务流程再造可以从以下两个方面进行：

276

① 郝斌，任浩. Anne-Marie Guerin 组织模块化设计：基本原理与理论架构[J]. 中国工业经济，2007(6)：80-87.

② 董良广. 出版企业基于人工智能服务开展知识服务的路径探索——以人民卫生出版社为例[J]. 出版广角，2017(15)：16-19.

③ 刘瑞东. 借力数字出版实现传统出版业务流程再造[J]. 出版发行研究，2008(4)：52-53.

（1）与模块化组织配套的业务流程再造

未来的大学出版社组织重构需要突出模块化组织模式，强调服务大学出版社融合发展整体推进的组织灵活性和创新性建设。而管理学界认为组织建设和业务流程构建是一体两面的事情，因此需要与模块化组织建设进行融合发展业务流程再造。

流程的模块化设计就是为满足生产的多元化和服务的多样性将一体化流程分解为复杂的流程板块，并重新设计和整合原来环境下的相关流程，形成新的组织流程的模块化分布格局。根据流程模块化的可分性和价值性两个标准进行分解流程，可分性是指组织在遵守产业生产规则和上级组织规定的前提下可以单独生产运作，其开展工作具有高度的独立性。而价值性是指独立运作的流程模块是可以创造价值的，往往在能减少消耗的前提下获取一定的利润。

传统的大学出版社的知识生产流程可以分为出版物编辑加工到印制加工最后到营销推广三个环节，分别对应知识的生产和获取、知识封装和知识传播。每一个子模块可以单独策划选题和编辑，将加工模块外包，类似分布式劳动，提升产品生产效率。根据可分性原则，大学出版社出版环节尤其是出版物编辑加工环节可以通过单独运作的模式创造最大的价值，比如目前主流的事业部制和具有事业部制特征的分社制，由于其模块化组织面对不同消费习惯的客户，在用户需求和技术驱动下的模块化组织会加大对终端市场阅读的需求调查，会依据读者需求特点进行内容开发和编辑，将样稿通过互联网技术交给读者试读，根据反馈完善产品内容，通过多元化的渠道进行营销。就价值性原则而言，则是要求子模块的独立业务流程遵循价值的观点，价值的含义就是投入产出比。业务流程价值的含义体现在为流畅的业务提供的技术和资源保障力度，体现在内容生产中的高质量和创新性，体现在印制环节的质量和速度，体现在营销的服务质量和经营业绩。在如何进行模块化组织重构和业务流程再造上，需要进一步分析不同工作流程的特性，生产印制加工模块的业务流程职能和价值在于统筹协调与印制封装企业的沟通与管理流程，一般不进行子模块设计，营销模块是否在流程分解上与出版物编辑加工模块进行同步子模块化还需要依据不同的出版企业来区分，用户特征区分度大的产品开发子模块则需要对应的营销子模块，例如高等教育出版和基础教育出版，则最好在大模块中设置协作的子模块流程。需要强调的是，模块化组织具有灵活性和管理柔性，一个重要的组织特征是项目或者特定领域开拓需要进行组织的灵活搭配，而业务流程不仅与组织结构有关，同时还受到了出版工作基本规范的影响，保持一定的稳定性有利于维持知识生产和传播的有效性。

(2)利用人工智能技术推进业务流程再造

在上节中提到人工智能技术对出版业的影响一定是深远的，它几乎可以影响整个出版产业链，而且在可以看到的未来，人工智能技术将推进出版企业出版融合发展向着知识服务领域华丽转身。人工智能技术将帮助出版企业构建一套自动化、智能化、系统化的出版流程，同时支撑传统出版业务和数字出版业务，做到让传统图书和数字产品的生产、制作、发行等流程一体化、协同化和同步化。人工智能在融合出版业务各个流程再造主要体现在以下几个环节：①依托大数据技术实现智能选题策划，提高选题策划含金量。出版企业建立全行业的选题数据库，进行细分领域的选题分析，避免重复选题产生。基于群体智慧的"众智众创众筹"理念，开发协同撰稿创作工具系统。②基于大数据智能、群体职能和自然语言处理等技术开发智能审校系统，用于编辑工作流程中的自动纠错、敏感词识别和排查、协同编纂等工作。③利用大数据技术和自动化技术实现高速绿色的印制系统。实现这一功能的前提是耗材的绿色化、印前的数字化、设备的物联网化以及印制过程的自动化。④利用大数据技术和信息技术实现精准服务为特征的智能发行。包括优化完善供货、降低退货率、统计分析、个性化推荐和精准投送等功能①。

推进出版融合发展的业务流程创新需要开发集一体化、协同

---

① 刘华东，马维娜，张新新. 出版+人工智能：智能出版流程再造[J]. 出版广角，2018(2)：14-16.

化、同步化和智能化于一身的融合出版平台。开发融合出版平台的基础工作是统一数据标准和格式，实现内容资源统一加工及碎片化处理，统一的数据标准和格式有利于资源的对内对外连接，动态重组碎片资源，则可以实现产品形态的多样化①。在数据标准化后，实现融合出版平台的一体化，既能支持传统纸质图书生产管理，也能够支持数字图书、条目数据、数据库、视听库等数字产品的生产管理；实现传统出版和数字出版的人员和分工上的协同，主要体现在知识元库和知识体系的研发和建设，对图书内容的字段和章节知识标引，纸质图书和数字图书在校对环节的协同，传统出版流程和数字出版流程中对编辑考核办法、薪酬核算等方面。而流程的同步化指的是不同媒介载体内容形式能够同步制作、同步生产和同步传播②。一体化、协同化和同步化构成了出版流程的智能化，而所有这些流程的管理都在以人工智能技术为支撑的出版融合平台上完成。

7.5.3 加快制度创新，推动大学出版社融合发展

大学出版社在完成转企改制后，内部改革的活力被激活，现代企业管理水平逐年提升，管理制度的创新为出版融合发展的顺利实施提供了保障。与转企改制背景下的大学出版社管理制度改革不一样，融合发展要求下的管理制度创新更关注于通过技术提升对外核心竞争力为目的的内部管理制度改革，改革的目的保持一种"创新是永续经营的关键"理念，改革的方向是专业化发展道路，是大学出版的必然选择。

(1) 明确大学出版社融合发展方向是制度创新的基础

机制和制度都是服务于企业发展目标的，因此明确企业发展战

---

① 黄新华. 传统出版社向复合型出版社转化的数字出版平台建设[J]. 出版印刷学院学报，2016(2)：5-8.
② 刘华东，马维娜，张新新. 出版+人工智能：智能出版流程再造[J]. 出版广角，2018(2)：14-16.

略目标对于构建管理架构和制度体系具有至关重要的导向作用。结合国外大学出版社的发展经验，我国大学出版社的发展历史都证明"专业化"是大学出版社壮大发展之路，大学出版和大学教育是大学出版社融合发展的核心。专业化在大学出版社的各项工作中有着不同的含义。

首先是与母体大学办学特色和学科优势结合，实施出版社战略发展"专业化"。改制后的一段时间里，许多中小型大学出版社为了尽快地壮大经济实力，开始了多元化和市场化的探索，追逐所谓的市场热点，参与少儿出版、文学出版、童书出版等领域，通过与工作室合作、建立分社或者分公司等形式扩大出版范围，事实上只有像广西师范大学出版社等极少数出版社获得了成功，大部分大学出版社折戟沉沙。而相反，以清华大学出版社、华东师范大学出版社、上海外语教育出版社为代表的大学出版社则继续在计算机、中小学教材、外语等专业领域深化专业化程度。深化专业化发展是通过加大专业化、精品化的思路生产用户需要的内容本体，通过技术应用，丰富专业化资源提供，通过技术融合促进内容融合，从提供专业内容资源发展到向用户提供专业化服务。大学出版社管理制度应该围绕着不断深化大学出版社专业化出版和知识服务的目标进行改革和创新。

构建与母体学校以及各专业院校的学者和资源的内容资源管理制度，通过产学研机制占有出版最核心的作者资源，强化专业出版的核心竞争力；构建专业出版研究制度体系，将专业学者和出版专家结合在一起成立专业出版研究院和项目组；建立旨在引进扩大专业化融合出版的技术人才弥补传统出版技术短板的用人机制等。而所有这些都指向一个重要的制度建设——人力资源管理制度建设，因为专业化发展战略的一个重要保障是人才，尤其对智力资源极为依赖的出版来说更是如此。

（2）管理制度创新的重点在人力资源管理

刘军认为大学出版社必须走"人才强社、学术出版、特色化发展、校际出版社合作以及数字出版"之路。人才强社是首位重要的，在转企改制、进入相对自由的市场竞争后，大学出版社就对人才引进和合作模式进行了积极的探索，如广西师范大学出版社"理想国"品牌的形成和发展得益于著名出版人刘瑞琳的加盟，华中科技大学出版社建筑图书分社发展成建筑类图书出版领先的出版社也是得益于与品牌出版人的合伙制度。面对着大学出版社的体制约束，同时又要应对技术推动下的融合发展困难，大学出版社人力资源管理创新需要做好以下三个重点工作。

第一，在人才招聘和引进上实行重点人才和复合型人才并重的策略。对于大学出版社来说，融合发展是否顺利和成功得益于具有互联网思维的技术型管理人才对传统出版运作制度的重构，因此大学出版社需要投入重金或者建立具有足够吸引力的薪酬体系引进核心管理人才负责融合发展工作管理。同时在招聘环节中加大与融合发展理念相关的考察内容，尽可能地发掘专业知识扎实和技术敏感的人才。从某种意义上来说创建一个团队比改造一个团队更有效，更何况融合发展涉及技术专业技能和互联网思维。因此大学出版社要肯在这方面加大投入。

第二，融合发展的关键在于出版社员工参与融合发展的创新，因此要建立科学的薪酬制度和绩效考核激励制度。薪酬制度要打破定岗定编等行政岗位薪酬体系，要突出关键部门关键岗位的差异化薪酬制度，制定足够吸引优秀人才的薪酬标准和发展计划。绩效考核中突出创新内容的权重，尤其是内容融合和营销管理创新两个重点环节，同时要体现融合发展中的团队合作精神，基于项目化和模块化的业务流程强调跨部门之间的合作文化；加大激励制度，设立融合发展创新基金，实施通过基于项目内容和效果的融合项目评审制度奖励推动融合发展的项目和工作措施。

第三，建立旨在提升融合发展的员工培训和晋升制度。融合发展强调基于用户的出版全流程创新，弱化部门之间的分工界限，强化基于项目的任务和工作流程融合，这就需要员工了解出版流程全过程，才可以在今后的融合发展中掌握各环节工作方式和流程，因此要在员工培训和学习型组织构建中通过新员工岗位轮训、跨部门和工作内容的培训学习、构建融合发展学习小组等形式淡化工作界限，养成融合发展习惯思维，从而构建偏于专业的复合型人才整体架构。在打破部门界限的融合发展团队构建中，发现具有出版融合思维和岗位专业能力强的优秀人才进行培养，成为部门骨干和负责人，使得融合发展观念和思维得以继续执行。

7.6 利用政策推动大学出版社融合发展

与以往出版产业发展不同，融合发展涉及出版产业与其他产业之间的不同形式的联合，也涉及出版产业部门深层次的标准和体制问题，因此需要政府主管部门从政策上给予指导和推进。

《关于推进传统出版和新兴出版融合发展的指导意见》中的第三大点提到了五个方面的政策措施：开展有利于融合发展的法律法规修制工作，加大财政政策支持力度，优化出版行政管理，实施项目带动战略，强化人才队伍建设。这些政策所要解决的是融合发展过程中标准、资金、体制、人才等诸多关键问题。对于包括大学出版社在内的我国传统出版单位来说，这些政策措施是非常重要的。同时在政策上还需要考虑大学出版社的特殊情况，那就是大学出版社的管理体制。正如前文所言，尽管已经完成了转企改制，成为国有独资的企业法人，但国有独资机制本身存在一定机制缺陷，加之大学出版社历来的传统使之与大学存在着很多行政上的关系，无法一下子理清楚。因此大学出版社在融合发展战略中一定要科学考虑这种现状对于融合发展的优势和劣势。一方面要保持好与母体大学的关系，另一方面则需要通过政策和改革提升大学出版社经营机制灵活性和管理能力。面对大学出版社融合发展的实际环境和困难，除了落实指导意见中确定的政策措施外，大学出版社所有权和经营权制度改革尤为重要，解决好这个政策性问题，大学出版社融合发展中一系列问题，如投资、用人等，都将有解决的突破口。

7.6.1　主动利用现有政策推进融合发展

认真学习《关于推进传统出版和新兴出版融合发展的指导意见》中政策措施，关注相关政策推进情况，结合出版社自身情况积极利用各项政策，利用政策提供的资本和资源优势，推进融合发展。

指导意见指出加大中央文化产业发展专项资金支持力度，包括项目补助、贷款贴息、保费补贴、绩效奖励等措施，在实施融合发展项目中申请"文化金融扶持计划"、国家出版项目基金。有条件的出版社或者优势互补的大学出版社可以联合申请新闻出版业转型升级重大项目，应该说国家在推进出版产业融合发展战略时提供了较多的政策扶持途径。除了指导意见规定的这些政策外，各省、自治区、直辖市政府也根据本身出版产业发展情况制定了推进出版产业数字化转型和融合发展的政策，如上海市委宣传部联合十一部门印发的《关于促进上海出版产业发展的实施办法》对跨界合作、新业态模式、财税政策等提出了支持和扶持的清单；广东省在《广东省数字出版"十三五"发展规划》文件中专门确定了数字出版重大项目、融合出版专项项目，鼓励省内出版企业多途径申报文化和科技基金，通过股权投资、文化产业孵化机制等办法推进出版产业的资本融合等①。

参与国家和地方融合发展政策措施，一方面获得资本和政策上的扶持和优惠，解决大学出版社资金不足和投入产出顾虑，另一方面可以在项目实施中得到政府组织的专家的指导，减少试错成本，尽快积累数字出版转型和融合发展经验，取得先发优势。从长远来说，后者对于大学出版社来说更为重要。在申请政策扶持时，每个大学出版社应该根据自身基础和出版特点确定政策扶持项目，数字出版基础较好的中大型出版社可以申请整体性的融合发展实验室、

283

---

①　广东省新闻出版广电局. 广东省数字出版"十三五"发展规划［EB/OL］. http：//www.xwcbj.gd.gov.cn/2017.8.8.

重点项目等，数字出版刚刚起步的中小型出版社则可以通过某一个融合产品或者服务申请项目服务或者出版创新基金来获得扶持。大学出版社联合申请项目，分头实施，不仅可以获得比较大的扶持，也可以汇集各出版社的智慧解决融合发展实践的应用广泛性和复杂性。后者的可行性比较强，大部分出版社可以操作。

除了资金和财税政策的支持外，适度宽松的产业的政策也给大学出版社融合发展解决了一些作为新闻出版事业性质的产业的政策顾虑，其中较为明显的就是发挥市场机制作用促进经营机制创新。指导意见指出"支持传统出版单位控股或者参股互联网企业、科技企业，支持出版企业跨地区、跨行业、跨媒体、跨所有制兼并重组"，"在网络出版以及对外专项出版领域，探索实行管理股试点"。实际上以外研社、北京师范大学出版社为代表的数字出版领先的大学出版社与科大讯飞等科技企业合资成立数字出版公司，就利用这些政策加速了融合发展。2015年原国家新闻出版广电总局批复成立北京华语联合出版公司和人民天舟出版公司两家特殊管理股试点企业，以现金流和企业控制权分离为股权特征的特殊管理股在国外传媒产业具有一定实践意义，国内引进这项制度的出发点在于保证文化产业正确发展方向的同时促进出版企业经营的市场化。当然政策还在试点中，目前遇到最大的问题依旧是旧有体制惯性依赖①。这也是大学出版社融合发展战略面临的问题之一。无论如何，有政策总比没有政策好，政策如何落地则是一个需要整个出版行业共同探索的问题，大学出版社不应该是只想享受成果而坐等他人收获之后再采取行动，所以应该积极行动起来参与融合发展的实践中去。

284

7.6.2　构建我国大学出版社融合发展政策

除了出版产业的融合发展政策措施外，大学出版社面临着一些

---

① 徐杉. 出版产业实施特殊管理股制度的缘起、困境和建议[J]. 编辑之友，2016(11)：13-16.

特殊的产业发展环境。通过查询教育部网站可以得知，目前我国大学出版社的管理体制主要遵循 2007 年颁布的《关于高校出版社体制改革试点工作的若干意见》相关规定，意见明确了高等学校对大学出版社的管理职责，大学出版社仍然由所属高校主办，学校或者学校资产经营有限公司是高校出版社出资人，高校出版社的主要负责人（社长/总编辑）仍应由学校组织部门根据干部考核、聘任的权限和程序选定。2008 年发布《关于进一步推进高校出版社改革与发展的意见》对 2007 年的文件进行了出版业务层面的细化，但管理机制上并没有新的变化。2012 年主管高校出版社工作的教育部社科司在其当年工作要点中列出：进一步完善高校出版社法人治理结构，深入调研高校出版社转企改制后新的法人治理结构及其有效运行机制，分类指导高校出版社建立符合现代企业制度要求、有利于自身发展、体现文化企业特点的法人治理结构和经营管理模式，引导拟进行股份制改造、上市融资的出版社积极探索、规范运作，引导鼓励出版社科技创新，加快传统出版向出版新业态转型①。可正式文件一直没有公布，直到 2015 年发布了《关于进一步加强和改进高校出版工作的意见》，该文件提出加快高校出版融合发展步伐，鼓励高校出版社走特色发展道路，提出了发展路径和鼓励政策，如鼓励竞争力强、社会影响大的出版单位以资本、业务为纽带，跨学校、跨地区、跨媒体发展，鼓励同类型、同地区的出版单位开展联盟合作，共享出版资源和渠道资源，同时文件还进一步强调了高校要加强对大学出版社的领导和管理，尤其是出版方向和队伍建设上②。从转企改制开始出版的诸多政策遵循着一个原则：加强对高校出版社的领导和激发高校出版社经营管理能力并重。而在具体大学出版社经营管理过程中，两者会经常发生摩擦，大学出版社融合发展的政策困难也就在此。

285

---

① 社会科学司 2012 年工作要点［EB/OL］. http：//www. moe. gov. cn/2012. 1. 19.

② 教育部，原国家新闻出版广电总局. 关于进一步加强和改进高校出版工作的意见［EB/OL］. http：//www. moe. gov. cn/2015. 2. 9.

立足现实情况，结合本书所作的研究，大学出版社的主管单位和主办单位可以从管理机制、资本、内容资源建设等三个方面制定促进大学出版社融合发展的政策。

(1)深化改革，进一步理顺大学出版社所有权和经营权的关系

自 2007 年转企改制以来，大学出版社经营体制改革就是围绕着如何协调所有权和经营权展开。从目前看所有权问题在一定程度上仍然限制着大学出版社经营管理，我国出版业的定位和大学经营资产的性质决定了大学出版社所有权问题不需要太多的讨论，问题的关键点在于如何能够保证正确的出版方向和在国有资产保值增值的情况下理顺母体大学和出版社的责权关系，释放大学出版社的经营活力。

从宏观政策、中观制度到微观执行层面，从战略到企业文化建设，都有很多途径激发企业的经营活力。激发企业经营活力根本上在于激发企业经营者的积极性，而激发企业经营者的积极性在于对经营管理者在企业管理上的授权程度、激励程度，而目前单一的出资人结构，加上高校管理的行政思维，使得大学出版社的经营的要求是稳定大于创新。因此大学出版社管理体制的改革重点就在于：第一，改变单一出资人的现状，推进股份制改造，引入多种形式的资本，在保持母体学校绝对控股的情况下，通过改变出资人和股东结构，引入先进的管理经验促进大学出版社现代企业制度的构建。形式上可以采用指导意见中提出的特殊管理制度，出资人的选择上要综合考虑资本性质(国资)、投资方企业和出版产业的关联度等；学校应鼓励大学出版社通过资本和业务合作等形式成立经营融合出版业务的合资公司，通过合资公司弥补大学出版社不适应融合发展的技术、资金及管理能力缺陷，激发互联网思维和创新意识，与母体出版社共同完成融合发展，同时影响出版社的经营理念。第二，校内和社会招聘共同选拔招聘适合融合发展的出版职业经理人负责大学出版社的管理，完善董事会和监事会人员结构，人员结构需要体现出版企业的文化特色，既要有懂得经营的学者和企业家，也要有了解教育发展的专家学者。融合发展是出版战略概念，出版社管理层对融合发展的认识尤为重要，要通过出版职业经理人制度、董事监事两会人员结构完善两个措施弥补融合发展面临着的管理不足。

(2) 建立多途径积极的融合发展资金扶持政策

融合发展需要投入资金配置企业数字化运营和管理的软件应用，配置设计和制作多媒体产品的设备，这些相对于纸质图书数字产品的运维需要较多的资金投入，加上技术人才引进和薪酬体系调整都会带来资金的压力，因此解决大学出版社融合发展困境和顾虑中的资金问题也是大学需要考虑的政策。本书认为可以从以下一些政策给予扶持：为扶持大学出版社融合发展投入，有条件有程序地减少或者免去出版社上缴利润金额；出版社通过融合发展项目申请学校出版发展基金时返回部分上缴利润或者设立额外的学校学科发展基金；为解决大学出版社发展资金开展多途径贷款，大学可进行贷款担保。

(3) 母体大学制定政策引导优质教学资源留在出版社

本书认为大学出版社融合发展的根本在于大学出版和大学教育的融合，每一个拥有出版社的大学都是具有一定学科优势的大学，因此学校应该协调和制定相关政策扶持大学出版社和学校所属专业学科构建教育出版融合发展学术共同体。出版社可以通过设立融合出版项目奖励基金，鼓励各院系提供优质的融合发展内容资源，学校鼓励大学信息化教学成果与大学出版紧密结合，出版社和各院系建立长期稳定的沟通机制，确定专业教育和学术发展的合作项目，将出版融合发展最重要的内容资源留在出版社，将大学的学科优势赋能大学出版社的出版优势。大学在制定科研成果评价、教学成果奖励政策和职称评定等规定时应引导本校老师将优秀的内容放到所在大学出版社出版。

287

8 结 语

　　融合发展是当前中国社会和经济发展的热门话题，2015年3月颁布的《关于推进传统出版和新兴出版融合发展的指导意见》从国家层面确定了新时期出版产业融合发展要求、内容任务以及政策措施，也给出版社指明了数字时代出版转型升级的方向。大学出版社作为我国出版产业重要的生力军，由于其独特的管理体制以及与知识人才密集的母体大学的关系，在2010年前后完成转企改制后，通过多种形式开展数字出版实践，取得了一定的成绩，但面对日新月异的技术对社会的影响和出版融合发展的新形势，大学出版社面对的是更多的困惑：什么是出版融合发展？它与数字出版转型升级有什么不同？融合发展落实到大学出版社企业层面包括哪些内容？大学出版社在继续保持传统出版的同时进行数字出版转型实践的效果如何？对出版融合发展有什么影响？大学出版社融合发展需要注意的哪些问题和策略？以问题的导向着手本书的研究，在回答这些问题的过程中，总结得出了出版企业层面出版融合发展的概念和内容、大学出版社融合发展的特点、大学出版社内容、营销和机制创新的具体内容及实践分析，发现了影响融合发展的因素，并提出了应对策略建议。

8.1 主要结论

无论是出版转型升级还是出版融合发展，其时代背景都是以互联网技术、媒介技术、信息技术为代表的科技推动人类知识生产和传播方式的变革，人们获取信息和知识的方式不再仅仅依靠文字图像和纸质载体，知识形态、知识载体、知识传播方式等与出版相关的生产资源和生产方式的变化给传统出版带来了挑战和机遇。在迎接挑战和寻求对策之前，知晓其动因背景，了解其概念内容，分析其内在逻辑，是实施融合发展的科学方法。本研究就是在解答和探索什么是融合发展，为什么要融合发展，融合发展哪些内容，如何进行融合发展这四个问题，随着研究的展开，观点和结论也就越来越明朗：

第一，本书结合"融合发展"的词义和其提出与发展的过程，认为出版融合发展概念是具有中国特色的出版产业概念，它源自媒介融合理论和同属政府主管部门的管理思维。从我国近二十年来的出版形态发展中，本研究认为融合发展是我国出版数字转型升级的特定阶段，它从强调发展数字出版转变到将传统出版和数字出版的相关要素融合，它是出版发展战略的调整，也是出版理论的创新。融合发展可以分为产业层面和企业层面，产业层面融合发展强调以技术和资本为纽带的产业融合，企业层面融合发展则强调出版技术驱动下出版工作和管理实践融合发展。而本书所要做的就是出版企业融合发展研究，基于此本书确定了出版企业融合发展的概念是出版社利用新媒体技术、信息技术等新技术，以数字出版转型升级为核心工作内容，将出版社的经营要素资源、组织流程和管理方式进行重新整合和设计，提升出版内容资源的效率和用户价值，从而推动出版社竞争力的发展过程。

第二，本书确定了出版企业层面的融合发展研究对象，因此围绕着出版社出版工作内容提出了融合发展内容的四个方面：技术融合、内容融合、营销管理创新、机制创新。技术融合是融合发展的驱动力，也是出版产业发展变革的两大推动力之一（另一个是社会环境），技术融合贯穿到内容融合、营销管理创新和技术融合中，通过这三方面融合工作得以体现。内容融合则分为内容生产融合、形态融合和应用融合，这三者本身就互相融合，构成丰富的个性化的出版内容融合体系；营销管理创新则体现在营销组织融合、策略融合，其中社群营销是目前营销管理创新策略的典型方式，它以社交媒体和平台的方式提供集宣传、推广、销售和服务于一体的新型营销模式；而机制创新则重点强调了我国出版企业比较薄弱的组织、流程、制度建设和创新。

第三，本书的研究对象是大学出版社，本书认为大学出版社在融合发展中需要关注的特性如下：①绝大部分大学出版社主要出版内容类型为教育出版和学术出版，这是目前融合发展诸多商业模式中相对成熟的板块，同时教育出版和学术出版具有比较明确的消费主体，因此大学出版社的内容融合和营销管理创新有一定的独特性；②由于大学出版社隶属于各高等院校，因此天然地具有内容生产和作者优势，利用学校学科建设发展不仅可以获取权威的教材和教学资源，还可以产学研结合发展在线教育、学术数据库等融合发展，同时利用学校优势学科开展专业出版的社群营销，这也是其他出版社无法比拟的优势；③大学出版社有一定的机制特色，主要是母体大学对大学出版社的定位和要求，转企改制后仍然存在界限不清的现象，而这一点将影响到大学出版社融合发展进程，因此机制创新就是解决组织管理和人才制度保障的工作。

第四，关于大学出版社内容融合发展，本研究认为 PGC+UGC 的内容生产融合方式是目前最为有效的，PGC（专业创造知识）仍然是内容创作的主流，而 UGC（用户创造知识）只是辅助和创造新知识；教育出版的内容载体比较多地集中在视音频制作、数字学习资源、慕课微课等资源开发上，学术出版则以数据库形式为主；这些新形态的内容资源需要内容应用才可以进行有效传播，APP 应用、在线教育平台、自主学习中心、MPR 出版物、专业知识库等融合应用工具平台成为主流方式。而针对用户和出版企业对内容融合发展的调查显示，传统的学习资源（如纸质教材）依旧具有强大的生命力，而内容应用工作则需要与内容特点和传播方式相融合，使得知识转移更加有效。

第五，关于大学出版社营销管理创新，本研究认为针对大学出版社出版营销对象为教师、学生和专业研究人员这个特点，应该转变营销理念，实现四个转变：从产品到解决方案、从价格到价值、从渠道到平台、从促销到社群营销，这四个转变就是出版营销核心要素的融合。具体融合工作需要通过三个方面：基于平台的产品内容开发，如内容资源和服务集成式的在线平台；基于社交媒体的社群营销，如微信公众号营销模式；基于网络书店的渠道融合，如利用网络书店构建集阅读+推广+服务+出版于一体的出版服务体系。针对营销管理创新的调查，用户和受访大学出版社都对基于教学需要的内容资源和服务集成式平台表示了青睐，而传统的线下营销活动仍受到一部分用户的欢迎，相反微信公众号营销泛滥，未必可以取得很好的效果，基于内容专业和用户专业的精准营销平台成为大学出版社未来发展的重点。

第六，关于大学出版社机制创新，本研究认为出版企业层面的机制可以分为组织、流程和制度三个方面，机制的作用是从管理学角度保障融合发展的顺利进行。大学出版社机制创新具有三个特性：教育出版和学术出版的融合、出版商和教育服务商的定位融合、母体大学与大众服务的功能融合。大学出版社为适应数字出版转型，重点开展了内容融合生产环节和营销管理创新环节的组织重构工作，通过访谈调查了解，不同规模的出版社创建融合出版组织方式不尽相同，依据大学出版社自身出版特色和规模设立组织是科学的方法。大学出版社为保证融合发展开展了内外部业务流程再造，内部业务流程主要是三种方式：内容资源管理系统、数字化管理系统、协同编辑管理系统，外部业务流程则主要是以公众号、出版服务平台为途径的营销服务平台。在所有的制度建设中，对融合发展最为重要的是人力资源管理制度的创新改革，利用科学的招聘制度、培训制度、薪酬制度和激励制度培养融合发展需要的复合型人才。调查同样显示，大学出版社认为大学出版社管理机制对技术人才缺乏吸引力，未来融合发展最大的障碍是缺乏既懂技术又懂出

291

版的复合型人才。

第七，大学出版社融合发展建议：①树立正确的出版融合发展观，正确认识未来的知识和出版发展、正确认识技术与内容的关系、正确认识大学出版社融合发展的特点。②全面提升技术应用能力：加大全员出版融合技术培训、加大融合技术基础设施建设。③加快融合发展提升内容价值，利用融合技术盘活存量内容资源、建立全流程内容融合工作机制。④加快营销管理创新提升用户价值，利用大数据技术重新发现用户价值、利用移动互联技术加强社群营销、利用人工智能技术构建知识服务体系。⑤加快机制创新保障出版融合发展，建设模块化组织保障融合发展、创新业务流程，加快融合发展和建立科学的人力资源管理体系，为融合发展提供源源不断的智力支持。⑥政策是推进融合发展的制度保障，一方面出版企业要利用好现有关于出版融合发展政策，争取资金和技术支持，另一方面各级各类管理部门需要进一步研究制定融合发展政策，为大学出版社融合发展提供更有力的政策支持。

8.2　本研究的创新

2014 年入学攻读博士学位以来，更多的是通过不同的场合向专业老师和同仁学者学习出版学科知识，加之自己的实践和思考，才斗胆选择研究融合发展这个主题，从收集文献到动笔写作的过程中才觉自己的诸多不足，迎难而上既是对自己的挑战，也是对这个研究主题的热爱。归纳总结某一个学术研究领域尚有难度，提及创新更是战战兢兢，诚惶诚恐地完成了大学出版社融合发展的思考。本研究主要在以下三个方面做了粗浅的探索：

第一，本书在前人研究的基础上比较系统地梳理了出版融合发展的理论框架和发展现状。在媒介融合和企业数字化转型等理论指导下提出了企业层面的出版融合发展概念，以及概括了技术融合、内容融合、营销管理创新和机制创新等四个内容，结合出版实践案例、调查等研究方法对融合发展的四个方面进行了分析，尝试勾勒出具有中国特色的出版融合发展理论的全貌。

第二，本书聚焦于大学出版社融合发展，通过对大学出版社发展历史和定位的研究，确定了大学出版社融合发展的核心是大学出版与大学教育的融合，围绕这个核心思想，提出了大学出版社在内容融合、融合发展背景下的出版营销创新和机制创新的特点，以及通过诸多案例和调查分析了目前大学出版社融合发展实践的成果和问题。通过这个部分对大学出版社融合发展进行了归纳和梳理，有一定的总结综述价值。

第三，本书认为理论和问题研究最终目的是更好地推进融合发展实践，因此本书结合理论和问题对大学出版社融合发展提出了六个方面的建议：在观念上建立正确的融合发展理念，坚定走出大学出版社融合特点；在技术融合创新上，通过技术培训、设备配置、资本合作来提升技术意识和应用；在内容融合上，既要注重新产品的全媒体出版，也要挖掘整合存量内容资源；在营销管理创新上，大学出版社要通过大数据营销、社群营销来实现内容价值和服务有效性，加快向教育服务商的转型；在出版管理机制创新上，围绕着用户需求和以人为本的精神，构建模块化组织、智能化业务流程再造和以创新为核心的制度创新；在政策保障上，在利用好现有出版融合发展政策的同时，大学出版社的主管和主办部门要进一步推进大学出版社体制改革，为融合发展保驾护航。希望这些建议对大学出版社未来的出版融合发展有所帮助。

8.3 研究的不足和展望

293

融合发展研究本就是一个较新的研究课题，其真正的研究开始于2015年，至本书完成撰写时间也就是不到五年时间，因此缺乏高度相关的研究成果，其他相关研究成果也大多散落在不同研究方向，尚未形成完整的理论体系。同时，由于本人研究能力和水平有限，使得本书还存在着不足和有待进一步改进的地方：

第一，出版融合发展是中国出版产业的特有名词，因此其研究者基本都是国内学者和实践领域的专家，并不是说缺乏国外研究成果的理论或者概念就是落后的或者不科学的，而是说基于同一个时代背景下的现代出版业，抛开出版管理体制的差异，我国大学出版社仍然需要向欧美发达国家学习现代出版产业和出版企业管理。而国外文献资料的缺乏使得融合发展研究存在着一定的不足。

第二，融合发展的推动力是融合技术的发展，因此在研究中需要了解各种相关技术，如语义技术、大数据技术、二维码出版、数据库技术等，而要掌握和了解这些技术需要较长时间的学习，而且涉及融合发展各个方面的技术，则使得本研究对技术的了解以及融合应用可能存在一定的缺陷。

第三，本书进行了针对用户（教师和学生）以及研究主体大学出版社的调查，由于工作关系与高校教师、出版同行的关系，收集到的数据数量和质量都符合研究的要求，但利用数据进行分析的方法和模式也是本研究的一个不足。如果可以用更多样化的社会科学量化分析方法则可揭示更多的变量关系，从而对未来构建融合发展模式产生很大的帮助。

第四，大学出版社融合发展是新的概念，尽管与数字出版转型有着很多相同的工作内容，但融合所要涉及的内容更加广泛，因此关于大学出版社融合发展的对策和建议也比较复杂。本书最后总结的六个方面的融合策略大部分来自文献研究和实践工作的体会，一方面缺乏可以参照的国外出版业的成功经验，另一方面由于本人学识有限，这些对策建议在科学性和有效性上存在一定的不足。

由于本书的主题——融合发展相对来说涉及面大，因此研究的内容需要面面俱到。但在考虑整体结构内容时，往往会出现深度不够的问题，加之篇幅有限，或者本人知识面不宽、研究能力不足等原因，还有以下一些问题需要在今后的研究中进一步展开。

第一，围绕着与母体大学出版社的关系这一大学出版社融合发展的特点做深入研究，尤其是如何与母体大学学校发展和学科发展融合起来，这是大学出版社融合发展最大的优势，这种优势具有内容创作优势也有营销宣传的优势，如本研究所言，大学出版社应当利用这些优势率先完成出版商到教育服务商的转变。围绕着这一目标，研究还可以从大学出版社与母体大学融合存在的障碍、产学研融合的大背景下学科和出版融合的机制和模式等方面进一步展开研究。这不仅是本研究的深化，也是大学出版社融合发展迫切需要的探索。

第二，本研究所关注的大学出版社融合发展的内容融合和营销管理创新更多地集中在教育出版和学术出版为代表的专业出版领域，主要的原因是基于目前110家大学出版社实际情况以及大学出版社的定位，但仍然有部分大学出版社在大众图书市场上取得了一定的成绩，如华中科技大学出版社、复旦大学出版社等，由于大众图书与专业出版的内容、用户差异，会出现不同的营销模式，因此未来也需要进行在大学出版社融合发展战略下的大众图书出版的融合策略等研究。

第三，本书一开始在界定融合发展概念时确定了本书所关注的是大学出版社层面的融合发展，有意忽略产业层面的融合发展，而基于媒介融合理论的概念，产业层面的融合发展可以从战略角度推进大学出版社融合发展，出版产业融合发展突出了两个方面的融合：资本融合和产业融合，而这两方面的融合可以推进本研究所关注的内容融合、营销管理创新和机制创新，随着出版产业政策越来越深化，资本融合和产业融合对大学出版社转型升级和融合发展的作用非常值得研究。

参 考 文 献

一、中文文献

[1]白林. 媒介融合理论对图书出版的启示[J]. 编辑之友，2015（1）：34-37.

[2]蔡宾. 大数据背景下传统出版企业的现状及发展策略研究[J]. 中国出版，2016(17)：50-53.

[3]蔡宏志. 高校教材的出版营销策略[J]. 大学出版，2000(4)：22-26.

[4]蔡葵，王羽佳. 高等教育教材营销环境研究[J]. 科技与出版，2012(7)：76-78.

[5]蔡雯，王学文. 角度视野轨迹——试析有关媒介融合的研究[J]. 国际新闻界，2009(11)：87-91.

[6]蔡翔. 论大学出版的目标集中战略与长尾理论模式[J]. 大学出版，2008(5)：4-12.

[7]蔡翔，唐颖. 新时代大学出版发展的方向[J]. 现代出版，2018（2）：17-20.

[8]曹继东. 传统出版和新兴出版融合发展的本质与趋势[J]. 现代出版，2016(5)：5-8.

[9]曹继东. 基于数字化技术和互联网思维的"融合出版"[J]. 科技与出版，2014(9)：15-18.

[10]曹胜利，谭学余. 基于数字出版的业务流程再造[J]. 科技与出版，2011(2)：12-15.

[11]陈奋，宁灿健. 我国大学出版社的学术出版发展之路[J]. 科技与出版，2015(2)：40-42.

[12]陈凤兰. 剑桥大学出版社期刊运营特色研究[J]. 科技与出版，2013(4)：23-26.

[13]陈净卉，肖叶飞. 美国数字出版的产业形态和商业模式[J]. 编辑之友，2012(11)：126-128.

[14]陈亮，张志强，尚玮姣. 技术融合研究进展分析[J]. 情报杂志，2013(10)：99-106.

[15]陈彤. 从铅和火到0和1——我国出版技术30年发展概述[J]. 出版广角，2008(7)：35-38.

[16]陈映. 媒介融合概念的解析与层次[J]. 北京邮电大学学报(社会科学版)，2014(1)：1-7.

[17]陈卓. 试论媒介融合进程中媒体组织重构的路径[J]. 国际新闻界，2010(4)：95-98.

[18]程艳，杨晓文. 浅析互联网时代维基百科的生产模式[J]. 今媒体，2016(9)：13-15.

[19]程美华. 出版媒介的融合方式及其发展[J]. 重庆社会科学，2011(5)：80-86.

[20]戴世富，赵思宇. 新媒体技术影响下的出版营销新思路[J]. 中国出版，2016(11)：41-44.

[21]党耀东. 互联网进化路径与媒介融合模式的变迁[J]. 编辑之友，2015(11)：72-76.

[22]丁柏铨. 媒介融合：概念、动因及利弊[J]. 南京社会科学，2011(11)：92-99.

[23]丁立琼. 数字出版平台应把握的三个关联[J]. 现代商业，2012(31)：83-84.

[24]董良广. 出版企业基于人工智能服务开展知识服务的路径探索——以人民卫生出版社为例[J]. 出版广角，2017(15)：16-19.

[25]窦林卿. 内容资源管理系统的 2.0 时代（下）[J]. 出版参考，2011（4）：14-15.

[26]段淳林，李倩文. 基于微信 5.0 的大学出版社品牌形象塑造与传播[J]. 中国出版，2014（7）：51-54.

[27]段军. MPR：传统出版业的新课题[J]. 出版发行研究，2013（8）：44-47.

[28]樊芸. 三化与五融合：互联网出版发展的着力点[J]. 出版参考，2016（8）：41-42.

[29]范军. 略谈大学出版社转制的几个问题[J]. 大学出版，2009（2）：18-19.

[30]范以锦. 内容为王应赋予新的内涵[J]. 新闻与写作，2012（10）：1.

[31]方卿，许洁. 近五年来我国出版营销战术研究进展[J]. 出版科学，2010（5）：44-51.

[32]冯丙奇. 社会性媒介内容传播过程基本特征分析[J]. 国际新闻界，2012（4）：57-63.

[33]冯宏声. 融合是出版业走向未来的关键词[J]. 出版参考，2015（3 下）：7-8.

[34]冯宏声. 关于推动新闻出版业数字化转型升级进入深化阶段的总体思路[J]. 新阅读，2018（2）：18-21.

[35]冯会平，范军. 哈佛大学出版社的成功之道及启示[J]. 出版发行研究，2014（10）：87-90.

[36]冯会平，王雅菲. 媒体融合时代的学术自信——以英国大学出版社为例[J]. 现代出版，2015（1）：75-77.

[37]高贵武，刘娟. 内容依旧为王：融合背景下的媒体发展之道[J]. 电视研究，2015（4）：27-30.

[38]耿相新. 论出版社组织结构[J]. 中国出版，2006（6）：23-26.

[39]国家新闻广电总局. 关于推动传统出版和新兴出版融合发展的指导意见[J]. 中国出版，2015（8）：7-8.

[40]管佳，李奇涛. 中国在线教育发展现状、趋势及经验借鉴[J]. 中国电化教育，2014（8）：62-66.

[41] 管兆宁. 内容为王抑或技术至上——数字出版产业链二元结构分析[J]. 传播与版权, 2014(6): 81-82.

[42] 郭发仔. 大学出版社内容资源的数字化开发[J]. 现代出版, 2014(5): 47-48.

[43] 郭忠金, 李非. 业务流程再造理论的起源、演进及发展趋势[J]. 现代管理科学, 2007(11): 8-10.

[44] 郝斌, 任浩. Anne-Marie Guerin 组织模块化设计: 基本原理与理论架构[J]. 中国工业经济, 2007(6): 80-87.

[45] 郝振省. 互联网思维下数字出版发展新趋向[J]. 出版发行研究, 2014(4): 6.

[46] 何勇. 中国出版业未来发展趋势研究与预测[J]. 出版发行研究, 2016(2): 20-25.

[47] 贺圣遂. 大学出版与出版大学[J]. 编辑学刊, 2003(3): 4-7.

[48] 贺圣遂. 学术出版——大学出版的追求和使命[J]. 大学出版, 2008(1): 6-9.

[49] 胡正荣. 传统媒体与新兴媒体融合的关键与路径[J]. 新闻与写作, 2015(5): 22-26.

[50] 黄艾舟, 梅绍祖. 超越 BPR——流程管理的管理思想研究[J]. 现代企业管理, 2002(12): 105-107.

[51] 黄旦, 李暄. 从业态转向社会形态: 媒介融合再理解[J]. 现代传播, 2016(1): 13-20.

[52] 黄成军. 当前数字出版的主要形态和趋势综述[J]. 科技咨询(科技管理), 2016(10): 86-87.

[53] 黄先蓉, 刘玲武. 2015 年出版传媒业融合发展的新态势[J]. 出版广角, 2015(12): 13-16.

[54] 黄新华. 传统出版社向复合型出版社转化的数字出版平台建设[J]. 北京印刷学院学报, 2016(2): 5-8.

[55] 纪庆芳. 大学出版社学术出版的问题与思路[J]. 出版广角, 2015(8 下): 30-31.

[56] 贾晓阳. VR+/教育出版: 融合发展迎未来[J]. 传媒, 2016(12 下): 18-19.

[57] 江作苏，陈兰枝. 媒介融合视域下的数字出版内容生产的柔性框架特性探微[J]. 出版科学，2016(1)：5-8.

[58] 江作苏，陈兰枝. 媒介融合视域下数字出版内容生产的柔性框架特性探微[J]. 出版科学，2016(1)：5-8.

[59] 蒋东明. 大学出版30年：大学为根，学术为魂[J]. 现代出版，2018(2)：25-27.

[60] 蒋东明. 大学出版社的发展目标不能模糊[J]. 现代出版，2010(6)：21-23.

[61] 蒋东明. 大学出版社学术出版的"四个着力点"[J]. 现代出版，2017(5)：23-24.

[62] 蒋丽平，梁春芳. 优质内容是媒介融合时代出版产业的核心竞争力[J]. 中国编辑，2009(6)：34-37.

[63] 蒋雪湘. 产业融合环境下我国图书出版产业组织合理化目标模式探讨[J]. 编辑之友，2010(9)：29-31.

[64] 金韶，倪宁. "社群经济"的传播特征和商业模式[J]. 现代传播，2016(4)：113-117.

[65] 匡导球. 中国出版技术体系及其发展历程[J]. 南京社会科学，2009(6)：61-67.

[66] 赖雪梅. 传统出版融合发展的方向与路径[N]. 中国出版传媒商报，2016-03-01(10).

[67] 雷鸣，李贝琪. 大学出版社微信公众平台传播效果营销因素研究[J]. 现代出版，2017(6)：32-35.

[68] 雷鸣，裴琳琳. 大学出版社数字出版的现实困境与路径选择[J]. 出版广角，2016(3上)：26-28.

[69] 雷永利，樊娟. 国外知名大学出版社管理模式探究[J]. 出版发行研究，2017(8)：81-84.

[70] 冷桥勋，李克明. 大学出版社学术著作出版的现状及对策分析[J]. 现代出版，2016(3)：38-39.

[71] 李春成，方卿. 我国图书营销研究综述[J]. 出版科学，2002(39)：46-54.

[72] 李法宝. 论全媒体出版产业发展策略[J]. 编辑之友，2010

（3）：41-44.

[73]李菲菲. 大学出版社微信文案特色分析[J]. 科技与出版，
2016(9)：91-94.

[74]李弘. 如何建设数字资源管理系统[J]. 出版参考，2014(4)：
9-10.

[75]李辉，王青. 出版企业的微信营销策略分析[J]. 科技与出版，
2015(12)：69-71.

[76]李静. 现代大学出版的缘起和学术文化传统的形成[J]. 青海
师范大学学报(哲学社会科学版)，2007(3)：2.

[77]李晶微信营销，数字时代出版营销渠道探析[J]. 新闻界，
2013(20)：50-52.

[78]李开龙. 大学出版和战略性人才资源管理体系的构建路径分析
[J]. 出版发行研究，2016(10)：37-40.

[79]李丽，张成昱. 美国大学出版社与图书馆的多元化合作[J].
图书馆建设，2008(3)：102-104.

[80]李婷，杨海平. 图书出版单位微信公众号研究[J]. 科技与出
版，2016(9)：98-101.

[81]李霞，樊治平，冯博. 知识服务的概念、特征与模式[J]. 情
报科学，2007(10)：10-14.

[82]李晓林. 技术为王，还是内容为王——报业亟待建立数字化发
展战略刍议[J]. 新闻记者，2006(11)：49-52.

[83]李晓鹏，颜端武，陈祖香. 国内外知识服务研究现状、趋势和
主要学术观点[J]. 图书情报工作，2010(6)：107-111.

[84]李昕烨. 从4P到SIVA：互联网背景下出版企业营销策略创新
[J]. 出版科学，2017(3)：99-101.

[85]廖文峰，张新新. 数字出版发展三阶段论[J]. 科技与出版，
2015(7)：87-90.

[86]林华，陈刚. 出版集团数字组织及资源管理模式探讨[J]. 科
技与出版，2012(3)：56-57.

[87]刘爱民. 传统出版机构APP现状分析及发展建议[J]. 出版广
角，2017(5)：9-11.

[88]刘峰，任健. 基于媒体形态融合视角的传统文化 IP 出版策略探析[J]. 中国编辑，2017(1)：13-18.

[89]刘华东，马维娜，张新新. 出版+人工智能：智能出版流程再造[J]. 出版广角，2018(2)：14-16.

[90]刘佳佳. 思维、传播及主体——社会化媒体环境下图书社群营销的三次转向[J]. 中国出版，2016(22)：8-11.

[91]刘坚，代江滨. 融合时代大学出版社资源整合的重点及路径[J]. 科技与出版，2017(12)：47-51.

[92]刘坚. 学术出版创新：基于大数据的知识服务[J]. 现代出版，2014(6)：27-29.

[93]刘军. 大学出版社数字出版战略分析[J]. 编辑学刊，2015(1)：24-27.

[94]刘俊敏，慈妍妮，丁伟芳. 出版社组织结构的特点——以大学出版社为例[J]. 科技与出版，2013(6)：37-40.

[95]刘蒙之. 新媒体时代出版社微信公众号运营现状、问题和对策研究[J]. 2016(4)：88-92.

[96]刘瑞东. 借力数字出版实现传统出版业务流程再造[J]. 出版发行研究，2008(4)：52-53.

[97]刘娴娴，封兴中. 互联网+背景下社交网络发展和营销模式研究[J]. 新闻知识，2015(8)：60-62.

[98]柳斌杰. 探索大数据为核心的媒体融合发展之路[J]. 新闻与写作，2016(7)：6-9.

[99]陆指南，张志强. 出版与应用程序 APP 融合模式及问题探析[J]. 科技与出版，2014(6)：135-138.

[100]吕尚彬，熊敏. 模块化：传媒组织重构的动因与路径[J]. 编辑之友，2017(5)：5-10.

[101]罗茜. 坚守与困境——从美国大学出版社看学术出版[J]. 中央财经大学学报，2014 增刊：109-118.

[102]罗茜，王克方. 大学出版社微信公众账号运营现状调查与评析[J]. 出版科学，2015(1)：72-76.

[103]罗茜，王克方，任婷. 商业性与学术性有机结合的典范——

剑桥大学出版社、牛津大学出版社的历史与现状探寻[J].
皖西学院学报，2016(2)：98-103.

[104]马朝阳，赵玉山.大学出版高度融合大学资源发展的思考
[J].研究与教育，2018(3)：130-133.

[105]马化腾，孟昭莉，闫德利等.企业如何进行数字化转型[J].
科技中国，2017(7)：39-44.

[106]马忠君.虚拟社群中虚拟自我的构建与呈现[J].现代传播，
2011(6)：37.

[107]潘明歌.媒介融合语境下传媒媒体与社交网络的合作及启示
[J].传媒，2014(12)下：50-51.

[108]彭兰.场景：移动时代媒体的新要素[J].新闻记者，2015
(3)：20-27.

[109]钱光贵，吕铠.媒介融合的多元解读、经济本质与研究方式
偏差[J].当代传播，2015(6)：57-59.

[110]乔保平，冼致远，邹细林.再论媒介融合时代广播电视舆论
引导能力的提升[J].现代传播，2014(1)：35-39.

[111]秦艳华.数字时代出版流程管理创新的思考[J].出版发行研
究，2012(5)：59-61.

[112]邱国栋，黄睿.新旧媒体融合发展的创新管理研究——以辽
宁出版集团组织结构演进为例[J].科技与出版，2014(9)：
23-26.

[113]任萍.数字化时代出版业组织变革趋势浅析[J].出版发行研
究，2016(4)：27-30.

[114]任翔.出版+互联网：欧美出版集团的跨界并购和融媒创新
[J].科技与出版，2015(10)：4-9.

[115]沈珉.人工智能技术再造出版生态[J].出版广角，2018(1)：
20-22.

[116]石姝莉.媒介融合视域下我国出版企业组织结构变革初
探——基于组织趋同化现象[J].中国出版，2015(3上)：
19-23.

[117]疏礼兵，胡赤弟.面向业务流程的现代制造企业流程知识创

新与管理策略研究[J]. 科学与科技技术管理，2012(4)：75-79.

[118]孙海芳. 出版变迁和技术变革互动发展规律初探[J]. 出版发行研究，2011(3)：16-21.

[119]孙如枫. 数字时代培生教育出版集团图书出版商业模式研究[J]. 出版科学，2014(3)：86-88.

[120]覃凡. 大学出版社两微一端平台运营现状调查分析[J]. 出版科学，2018(1)：76-81.

[121]汤定军，周福娟. 大学出版社体制改革和机制改革的反思[J]. 出版广角，2012(9)：71-73.

[122]汤文仙. 技术融合的理论内涵研究[J]. 科学管理研究，2006(4)：31-34.

[123]唐晓丹，肖叶飞. 三网融合时代数字出版业态的转型与升级[J]. 新闻界，2013(4)：72-75.

[124]唐兴通，方爱华. 走过2017，看社群营销如何拥抱未来[J]. 出版广角，2018(3)：24-27.

[125]田雁. 日本大学出版社：现状、挑战与应对[J]. 现代出版，2015(1)：78-80.

[126]王爱玲. 媒介技术：赋权与重新赋权[J]. 文化学刊，2011(5)：70-73.

[127]王东霞，赵龙祥. 从产品到服务：数字化时代出版营销理念的变化[J]. 出版广角，2013(9上)：67-69.

[128]王海燕. 出版社微信公众平台发展现状与对策研究[J]. 科技与出版，2015(1)：52-55.

[129]王华生. 媒介形态嬗变与出版方式创新[J]. 河南大学学报(社会科学版)，2016(5)：138-148.

[130]王卉，李金城. 增强现实技术在图书出版领域的应用研究[J]. 中国出版，2015(9)：23-26.

[131]王磊. 二维码在出版业中的应用探析[J]. 科技与出版，2014(2)：40-43.

[132]王加俊. 浅谈专业出版社数字出版系统项目构建[J]. 出版参

考，2017（1）：32-34.

[133]王健，孙婷. 依托专业不断创新积极推进传统出版数字化转型[J]. 编辑学刊，2014（6）：11-16.

[134]王勉. MPR 纸质数码有声出版技术创新及发展优势[J]. 科技与出版，2014（4）：87-90.

[135]王沛. 外语自主学习平台设计新思路——兼评上海外语教育出版社课程中心功能设计与平台搭建[J]. 出版广角，2015（10 下）：66-69.

[136]王鹏涛. 基于流程再造视角的数字出版产业链创新研究[J]. 科技与出版，2009（4）：51-54.

[137]王澈. 以媒体融合发展模式探索传媒产业新型发展之路[J]. 中国报业，2014（2 下）：31-33.

[138]王晓光，陈孝禹. 语义出版的概念和形式[J]. 出版发行研究，2011（11）：54-58.

[139]王晓光. 人工智能与出版的未来[J]. 科技与出版，2017（11）：4-6.

[140]王晓丽. 国外教材评价：基本特征、发展趋势及启示[J]. 课程教材教法，2016（9）：107-113.

[141]王一鸣. 近五年来我国新媒体出版营销研究综述[J]. 出版发行研究，2015（8）：36-40.

[142]王勇安，成云. 融合出版环境下对出版概念表示的再思考[J]. 出版发行研究，2017（1）：13-17.

[143]王勇安，张雅君. 论出版产业融合发展的战略思维[J]. 出版发行研究，2016（4）：14-18.

[144]王豫. 传统出版与新兴媒体融合发展的形态[J]. 现代出版，2016（3）：44-46.

[145]王豫. 数字教育出版的本质是内容服务[J]. 出版广角，2012（8）：79-81.

[146]王悦彤. 跨界的出版与出版的跨界[J]. 出版发行研究，2015（3）：28-31.

[147]王梓薇，王关义，蒋艳枫. 传统出版与新兴出版融合发展机

制探讨[J]. 现代出版, 2015(6): 8-11.

[148] 汪宜晔, 刘辉, 黄道见. 关于转企改制后大学出版社深化改革的探讨[J]. 编辑之友, 2014(8): 14-17.

[149] 韦路, 鲍立泉, 吴廷俊. 媒介技术演化和传播理论的范式转移[J]. 新闻与传播研究, 2010(1): 18-21.

[150] 魏枫. 如何实现数字出版转型的跨越式发展——以清华大学出版社为例[J]. 出版参考, 2014(10下旬): 21-22.

[151] 魏江江. 基于社群思维的微信公众号运营——以清华大学出版社"书圈"公众号为例[J]. 现代出版, 2017(3): 46-47.

[152] 文军, 张思峰, 李海柱. 移动互联网技术发展现状及趋势综述[J]. 通信技术, 2014(9): 977-984.

[153] 吴翠薇. 大学出版社学术出版的生态化发展策略[J]. 科技与出版, 2017(8): 125-128.

[154] 吴国威, 杨玲. 出版业的三种社群营销模式[J]. 出版广角, 2015(12): 136-138.

[155] 吴平. 出版技术和编辑思想[J]. 出版科学, 2008(6): 20-23.

[156] 吴雪梅. 新媒体环境下主题出版物的数字化开发——以上海交通大学出版社为例[J]. 出版发行研究, 2018(7): 58-61.

[157] 吴赟. 产业重构时代的出版与阅读——大数据背景下出版业应深度思考的五个关键命题[J]. 出版广角, 2013(23): 33.

[158] 吴昀桥, 任浩. 模块化组织运行机制探究[J]. 中国科技论坛, 2014(1): 47-56.

[159] 吴振寰. 学术图书开放存取研究——对72家高校出版社的调查分析[J]. 新世纪图书馆, 2017(2): 88-93.

[160] 肖琬蓉等. 数字资源统一内容管理系统设计与实现[J]. 计算机应用与软件, 2010(11): 114-116.

[161] 肖叶飞, 刘祥平. 传媒产业融合的动因、路径与效应[J]. 现代传播, 2014(1): 68-71.

[162] 谢文辉. 新媒体背景下的出版营销之道探析[J]. 出版发行研究, 2014(5): 66-69.

[163]徐东. 传统出版社知识服务转型发展的实践与展望[J]. 出版广角, 2017(7下): 20-22.

[164]徐杉. 出版产业实施特殊管理股制度的缘起、困境和建议[J]. 编辑之友, 2016(11): 13-16.

[165]薛惊理. 关于传统企业数字化转型的战略思考[J]. 经济师, 2018(6): 263-264.

[166]鄢游华. 企业信息化和企业组织重构[J]. 景德镇高等专科学校学报, 2013(9): 4-6.

[167]严玲艳, 徐丽芳. 我国大学出版社在线教育出版和服务研究[J]. 科技与出版, 2018(4): 101-105.

[168]严三九. 从形态融合到生态变革[J]. 编辑之友, 2014(8): 7.

[169]杨继红. 内容和渠道: 谁也不是王者[J]. 中国数字电视, 2007(11): 23-26.

[170]姚国宏. 论国家/科学复合体下的当代知识生产与传播[J]. 徐州工程学院学报(社会科学版), 2013(5): 74-78.

[171]伊静波. 互联网思维下高等教育教材出版营销新思路[J]. 现代出版, 2014(6): 42-44.

[172]伊静波. 出版社数字出版组织"模块化"重构路径研究[J]. 现代出版, 2018(5): 21-24.

[173]于天文. 教材出版营销的思路探讨[J]. 中国民营书业, 2012(8): 7-9.

[174]余瑞新. 大学出版社数字出版发展对策研究[J]. 山东大学, 2015: 53.

[175]俞金鑫, 张志强. 大学出版社微信公众平台建设现状及发展策略研究[J]. 科技与出版, 2016(9): 107-111.

[176]原长弘, 周林海. 知识转移效率的研究现状[J]. 中国科技论坛, 2011(3): 113-119.

[177]曾斌, 税梦玲. 教育出版营销支撑与服务的信息化思考与应用[J]. 科技与出版, 2017(9): 16-19.

[178]张波. 试论传统出版与新兴出版融合发展五种常态[J]. 中国

出版，2015（20）：18-21．

［179］张博，乔欢，李武．基于大数据的出版内容价值发现与应用［J］．出版发行研究，2014（3）：5-8．

［180］张红梅．媒介融合背景下媒介组织战略弹性的构建［J］．新闻界，2009（2）：63-65．

［181］张宏．媒介融合和数字出版：关于数字出版内在基本模式及路径寻找的另一个视角［J］．出版广角，2012（1）：70-72．

［182］张宏．中国大学出版：去从两相知［J］．出版广角，2010（4）：20-25．

［183］张继东，李鹏程．基于移动融合的社交网络用户个性化信息服务研究［J］．情报理论与实践，2017（9）：33-36．

［184］张美娟，张琪，曹子郁，柏雯．移动互联时代的出版营销新模式［J］．现代出版，2015（6）：37-39．

［185］张淑雅，杜恩龙．关于出版企业知识服务模式的思考［J］．出版广角，2017（15）：13-15．

［186］张晓林．走向知识服务——寻找新世纪图书情报工作的生长点［J］．中国图书馆学报，2000（5）：10-15．

［187］张新新．出版业融合发展的趋势与对策建议［J］．中国编辑，2016（5）：66-70．

［188］张岩，吴聪．基于社群经济的图书营销效果提升策略［J］．出版发行研究，2017（8）：55-58．

［189］赵丽华，蔡翔．大学的本质和大学出版的方向［J］．现代出版，2015（2）：5-12．

［190］赵秋民．大数据时代大学出版社的坚守和创新［J］．出版发行研究，2015（2）：34-35．

［191］赵涛．论网络时代知识生产方式的变迁和演替［J］．自然辩证法研究，2014（12）：62-68．

［192］赵涛．试论网络时代的知识生产［J］．学习与探索，2013（10）：12-15．

［193］赵涛．网络时代知识生产、出版与管理的体制重建［J］．中州学刊，2014（12）：172-176．

［194］赵文娟，秦茂盛，王强虎. 大学出版社发展医学出版的策略——以西安交通大学出版社医学分社探索实践为例［J］. 科技与出版，2015(5)：40-43.

［195］赵学军. 论 MPR 图书的出版价值和发展前景［J］. 出版发行研究，2008(7)：35-37.

［196］赵玉山，栾学东. 大学出版 3.0 时代：发展逻辑与转型路径［J］. 出版广角，2018(4 下)：12-15.

［197］周蔚华，杨石华. 大学出版社在出版业的地位及当前面临的主要问题［J］. 现代出版，2018(1)：31-42.

［198］周宇，惠宁. 论试产业融合的动因、类型及其对经济发展的影响［J］. 山西师范大学学报，2014(9)：56-60.

［199］朱永祥. 社交化：重新定义媒介融合下的大众传播［J］. 视听纵横，2015(1)：22-24.

［200］庄红权，温韫辉. 以内容为体，以技术创新和体制创新为翼——以清华大学出版社出版融合初探［J］. 出版广角，2018(1)：38-40.

［201］臧庆凤. 构建外语教学数字化转型特色方案——以外语教学与研究出版社为例［J］. 出版参考，2016(4)：20-22.

［202］左康华. 媒介形态理论是技术决定论吗？对媒介技术本质的再思考［J］. 东南传播，2012(8)：7-10.

［203］蔡翔. 大学出版发展战略研究［M］. 北京：中国传媒大学出版社，2008.

［204］曹继东. 中国出版融合发展趋势研究［M］. 北京：中国社会科学出版社，2016.

［205］陈刚，沈虹. 马澈等. 创意传播管理 CCM——数字时代的营销革命［M］. 北京：机械工业出版社，2012：56-57.

［206］程绍珊，叶宁. 变局下的营销模式升级［M］. 北京：中华工商联合出版社，2014：238.

［207］方卿，姚永春. 图书营销学教程［M］. 长沙：湖南大学出版社，2008.

［208］方卿，徐丽芳. 出版学研究进展［M］. 武汉：武汉大学出版

社，2017.

[209] 方卿，曾元祥，敖然. 数字出版产业管理 [M]. 北京：电子工业出版社，2013.

[210] 菲利普·科特勒. 营销管理（第15版）[M]. 上海：上海人民出版社，2016：106.

[211] 傅玉辉. 大媒体产业：从媒介融合到产业融合 [M]. 北京：中国广播电视出版社，2008.

[212] 吉本斯. 知识生产的新模式 [M]. 北京：北京大学出版社，2011.

[213] Judy Pearsall 等著. 新牛津英汉双节大词典 [M]. 庄智象，等译. 上海：上海外语教育出版社，2007：1319.

[214] 教育部社会科学司. 中国高校出版社发展报告 2005—2010 [M]. 北京：中国人民大学出版社，2011：15.

[215] Klaus Bruhn Jensen，刘君. 媒介融合：网络传播、大众传播和人际传播的三重维度 [M]. 上海：复旦大学出版社，2014：87.

[216] 凯文·凯利. 科技想要什么 [M]. 北京：电子工业出版社，2016.

[217] 凯文·凯利. 必然 [M]. 北京：电子工业出版社，2016.

[218] 柯积荣. 供给侧改革背景下教育出版创新研究与实践 [M]. 广州：广东高等教育出版社，2017：42-47.

[219] 雷·库茨维尔著，盛杨燕译. 人工智能的未来 [M]. 杭州：浙江人民出版社，2016.

[220] 李开复，王咏刚. 人工智能 [M]. 广州：文化发展出版社，2017：35.

[221] 李晏墅. 市场营销学 [M]. 北京：高等教育出版社，2008.

[222] 马歇尔·麦克卢汉. 理解媒介：论人的延伸 [M]. 何道宽，译. 北京：译林出版社，2011：18.

[223] 马歇尔·麦克卢汉. 理解媒介：论人的延伸 [M]. 上海：复旦大学出版社，2011：19.

[224] 阙道隆，徐柏容，林穗芳. 书籍编辑学概论 [M]. 沈阳：辽

宁教育出版社，1995：100.

[225]Soumitra Dutta Jean，Francois. Manzoni，焦书斌. 过程再造、组织变革与绩效改进[M]. 北京：中国人民大学出版社.

[226]唐舒尔茨. SIVA 范式：搜索引擎触发的营销革命[M]. 北京：中信出版社，2014：120.

[227]王吉斌，彭盾. 互联网+传统企业的自我颠覆、组织重构、管理进化与互联网转型[M]. 北京：机械工业出版社，2016.

[228]托马斯·沃尔著，杨贵山译. 为盈利而出版[M]. 北京：中国人民大学出版社，2005.

[229]涂子沛. 大数据[M]. 桂林：广西师范大学出版社，2012.

[230]熊澄宇. 文化产业研究：战略与对策[M]. 北京：清华大学出版社，2006：20-25.

[231]雪梨·贝尔吉. 媒介与冲击[M]. 大连：东北财经大学出版社，2000：240、448.

[232]约翰·帕夫利克. 新媒体技术——文化与商业前景[M]. 北京：清华大学出版社，2005：126.

[233]约瑟夫·R. 多米尼克. 大众传播动力学——数字时代的媒介（第7版）[M]. 北京：中国人民大学出版社，2003：518.

[234]詹姆斯·钱皮著. 企业 X 再造[M]. 闫正茂，译. 北京：中信出版社，2002.

[235]张福学. 知识管理导论[M]. 长春：吉林人民出版社，2001.

[236]张其友，李桂福. 转企改制后大学出版企业发展研究[M]. 闫正茂，译. 北京：北京师范大学出版社，2012：3.

[237]赵东晓. 出版营销学[M]. 闫正茂，译. 北京：中国人民大学出版社，2010.

[238]大学出版社之路：学术传播与市场运作之间——北京师范大学出版社社长杨耕与牛津大学出版社国际事务总裁尼尔汤姆金斯对话实录[N]. 中华读书报，2012-06-20(6).

[239]段怡妹. 剑桥大学出版社高官赴沪[N]. 中国图书商报，2008-05-23(11).

[240]姜天赟，刘丛. 网络社群营销对传统出版的影响与启示[N].

311

中国新闻出版广电报，2016-06-07.

[241]赖雪梅. 传统出版融合发展的方向和路径[N]. 中国出版传媒商报，2016-03-01.

[242]马雪芬，蓝有林. 媒体融合：内容是支点　技术是杠杆[N]. 中国出版传媒商报，2015-02-03.

[243]任晓宁. 数字出版转型升级亟待模式创新[N]. 中国新闻出版广电报，2016-07-04.

[244]魏凯. 思维模式+企业文化+管理制度：美国数字出版持续创新的关键[N]. 新华书目报，2016-07-18(11).

[245]钟雄. 社会化阅读：阅读的未来[N]. 中国新闻出版报，2011-05-12.

[246]周清熙. 收入减少业绩下滑国际各大出版集团都是怎样通过数字化转型来提高市场份额的？[N]. 中国出版传媒商报，2018-05-18.

[247]程继忠. 平台竞争背景下出版社数字化转型研究[D]. 长沙：湖南大学，2013.

[248]崔森. 服务型企业数字化转型的影响因素研究[D]. 长春：长春工业大学，2015.

[249]黄津津. 改制后大学出版社的挑战与对策[D]. 南京：南京大学，2012.

[250]兰月. 出版社内部管理制度研究[D]. 北京：北京印刷学院，2006.

[251]李明伟. 媒介形态理论研究[D]. 北京：中国社会科学院，2005.

[252]李红芳. 新媒体时代北师大出版社教材的营销策略研究[D]. 北京：北京林业大学，2016.

[253]李娜. 数字出版环境下网络书店的发展趋势研究[D]. 上海：上海外国语大学，2013.

[254]李游. 我国媒介内容融合模式研究[D]. 北京：中国传媒大学，2010.

[255]刘云霞. 外语教学与研究出版社出版融合研究[D]. 武汉：

华中师范大学，2015.

[256]罗曼. 数据库出版发展研究［D］. 武汉：武汉理工大学，2013.5.

[257]王跃. 牛津大学出版社和剑桥大学出版社的数字出版研究［D］. 南京：南京大学，2014.

[258]苏静. 语义出版及其服务研究［D］. 武汉：武汉大学，2017.

[259]余瑞新. 大学出版社数字出版发展对策研究［D］. 济南：山东大学，2015.

[260]张亚运. 华东师范大学出版社全媒体出版现状研究［D］. 上海：上海师范大学，2017.

[261]郑晓晋. 媒介融合时代我国大学出版社数字化转型策略研究［D］. 郑州：郑州大学，2016.

[262]祝安祺. 实体书店和网络书店的比较分析和融合对策［D］. 哈尔滨：黑龙江大学，2016.

[263]高等学校出版社工作若干问题的暂行规定［EB/OL］. ［2011-11-09］. http：//www. moe. edu. cn.

[264]微信与微博的区别在于哪里？［EB/OL］. ［2018-02-19］. www. sohu. com/a/223194154_100096201.

[265]https：//baike. baidu. com/item/经营管理/6088712［EB/OL］.

[266]https：//baike. baidu. com/item/内容/869297？fr＝aladdin［EB/OL］.

[267]https：//baike. baidu. com/item/企业组织重构/6740789［EB/OL］.

[268]广东省数字出版"十三五"发展规划［EB/OL］. ［2017-08-08］. http：//www. xwcbj. gd. gov. cn/2017. 8. 8.

[269]培生领跑数字教育出版［EB/OL］. ［2011-11-16］. http：//www. 360doc. com/content/11/1116/09/4511824 _ 164706760. shtml.

[270]进入人本社交——社交网络的本质与发展趋势浅谈［EB/OL］. ［2015-10-02］. http：//www. 36kr. com.

[271]新闻出版广电总局网站［OB/OL］. http：//www. sapprit. gov. cn/

sapprft/channels/6588.shtml.

[272]知识管理的产生与发展[EB/OL]. http：//www. docin. com/
p-17288 21250. html.

[273]社会科学司 2012 年工作要点[EB/OL].[2012-01-19].
http：//www. moe. gov. cn.

[274]关于进一步加强和改进高校出版工作的意见[EB/OL].
[2015-02-09]. http：//www. moe. gov. cn.

二、外文文献

[1]Alliances：An empirical investigation of the role and antecedents of
knowledge ambiguity[J]. Journal of International Business Studies
1999, 30(3)：463-4990.

[2]Artur Lugmayr & Cinzia Dal Zotto. Media Convergence handbook
Vol2.[M]. Springer, 2016.

[3]Bruns A, Blogs. Wikipedia, Second Life, and Beyond：From
Production to Produsage[M]. New York, Peter Lang Publishing,
2008,2.

[4]Bum Soo Chon, Junho H. Choi, George A. Barnett. A structural
Analysis of Media Convergence：Cross-Industry Mergers and
Acquisitions in the Information Industries[J]. Journal of Media
Economics,2003.

[5]F Hacklin. Management of Convergence in Innovation[M].
Heidelberg：Physica-Verlag,2007.

[6]Gould, Kathleen Ahern. Books in the digital：the transformation of
academic and Higher education publishing in Britain and the United
States[J]. Dimesions of Critical Care Nursing, 2017(12)：307-311.

[7]Hall M. Harvard University Press：A History[M]. Harvard
University Press,1986：39.

[8]Hall F. Digital change and industry Responses Exploring
organizational and strategic issues in the book-publishing industry

314

[J]. LOGOS-Journal of the World Publishing Community,2016:19-31.

[9] Hamel C, Benyoucef M, Kuziemsky C. Determinants of Participation in an Inuit online Community of Practice [J]. Knowledge Management Research and Practice,2011,10(1): 41-54.

[10] Harianto F, Pennings J. Technological convergence and scope of organzizational innovation [J]. Research Policy, 1994, 23 (94): 293-304.

[11] Hendriks P. Why Share Knowledge? The Influence of ICT on the Motivation for Knowledge Sharing [J]. Knowledge and Process Management,1999,6(2): 91-100.

[12] Hendriks P. Why Share Knowledge? The Influence of ICT on the Motivation for Knowledge Sharing [J]. Knowledge and Process Management,1999,6(2): 91-100.

[13] Henry Jenkins. The culture logic of media convergence [J]. Internatianl Journal of Cultural Studies,2006.

[14] Howard Rheingold, The Virtual Community: Homesteading on the Electronic Frontier. Reading,Mass[M]. Addison-Wealey,2015.

[15] Iansiti M. Technology Intergration: Making Critical Choices in a Dynamic Worlds [M]. Boston: Harvard Business School Press, 1997.

[16] James H. McAlexander, John W Schouten, Harold F. Koeing. Building Brand Community [J]. Journal of Marketing, 2002, 66 (1):38-54.

[17] Jenkins H. The Culture Logic of Media Convergence [J]. International Journal of Cultural Studies,2004(7): 33-43.

[18] Josh Bernoff. A Balance Perspective on Social ROI[N]. Marketing News,2011. 2. 28.

[19] Kodama F. Emerging Patterns of Innovation: Sources of Japan's Technological Edge[M]. Boston: Harvard Business School Press, 1995.

[20] Laifi Amira. Josserand, Emmanual Legitimation in practice: A new digital publishing business model [J]. Journal of Business Research, 2016. 7:2343-2352.

[21] Lei D T. Industry Evolution and Competence Development: the Imperatives of Technological Convergence [J]. Technology Management, 2000, 19(7/8): 699-738.

[22] Michael Black. A Short History of Cambridge University Press[M]. Cambrige University Press, 1992.

[23] Michael Hammer, James Champy. Reengineering the coporation: a Manifesto for Business Revolution[M]. Harper Collins Publishers Inc, 1993:31-50.

[24] Michael R. Solomon Consumer behavior: Buying, Having, and Being(10th edition)[M]. Upper Saddle River, NJ; Prentice Hall, 2013.

[25] Nonaka I. The Knowledge-creating Company[J]. Harvard business Review, 1991, 69(6): 96-104.

[26] Peter Givler. University Press Publishing in the United States[A]. Scholar publishing: Books, Journals, Publishers, and Libraries in the 20th Century[C]. Link New York: Wiley, 2002:108, 111.

[27] Philip Elmer-Dewitt. Take a Trip into the Future on the Electronic Superhighway[J]. Time 1993(4): 52-53.

[28] Rick Kash, David Calhoun. How Companies Win [M]. HarperCollins Publisher 2010.

[29] Rosenberg N. Technological Change in the Machie tool Industry: 1840-1910[J]. The Journal of Economic History, 1963, 23(4): 414-443.

[30] Rudby R. Selection of Materials. Timlinson, B. Developing Meterials for Language Teaching[C]. London: Continuum, 2003: 37-57.

[31] Shotton D. K Pottwin, K Graham, M Alistair. Adventures in Semantic Publishing: Exemplar Semantic Enhancements of a

research Article[J].PLoS Computational Biology,2009.

[32]Shotton D. Semantic Publishing: the coming revolution in scientific journal publishing[J]. Learned Publishing,2009(22): 85-94.

[33]Simonin B L. Transfer of Marketing Know-how in International Strategic Alliances: An Empirical Investigation of the Role and Antecedents of Knowledge Ambiguity[J]. Journal of International Business Studies,1999(30): 463-490.

[34]Simonin B L. Transfer of marketing know-how in international strategic Alliance[J].

[35]Tapscott D. The Digital Economy: Promise and Peril in the Age of Networked Intelligence[M]. New York,McGrow-Hill,1996.

[36]Terranova, T. Free Labor: Producing Culture for the Digital Economy[J]. Social Text,2000(2): 33-58.

[37]Timlinson B. Developing Meterials for Language Teaching[M]. London: Continuum,2003: 15-36.

[38]Vito Albino, Claudio Garavelli A, Giovanni Schiuma. Knowledge Transfer and Inter-firm Relationships in Industrials Districts: The Role of the Leader Firm[J]. Technovation,1999(19): 53-63.

附　　录

调查1：不同形态学习资源对学习效果的影响调查

亲爱的同学：

随着媒介技术和互联网技术的发展，各门课程的教学资源变得越来越丰富，为了更好地了解同学们对学习资源的使用情况，使出版社做好教材和教学资源的开发出版，请你抽出两三分钟填写本调查问卷！

学习效果是指是否能更积极主动地参与学习、是否能更好地与老师进行互动、是否能更好地掌握和应用所学知识。

1. 你的专业是(　　)？
   A. 文科　　B. 理科　　C. 工科　　D. 艺术
2. 你在学习中使用以下哪些学习资源(可多选，请在选项打√)
   A. 纸质教材　　　　　　　　　　　(　　)
   B. 与教材配套的 APP 移动学习　　(　　)
   C. 与教材配套的学习网站　　　　(　　)
   D. 非教材配套的专业学习 APP　　(　　)
   E. 在线数字课程(慕课微课)　　　(　　)

3. 你对目前纸质教材提升学习效果的满意程度（请在选项打✓）

    A. 非常满意   B. 满意   C. 一般

    D. 不满意   E. 非常不满意

4. 你对与纸质教材配套的 APP 学习应用提升学习效果的满意程度：

    （请在选项打✓）

    A. 非常满意   B. 满意   C. 一般

    D. 不满意   E. 非常不满意

5. 你对与纸质教材配套的学习平台提升学习效果的满意程度（请在选项打✓）

    A. 非常满意   B. 满意   C. 一般

    D. 不满意   E. 非常不满意

6. 你对非教材配套的专业学习 APP 提升学习效果的满意程度（请在选项打✓）

    A. 非常满意   B. 满意   C. 一般

    D. 不满意   E. 非常不满意

7. 你对在线数字课程（如慕课微课）提升学习效果的满意程度（请在选项打✓）

    A. 非常满意   B. 满意   C. 一般

    D. 不满意   E. 非常不满意

8. 如果让你选择三种学习资源进行课程学习，你打算选哪三项学习资源（选三项，请在选项打✓）

    A. 纸质教材   （   ）

    B. 与教材配套的移动学习应用   （   ）

    C. 与教材配套的自主学习平台   （   ）

    D. 非教材配套的学习 APP   （   ）

    E. 在线数字课程（慕课微课）   （   ）

319

调查 2：不同出版社群媒体和平台对教师教学行为的影响调查

亲爱的老师：

　　移动互联技术不仅帮助出版社开发了多模态的教学资源，也构建起了作者、出版社、教师之间更加紧密的学习社群关系。为了更好地了解您对教学信息媒体和平台的偏好，使出版社提供更佳的知识服务，请您抽出两三分钟填写本调查问卷！

1. 您所教的专业是(　　　)？

　　A. 理科　　　B. 工科　　　C. 文科　　　D. 艺术

2. 您在教学中会关注并参与哪种出版社的教学社群媒体(可多选，请在选项打✓)

　　A. 出版社各类微信公众号　　　　　　　　　　(　　　)

　　B. 出版社官方网站　　　　　　　　　　　　　(　　　)

　　C. 教材配套学习网站或者课程平台　　　　　　(　　　)

　　D. 教材推荐会、培训会　　　　　　　　　　　(　　　)

2. 出版社微信公众号对您获取教学信息的影响程度(请在选项打✓)

　　A. 非常有影响　　　B. 有影响　　　　C. 影响一般

　　D. 没影响　　　　　E. 非常没影响

3. 出版社官方网站对您获取教学信息的影响程度：(请在选项打✓)

　　A. 非常有影响　　　B. 有影响　　　　C. 影响一般

　　D. 没影响　　　　　E. 非常没影响

4. 教材配套学习网站或者课程平台对您获取教学信息的影响程度(请在选项打✓)

　　A. 非常有影响　　　B. 有影响　　　　C. 影响一般

D. 没影响　　　　　E. 非常没影响

5. 教材推荐培训会对您获取教学信息的影响程度（请在选项打✓）

　　A. 非常有影响　　　B. 有影响　　　　　C. 影响一般

　　D. 没影响　　　　　E. 非常没影响

6. 您对使用与教材配套的 APP 应用工具配合教学的满意程度？（请在选项打✓）

　　A. 非常有满意　　　B. 满意　　　　　　C. 一般满意

　　D. 不满意　　　　　E. 非常不满意

7. 您对使用与教材配套的学习平台配合教学的满意程度？（请在选项打✓）

　　A. 非常有满意　　　B. 满意　　　　　　C. 一般满意

　　D. 不满意　　　　　E. 非常不满意

8. 除了纸质教材外，您最有可能选择哪一项数字教学资源开展教学？（请在选项打✓）

　　A. 与教材配套的移动学习应用　　　　　　（　　　）

　　B. 与教材配套的教学资源网站　　　　　　（　　　）

　　C. 与教学配套的学习平台　　　　　　　　（　　　）

　　D. 在线数字课程（慕课微课）　　　　　　（　　　）

调查 3：大学出版社融合发展现状调查

自 2015 年 4 月原国家新闻出版广电总局颁布《关于推动传统出版和新兴出版融合发展的意见》以来的三年甚至更长的时间里，各大学出版社立足自身实际进行了数字化转型探索，取得了很多成绩，也面临着一些问题。本调查旨在了解大学出版社在融合发展整体工作、内容融合、营销管理创新和机制创新等方面的发展现状。

问题有点多，需要占用您大概十分钟的时间，谢谢您的支持！

一、基本情况

1. 贵社主要出版方向（可多选）
    A. 教育　　　　　　B. 科技　　　　　　C. 文学
    D. 社科　　　　　　E. 少儿　　　　　　F. 艺术

2. 您的职务是＿＿＿＿＿＿？
    A. 社级领导　　　B. 编辑部（室）主任　　C. 营销部主任
    D. 编辑　　　　　E. 营销经理

3. 您认同出版融合发展理念吗？
    A. 非常认同　　　B. 认同　　　　　　C. 基本认同
    D. 不认同

4. 您对贵社目前融合出版整体工作满意吗？
    A. 非常满意　　　B. 满意　　　　　　C. 基本满意
    D. 不满意　　　　E. 非常不满意

5. 贵社目前对融合发展的投入情况？
    A. 本社投入，无财政投入
    B. 本社投入为主，财政投入为辅
    C. 财政投入为主，本社投入为辅

6. 为推进出版融合发展，贵社购置了哪些技术装备配置？（可多选）

   A. 资源标识管理及关联建构工作系统

   B. 数字化编辑出版工具系统

   C. 数据采集管理工具

   D. 版权资产管理系统与版权保护工具

   E. 数字印刷工具系统

   F. 运营服务支撑系统

   G. 知识服务支持工具系统

二、出版内容融合发展现状

7. 贵社在内容载体融合上主要开展了哪些工作？

   A. 有声书　　　　B. 电子书　　　　C. 纸数融合

   D. 影视动漫　　　E. 慕课微课　　　F. 数据库

   G. 游戏

8. 您认为在内容载体融合上对知识呈现效果最好的是哪一种？

   A. 有声书　　　　B. 电子书　　　　C. 纸数融合

   D. 影视动漫　　　E. 慕课微课　　　F. 数据库

   G. 游戏

9. 贵社在内容应用融合上开展了哪些探索？

   A. 在线课程　　　B. APP 应用　　　C. 学习平台

   D. 二维码应用　　E. 公众号订阅

10. 您认为哪两种融合应用对知识转移更有效？（可选两项）

    A. 在线课程　　　B. APP 应用　　　C. 学习平台

    D. 二维码应用　　E. 公众号订阅

11. 您认为影响出版社内容融合发展最主要的两个因素是什么？

    （可选两项）

    A. 技术力量　　　B. 内容资源　　　C. 资金支持

    D. 盈利模式　　　E. 人才

12. 您对贵社目前内容融合工作的满意程度？

    A. 非常满意　　　B. 满意　　　　　C. 基本满意

    D. 不满意　　　　E. 非常不满意

323

13. 您对贵社内容资源的复用情况是否满意？

  A. 非常满意   B. 满意   C. 基本满意

  D. 不满意   E. 非常不满意

三、出版营销管理创新发展现状

14. 贵社目前采用了哪些出版营销管理创新应用？

  A. 教材推广会/新书发布会等线下活动

  B. 教学网站/平台

  C. 订阅号/公众号

  D. 出版社官方网站

  E. 网络书店

15. 您认为贵社开展营销管理创新应用中哪两种方式比较有效？

  （可选两项）

  A. 教材推广会/新书发布会等线下活动

  B. 教学网站/平台

  C. 订阅号/公众号

  D. 出版社官方网站 E. 网络书店

16. 贵社利用营销管理创新应用主要是哪些目的？

  A. 推荐图书   B. 了解读者反馈

  C. 宣传品牌   D. 挖掘作者

  E. 争取粉丝和流量

17. 您认为贵社目前营销管理创新应用对出版物所含的知识转移有何帮助？

  A. 作者、出版社、读者之间关系更加紧密

  B. 出版物信息发布更加及时精准

  C. 出版社与读者互动更频繁有效

  D. 出版物内容推荐方式更加多样化

  E. 没什么明显帮助

18. 您认为影响营销管理创新发展的因素是哪些？（可选两项）

  A. 合适的产品   B. 资金   C. 新媒体营销人才

  D. 新媒体技术人才

19. 您对贵社在作者、读者用户数据管理是否满意？

    A. 非常满意   B. 满意   C. 基本满意

    D. 不满意   E. 非常不满意

四、出版机制创新状况

20. 贵社为应对出版融合发展设立了何种战略组织？

    A. 数字转型领导小组

    B. 融合发展研究所

    C. 融合发展专家委员会

    D. 专设数字出版社领导

    E. 无

21. 贵社应对融合发展设立了哪些新的职能部门？

    A. 信息技术公司

    B. 数字出版中心

    C. 编辑部中新增数字编辑

    D. 网络营销部

    E. 数字产品营销部

22. 贵社进行了哪些出版业务流程再造举措？

    A. 建立 ERP 管理系统

    B. 数字出版编辑全流程化

    C. 纸数融合项目制

    D. 出版环节数字化封装

    E. 营销环节数字化多媒介推广

23. 贵社是否开展过哪些新型业务出版流程？

    A. 按需出版

    B. 众筹出版

    C. 数字出版平台（如国家数字复合出版系统）

    D. 数字优先出版

    E. 数据库出版

    F. 独立数字产品

24. 您认为影响出版社组织重构和流程再造的主要因素是什么？

（可选两项）

  A. 管理机制　　　B. 人员素质　　　C. 工作思维

  D. 盈利模式

25. 应对出版融合发展，贵社的组织重构和流程再造对内部知识管理是否改变？

  A. 业务沟通更加顺畅

  B. 任务流程更加明晰

  C. 工作能力稳步提升

  D. 文化认同逐渐增强

  E. 没有改变

26. 应对出版融合发展，贵社的组织重构和流程再造对外部知识转移是否有帮助？

  A. 针对用户的产品信息发布更及时更准确

  B. 与作者沟通协调更顺畅

  C. 用户信息反馈更快

  D. 组织和执行知识转移的工作效率更高

  E. 没有改变

五、出版融合发展的趋势

27. 您对出版融合发展的未来持何种态度？

  A. 乐观，积极推进各项工作

  B. 谨慎，走一步看一步

  C. 不看好，继续传统出版

28. 您认为未来影响出版融合发展最重要的两个因素是什么？（可选两项）

  A. 宏观政策　　　B. 技术发展　　　C. 人才队伍

  D. 管理能力　　　E. 资本　　　　　F. 盈利模式

29. 在出版融合发展的各项工作中，您认为最重要的是哪一项？

  A. 内容融合　　　B. 社交融合　　　C. 组织重构和流程再造

  D. 技术融合　　　E. 全员融合理念

谢谢您的耐心和支持！祝您工作顺利！身体健康！

后　记

　　归来已不是少年。二十年前的初夏，意气风发的少年背起行囊，告别珞珈东湖，顺江而下，只身闯荡上海滩。四年前的初春，那位少年在完成博士入学考后躺在教五楼前的草地上，裹着新草的清香和煦暖的阳光，期待与珞珈再续前缘。两个月后武大再一次接纳了他，只是已年届不惑。

　　自强弘毅。考上博士后，经常有同事朋友问我，你都快四十岁了，为什么要去读博士？他们的疑惑可能缘于我的工作性质，一个做图书营销工作的人何须博士学位；也可能缘于我的生活状态，丰衣足食何须自讨苦吃。那一刹那的决定背后是二十年来对武大的感情和对自己专业的热爱。二十年前我从一个跟女孩子说话就会脸红的人到参加院舞蹈团，再参加院学生会竞选；从高中时成绩一般通过复读才考上大学的人到每年拿奖学金的优秀学生，武大的四年让我从自卑到自信，从平凡到优秀，回到武大读博，是对武大深深的眷恋，是对武大的感恩。

　　学以致用。出版发行学是一门实践性学科，工作后我非常幸运地遇到了一位亦师亦友的领导，他鼓励并要求我站在武大出版发行专业的理论高度对出版营销工作勤于思考勇于创新。此次选择融合发展作为毕业论文的主题，不是追热点赶时髦，而是在出版社发展过程切切实实地遇到了发展的瓶颈，需要通过理论分析和实践探索去发现出版融合发展的内在逻辑和发展规律。读博四年尤其是写论文的一年让我对这个问题有了更清晰的认识，论文尚有诸多不足之

327

处，这也是我在今后的工作和学术的动力和方向。

学贵得师，亦贵得友。在职读博的艰苦是始料未及的，能够完成学业，首先要感谢我的导师朱静雯教授，与导师有缘，本科期间便得其传道授业解惑，二十年后再拜门下，吾师学识渊博，治学严谨，潇洒从容，为学为人皆受益良多。其次要感谢方卿教授，本科毕业后他就一直鼓励我继续深造，也算是我读博的引路人。要感谢系里各位老师对我的包容和指导，他们是黄先蓉教授、徐丽芳教授、吴平教授、张美娟教授、吴永贵教授、王晓光教授、王清教授、姚永春副教授，尤其感谢徐丽芳教授在论文开题时给予的指导和建议。感谢 2014 级同窗们对我的帮助和指导，他们是孙晓翠、刘通菌、王雯、刘玲武、叶翠、李静、朱琳、周霞，和他们在一起可以感受到年轻人的智慧和活力。感谢同门博士师弟师妹方爱华、陆朦朦、羊晚成在写论文过程中给予的帮助，祝福他们前程似锦。

报得三春晖。此刻我异常思念我的母亲，她的早逝是我人生永远的痛和遗憾。感谢我的妻子和儿子对我读博的鼓励和支持！感谢本人工作单位上海外语教育出版社的领导和同事给予我的包容和帮助！我会用余生报答你们！